国家大中小学外语教材建设重点研究基地（北京外国语大学）成果
本书获得中国外语教材研究中心和北京外国语大学“双一流”重大标志性项目资助

外语教材研究丛书

新形态
外语教材研究

主编 杨莉芳

外语教学与研究出版社
北京

图书在版编目（CIP）数据

新形态外语教材研究 / 杨莉芳主编. -- 北京 ：外语教学与研究出版社，2023.10（2024.7 重印）
（外语教材研究丛书）
ISBN 978-7-5213-4866-8

Ⅰ. ①新… Ⅱ. ①杨… Ⅲ. ①英语－教材－研究 Ⅳ. ①H319.39

中国国家版本馆 CIP 数据核字（2023）第 198920 号

出 版 人　王　芳
选题策划　李会钦
项目负责　高　婷
责任编辑　毕　争
责任校对　段长城
封面设计　郭　莹
出版发行　外语教学与研究出版社
社　　址　北京市西三环北路 19 号（100089）
网　　址　https://www.fltrp.com
印　　刷　北京九州迅驰传媒文化有限公司
开　　本　650×980　1/16
印　　张　13.5
版　　次　2023 年 11 月第 1 版　2024 年 7 月第 5 次印刷
书　　号　ISBN 978-7-5213-4866-8
定　　价　54.90 元

如有图书采购需求，图书内容或印刷装订等问题，侵权、盗版书籍等线索，请拨打以下电话或关注官方服务号：
客服电话：400 898 7008
官方服务号：微信搜索并关注公众号“外研社官方服务号”
外研社购书网址：https://fltrp.tmall.com

物料号：348660001

目 录

序 言

面对百年未有之大变局，提高人才培养质量是当前我国教育改革与发展的迫切任务。而人才培养的质量取决于两大根本支撑，其一是教师，其二就是教材。教材的重要性不仅在于它为教学提供知识内容与教学方法，而且在于它在很大程度上决定了人才培养的价值取向，即为谁培养人的问题。在此意义上，教材成为国家事权。目前，我国教育界普遍认识到，教材必须体现党和国家意志，必须坚持马克思主义指导地位，体现马克思主义中国化要求，体现中国和中华民族风格，体现党和国家对教育的基本要求，体现国家和民族的基本价值观，体现人类文化知识积累和创新成果。

外语教材在我国教育体系中占有突出的重要地位。外语（英语）是唯一贯穿我国基础教育和高等教育全过程的科目，又是直接输入外国文化特别是西方文化的科目，教学内容承载着各种意识形态和价值观，影响学生时间最长、人数最多。在高等教育阶段，外语不仅是人人必修的公共课程，而且成为最大的专业类课程之一。不仅如此，外语（专业）教学较之其他科目（专业）的教学，更多地依靠教材所提供的学习材料。就教材的种类和出版的数量而言，外语教材无疑名列前茅。因此，外语教材的建设和研究应受到特别重视。

当前，加强外语教材研究应着眼于两个基本目标。一是把握方向，即保障外语教材正确的价值导向，服务于立德树人和培养社会主义建设者和接班人的根本教育方针。二是提高质量，即根据外语教育教学的基本规律，结合我国外语教育教学的实践经验，揭示具有中国特色的外语教材编写理论与方法，打造融通中外的外语精品教材。

随着全国首届教材工作会议的召开，外语教材建设和研究进入新的发展时期。中国高等教育和外语教育的提质升级对外语教材建设和研究提出了一系列重大课题：在外语教材编写中，如何全面贯彻党的教育方针，落实立德树人根本任务？如何扎根中国大地，站稳中国立场？如何体现社会主义核心价值观？如何加强爱国主义、集体主义、社会主义教育？如何引导学生坚定道路自信、理论自信、制度自信、文化自信，成为担当民族复兴大任的时代新人？在中观和微观层面，外语教材编写如何吸收语言学、应用语言学、教育学研究的最新成果？如何提炼和继承中国外语教育教学的宝贵经验并开拓创新？如何借鉴国际外语教材编写的先进理念与方法？在全面贯彻落实《教育信息化2.0》的时代背景下，外语教材如何支持和引领混合式教学、翻转课堂乃至慕课建设？一句话，外语教材如何为培养具有国际视野、中国情怀、思辨能力和跨文化能力的国际化人才提供坚实支撑？所有这些紧迫问题，都需要中国外语教材研究者用具有中国特色的理论与实践做出回答。

在此背景下，北京外国语大学作为国家大中小学外语教材建设重点研究基地，积极促进外语教材研究成果的产出与传播。中国外语教材研究中心与外语教学与研究出版社策划了“外语教材研究丛书”。本套丛书一方面积极引进国外外语教材研究经典著作，一方面大力推出我国学者的原创性外语教材研究成果。我们精选引进了一批国外外语教材研究力作，包括：

—《外语教材中的文化呈现》(*Representations of the World in Language Textbooks*)

—《英语教材研发：创新设计》(*Creativity and Innovations in ELT Materials Development: Looking Beyond the Current Design*)

—《英语教材研究：内容、使用与出版》(*English Language Teaching Textbooks: Content, Consumption, Production*)

—《英语教材研究：国际视角》(*International Perspectives on Materials in ELT*)

—《英语教材与教师角色：理论与实践》(*Teaching Materials and the Roles of EFL/ESL Teachers: Practice and Theory*)

—《语言教学材料的真实性设计》(*Designing Authenticity into Language Learning Materials*)

“它山之石，可以攻玉”，引进的目的在于批判性地借鉴和自主创新。我们同时也推出国内学者外语教材研究的优秀成果，首批包括：

—《新形态外语教材研究》

—《中国基础外语教材研究》

—《中小学英语教材史研究》

本套丛书为开放丛书，后续将不断更新。期待本套丛书为中国外语教材研究提供理论启迪和实践指导，最终为中国特色外语教材的编写、使用、研究做出贡献。

孙有中

2023年10月30日于北外

前 言

信息化与智能化时代的新一轮科技革命和产业变革正推动高等教育进行重大转型。数字化已成为世界各国推进高等教育高质量、可持续发展的必由之路。联合国教科文组织指出教育数字化转型是实现教育变革的关键手段之一。我国亦提出“推进教育数字化”和“推动教育变革和创新”。作为教师教学的指南和学生学习的基本材料，教材决定了课程实施的主要途径。因此，教材数字化变革是高等教育数字化发展落地的重要抓手。2020年1月，国家教材委员会印发的《全国大中小学教材建设规划（2019—2022年）》（以下简称《规划》），对新时代教材建设和改革作了系统设计。《规划》要求，需适应信息技术与教育教学深度融合的需要，满足互联网时代学习特性需求，建设信息技术与教育教学深度融合、多种介质综合运用、表现力丰富的高等学校新形态教材。

针对外语学科而言，混合式教学已成为我国高校当前普遍采用的外语教学改革举措，成为解决压缩大学英语课时、提高大学英语教学效率问题的关键。大批外语慕课、微课的建设以及外语学习平台的应用加快了混合式教学的推广普及。教学模式的变化需要有效的新形态教材支撑。同时，教材研究也是学科教学的重要组成部分，对学科建设、人才培养意义重大。作为新生事物，新形态外语教材的实践与研究尚须大力发展。为此，北京外国语大学中国外语教材研究中心联合外语教学与研究出版社与北京外研在线数字科技有限公司于2022年5月起开展“大学英语新形态教材的建设与使用研究”项目。现将一年以来完成的阶段性成果收录于《新形态外语教材研究》一书，本书主要研究内容包括探索大学英语新形态教材的建设路径、分析大学英语新形态教材的核心特点、探究大学英语新形态教材的使用效果与影响因素，从而为大学英语新形态教材的改革与发展提供参考。

本书共分三部分。第一部分为教材建设实践。《基于不同学习群体的新形态教材编写研究》在阐明新形态教材编写依据的基础上，以两套面向不同学习群体的新形态教材为研究对象，将新形态教材的编写过程提炼成理论化、系统化的编写模式，并进一步探讨如何根据不同学习群体的特征与教学目标调整新形态教材的具体设计，以有效地应用于其他大学英语教材的编写中，赋能大学英语智慧教学。《新形态外语教材的技术实现》主要探讨数字技术在新形态高校英语教材中的作用和意义，提出针对现有外语教学问题的可行性解决方案；通过三个具体案例，分析如何通过技术实现教学评一体化与个性化学习，以及解决教育资源不均衡的问题。

本书第二部分为教材分析研究。《面向融合式教学的大学英语新形态教材分析》从融合式教学的内涵和目的出发，提炼大学英语新形态教材分析的知识维度、认知维度和形态维度，并以此为框架对一套新形态教材进行内容分析，总结该教材在各个维度上的融合方式以及不同维度之间的互动方式。《新形态外语教材研究与跨文化思辨教学：现状与实例分析》评估新形态外语教材对落实跨文化能力和思辨能力两大育人目标的作用，以Michael Byram提出的跨文化能力和Peter A. Facione提出的思辨能力基本技能为理论框架，对一套新形态英语教材进行内容分析。

本书第三部分为教材使用研究。《语言社会化视角下新形态外语教材使用个案研究》以语言社会化理论为指导，对新形态外语教材学生使用者在大一学年的教材使用体验进行跟踪研究。通过对访谈、课堂观察及实物资料等多种来源的数据的分析，讨论学习者在使用新形态外语教材时的经历、情绪体验与使用习惯。《基于新形态外语教材的教师培训设计与实践研究》对基于新形态外语教材的教师培训的设计与实施进行探索，总结共性经验和问题，分析培训效果，提炼未来实践路径。《研究生公共外语教师的新形态教材使用研究》在活动理论的指导下，采用质性个案研究方法，以教师的新形态教材使用行为为切入点，探讨我国研究生公共外语教师的新形态教材使用特点与影响因素，为新形态教材开发与相关教师培训提出建议。《基于使用活动的高校新形态外语教材评估研究》以一套新形态英语教材为例，通过对师生使用教材的活动过程进行调查，探究在此过程中多种社会文化要素之间的互动关系与影响因素，从而尝试构建集评价主体需求及外部环境支撑于一体的新形态外语教材动态评估框架。

教育的重要实现方式是教学，教学的重要介质是教材。数字时代需要新形态的教材，这就需要教材出版者与教材研究者携起手来，突破传统框架，重新定义内容，开发技术，摸索路径。我们须大胆假设、小心求证、放手实践、积极总结，在实践与研究的循环中，探索出更有效的新形态外语教材以及基于新形态教材的外语教学方法。未来已来，数字化新形态教材将成为教育数字化转型的中枢与引擎，成为撬动高等教育教学改革的支点。

杨莉芳
北京外国语大学
2023年6月8日

第一部分　教材建设实践

1　基于不同学习群体的新形态教材编写研究

徐一洁　谢　芸　张晓帆　周园园　刘嘉秀　东　京

北京外研在线数字科技有限公司

提　要：新形态教材必须突破传统教材框架，探索新的教材开发道路。本章在阐明新形态教材编写依据的基础上，以外语教学与研究出版社与北京外研在线数字科技有限公司出版的两套面向不同学习群体的新形态教材为研究对象，从新形态教材的编写过程提炼出系统化的编写模式，并进一步探讨如何根据不同学习群体的特征与教学目标调整新形态教材的具体设计。

关键词：新形态教材；学习群体；编写模式；大学英语

1. 引言

党的二十大首次将“教育数字化”写进报告，为新时代新征程进一步发展教育数字化指明了方向。教育数字化作为教育系统性变革的内生变量，支撑引领教育现代化发展，推动教育理念更新与教育模式变革。诸多新兴技术已然在重新构建教育生态，对教育内容、教学互动、教学管理等多个维度提出了新的发展要求（徐劲 2021）。教材是课程内容的载体，是教师开展教学的基本材料，是学生获取知识的重要来源，也是师生互动的主要依据。教育数字化发展必然会对教材的数字化转型提出要求。近年来，各项政策文件和会议中频频出现新形态、数字化教材的概念，可见将信息技术融入教材建设、开发新形态教材是国家教育战略的需要，是顺应时代发展、助力生态文明建设的必然选择。面对日新月异的技术发展以及教育者和学习者多元化的需求，出版社必须积极把握新技术的机遇，推动教材的数字化转型。因此，以《新探索研究生英语》《新境界大学英语综合教程》为代表的大学英语新形态教材应运而生。

随着认知科学和学习理论的发展、信息技术与英语教学的深度融合，英语教育界对新形态、数字化大学英语教材的研发原则、编写理念、教学设计、教材建设与使用等方面的研究也不断深入（鲍敏、李霄翔 2017；杨港 2019；张敬源等 2017）。虽然基于新形态教材的各类研究很多，但是对教材编写的实践过程进行忠实记录、深入分析，并形成体系化设计框架和建设路径的研究比较少见。本研究以《新探索研究生英语》《新境界大学英语综合教程》这两套新形态教材为研究对象，尝试将新形态教材的编写过程提炼成理论化、系统化的编写模式，并进一步探讨如何根据不同学习群体的特征与教学目标调整新形态教材的具体设计，旨在探索数智时代大学英语新形态教材的编写模式，促进教材编写理论的发展，为大学英语新形态教材编写提供参考，推进落实高等教育数字化战略行动。

2. 新形态教材的编写依据

2.1 新形态教材的概念

近年来，国内外学者围绕新形态教材的概念展开了诸多探讨，并取得了不少富有启发性的研究成果，如瑞典有学者提出建设“协同数字教材”（collaborative digital textbooks），它是一种协作的、动态的数字工作环境；在这个环境里，除了传统纸质教材和数字化内容，还融合了多模态知识、差异化教学、交流协作、各类文档等多种教学手段（Grönlund *et al*. 2018）。

随着新形态教材在中国的出现和蓬勃发展，国内学者也尝试对新形态教材进行概念界定，如纸质教材的电子版，以纸质教材为核心、包含平台和在线课程的一体化教材或立体化教材，以及目前在部分开放大学试用的多种教学媒体融合的全媒体数字教材。教材内容日益丰富，教材形态逐渐多样。但无论在国外还是国内，目前对新形态教材的概念界定尚未达成一致。

基于北京外研在线数字科技有限公司（以下简称“外研在线”）在混合式学习领域、外语信息化教学方面的长期研究与实践，以及外语教学与研究出版社（以下简称“外研社”）在外语教材出版行业数十载的深耕，我们认为新形态教材是在混合式学习等理论指导下，由纸质教材（课堂手册）、多模态数字资源、在线学习云平台、智慧课堂环境等关键要素构成，包含混合式教学指导手册等辅助教学资源在内的线上线下一体化设计的创新型教材。新形态教材并非简单地将线下内容搬到线上，也非相对独立的在线课程和纸质教材构成的课程组合，而是一个融合混合式教学流程，线上线下一体化设计，为教学提供全方位支持的综合体系。

2.2 新形态教材的理论依据

新形态教材是信息技术和教育教学深度融合的产物，汲取了多领域的研究成果，具有很强的跨界属性。以下两个理论是新形态教材建设理论基础的核心组成部分。

2.2.1 混合式学习理论

混合式学习理论（blended learning）是支撑新形态教材存在逻辑的最重要的理论基础。《大学英语教学指南（2020版）》指出：“在信息化与智能化时代，多媒体技术以及大数据、虚拟现实技术、人工智能技术等现代信息技术已成为外语教育教学的重要手段。”“大学英语教师要充分利用网络教学平台，为学生提供课堂教学与现代信息技术相结合的线上线下自主学习路径和优质丰富的自主学习资源。”因此，实施线上线下混合式教学是外语教学的必然趋势，也是广大外语教师和教材出版者必须致力研究的重要课题。

有学者认为，混合式学习理论就是要把传统学习的优势和数字化学习（E-Learning）的优势结合起来（何克抗 2005）。因此，混合式学习结合了线上学习资源丰富、学习空间无限拓展和线下学习师生无障碍互动、随时面对面交流等优势，是一种与时俱进的、先进的、科学的学习手段和方法。

耦合设计是影响混合式学习效果的重要因素。耦合，指两个或两个以上的体系或两种运动形式之间通过各种交互作用而彼此影响，从而联合起来产生增力，协同完成特定任务的现象。应用到数字化时代，小到一个系统、大到一个行业，都需要加强顶层设计，主动打破制约各个关联要素有机耦合式计算过程中可能存在的障碍，加强集成式、融合式创新，形成综合生态系统。只有在这样的良好生态系统中，系统中每一个耦合要素才能内驱成势、乘势成长，进而推动系统本身演化完善。

混合式学习要实现线上线下的有机融合，就必须实现紧密耦合。耦合设计的核心是数据。一方面，学生通过线上学习，产生真实有效的数据；学生基于教学平台反馈，准确定位自己的薄弱项；平台通过数据分析，为学生推送个性化的学习资料。另一方面，教师通过收集并分析课前、课中、课后数据，及时调整下一阶段的教学设计，并为教学研究夯实科学完备的数据基础，实现精准教学。只有采用这种数据驱动的教学方式，才能真正确保学习的个性化和教学的针对性。此外，耦合设计必须要实现各个环节之间的关联性，这就需要新形态教材在内在设计和外在展现上将耦合设计更加显性化，让师生对线上线下环节了然于胸，使混合式学习流程无阻断。

2.2.2 布鲁姆认知教学目标分类理论

布鲁姆认知教学目标分类理论由以布鲁姆为代表的美国心理学家在20世纪50年代提出。布鲁姆将教学活动所要实现的整体目标分为认知、情感、心理运动三大领域，并确定了各领域目标的实现序列。其中，认知领域的教学目标分为识记（remembering）、理解（understanding）、运用（applying）、分析（analyzing）、评价（evaluating）和创造（creating）六个层次（见图1）。前三个层次的目标“识记”“理解”“运用”侧重学生的语言知识学习，难度较低；“分析”“评价”“创造”是更高维度的认知目标，适用于教师引导学生运用所掌握的知识进行创造和发明，进一步提高学生的语言技能和实际应用能力。

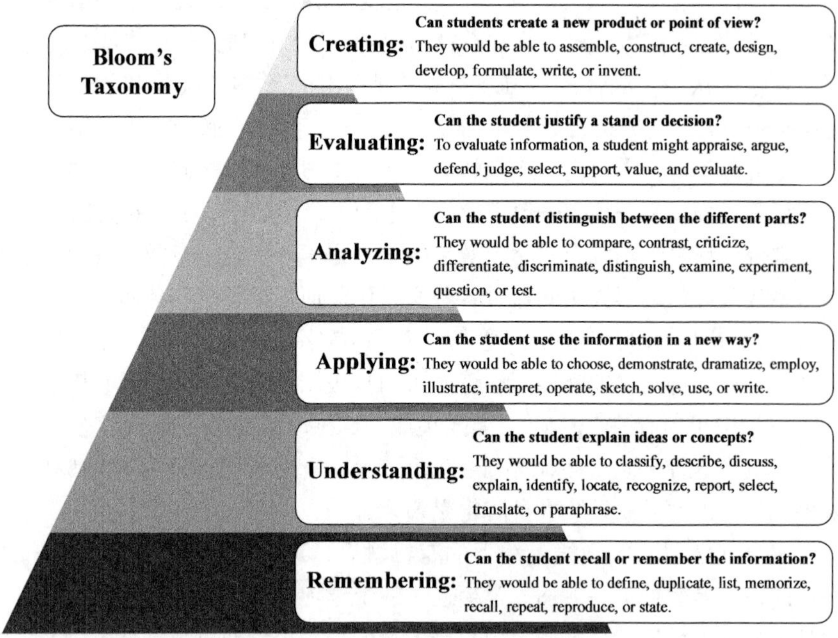

图1　修订版布鲁姆认知教学目标分类（改编自Anderson *et al.* 2001）

结合混合式教学设计，认知目标分类可作为其逻辑抓手。识记、理解和运用适合线上自主学习，为实现这三项认知目标，可充分利用平台功能安排练习任务，平台给予及时反馈；分析、评价和创造等高阶认知目标作为课堂面授的重点，线下侧重认知提升、价值塑造，鼓励开展师生、生生互动。如此，线上线下各司其职、融合互补，发挥各自最大功效。

在以上两个核心理论依据的基础之上，我们认为，适用于高等阶段的新形态教材还应基于大学英语教学目标，对线上线下教学活动进行更加科学有效的设计。

《大学英语教学指南（2020版）》中的“教学要求”部分提出，大学英语教学要贯彻“分类指导、因材施教的原则”“以培养学生的英语应用能力为重点”。这层目标的实现需要借助线上学习，线上学习所积累的数据可以作为评价学生学习情况的可靠依据，构成形成性评价的重要组成部分。同时，《大学英语教学指南（2020版）》丰富了教学目标对社会能力维度的描述，增加了“思辨能力”；拓展了大学英语的人文性内涵，增加了“人文精神”，以提高学生的“综合文化素养”，适应新时代对大学英语教学的要求。这层目标的实现则需更多地依靠线下教学，教师根据学情和校情，有针对性地开展教学活动，引导学生开展思辨讨论，提升综合文化素养。

2.3 新形态教材的关键特征

在数字化、网络化、富媒体性和交互性等现代信息技术特性影响下，新形态教材在发展过程中呈现出很多不同于传统纸质教材的特征，其显著特征有以下三点。

2.3.1 纸质教材的高阶性和引导性

新形态教材中的纸质教材和传统纸质教材有本质差别。首先，在混合式教学模式下，教学内容和教学活动需在教学开展之前被分级分类。大量适合自主学习的、符合低阶认知目标的活动通过线上自主学习来实现；新形态教材中的纸质教材承载的内容和活动需体现“高阶性”，更偏重分析、评价和创造等高阶认知能力的培养。

此外，新形态教材中的纸质教材还应发挥参考手册（guidebook）的功能。传统纸质教材将全部内容都直接呈现在书上，教师很容易照本宣科，对如何规划混合式教学流程可能会感到茫然。新形态教材可通过配备流程图、设置在线学习入口等方式，使混合式教学流程更加明晰（见图2），对教师起到真正的引导作用。

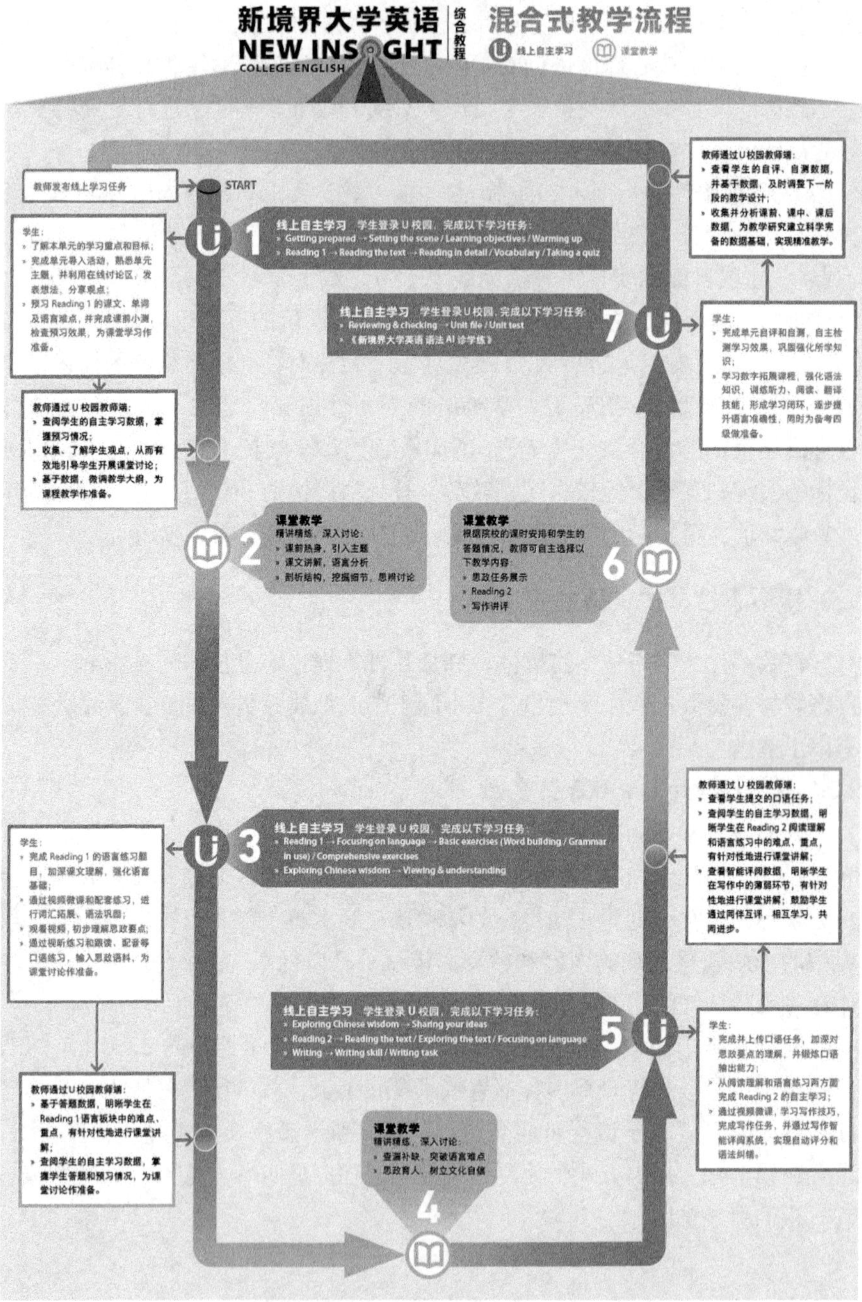

图2 《新境界大学英语综合教程》混合式教学流程

2.3.2 线上内容的即时性、多模态化和精准性

新形态教材的一个重要特征在于它可以及时且快速地更新线上内容。在当前科技发展的推动下，知识呈指数级增长，知识体量越来越大，人的认知速度也面临着调整。传统纸质教材的编写和修订模式及速度已经无法适应知识快速增长的现状和高校教学的实际需要，新形态教材的出现恰好弥补了传统纸质教材的这一缺陷。

多模态化是数字资源的天然优势。很多学者认为，多模态教学法适用于教学领域，即借助多媒体中介，充分利用语言模态和非语言模态的多种符号资源与手段呈现教学过程，调动学生的视觉、听觉、触觉等多种感官参与到语言学习中，并指导学生运用多模态手段进行交际，从而实现既定的教学目标（张德禄、王璐 2010）。在数字资源供给方面，新形态教材可充分发挥多模态化的优势，减轻学生的学习压力，激发学习动机，提高学习英语的积极性。

如前文所述，线上内容基于强大的平台功能和用户数据，准确定位学生的薄弱项，实现学习的个性化，能够更加精准地满足学生需求，产生更加高效的学习效果。

2.3.3 学习环境的可交互性

与静态、单一的文本教材相比，新形态教材是以数字文本为中心，打造数字化学习环境的立体化教材。新形态教材的交互性具体体现在学习者与学习内容之间友好的人机交互和师生、生生之间的在线或离线人际交互。学生可以通过在线测评、语音评测等功能实现人机可交互性；学生之间及师生之间可以借助在线讨论区、师评、互评工具等实现人与人之间的可交互性；随着AI技术的发展，智能助教也可发挥更大的功能。新形态教材的交互式特点打破了学生和教材知识之间的单一信息流动，为学生建立个性化学习环境提供了可能。

3. 新形态教材的编写模式

作为对新兴事物的探索性实践研究，新形态教材的编写模式不是预先设定好的，而是我们基于以《新探索研究生英语》《新境界大学英语综合教程》为代表的新形态教材编写实践提炼而出的。在下文中，为了便于读者理解，我们将首先对新形态教材的编写模式进行阐释，再依据编写模式展现《新探索研究生英语》和《新境界大学英语综合教程》这两套面向不同学习群体的新形态教材的编写过程。

基于混合式学习理论、布鲁姆认知教学目标分类理论建构的新形态教材的编写模式，强调线上线下紧密融通、充分耦合，这一点体现在教材的结构设计、内容安排、活动设计和资源模态的选取中，并通过在线学习云平台与纸质课堂手册实现线上线下的有机融合。同时，在编写新形态教材时，应充分考虑学生的个性化、自主化学习需求，发挥学习平台的功能特色与技术优势，为学生线上学习配备全流程、全方位的助学资源和即时有效的评价手段。作为新生事物，新形态教材的建设与使用仍处于发展阶段，教师的信息化素养与混合式教学实践经验也有所差别，因此教材在资源建设方面也需重点关注教师的需求，充分考虑教师在教材使用过程中的挑战，为教师提供全面、适切的混合式教学指导，全方位提升教师的信息化素养。

由此可见，新形态教材研发的复杂性意味着教材编写对编制人员提出更高的要求。新形态教材的编制团队需由学科专家、数字型内容编辑和产品经理构成，在编制过程中邀请混合式教学实践者进行指导并提供反馈建议。新形态教材的编制团队具备跨领域、融合互补的特点，能够在教材编写中发挥各自的优势。

与非新形态教材的编写模式不同，新形态教材的编写模式具有线上线下充分关联、融合互补的特色。因此，线上线下的内容与资源必须同步启动研发，并进行一体化设计。我们将这一模式称为“线上线下融通的一体化”新形态教材编写模式。如图3所示（见第12页），这一教材编写模式包括前期准备、系统设计、混合式设计、内容资源与平台功能开发、教材试用反馈五个主要阶段。

前期准备是新形态教材编写的基础。在这一阶段，教材编制人员需通过调研明晰教材定位，分析教材使用者的特征。需要注意的是，这里的教材使用者既包括学生，也包括教师。具体来说，需要准确了解使用教材的学生的现有水平与教学目标之间的差距，他们的学习风格、特点和需求，为下一阶段的教材系统设计提供依据。除此之外，由于新形态教材的使用需要教师具备一定的数字素养，因此还需了解教师的在线教学和混合式教学经验，以便为教师提供更为契合的辅助教学资源和工具。在进行前期准备时，还需选择一个功能强大、性能稳定、操作便捷的学习管理平台。该平台需具备合规资质，提供客户服务系统，更重要的是能提供符合学科特色的智能学习引擎，并根据内容设计需求不断进行功能迭代与创新。

系统设计是新形态教材编写的顶层设计。教材编制人员需要根据使用者的特征，结合教学目标，遵循混合式学习等教学理念与方法对全书进行整体设计，确定实现各个目标所需涵盖的教学内容、体量与模态，并制定符合使用者特征和需求的学习模式与技术手段。

混合式设计是新形态教材编写的核心，也是实现线上线下融通的关键。在这一阶段，教材编制人员需要依据教学目标与认知目标分类，按单元设计具体的教学内容和教学活动。同时，基于教学场景构想，设计线上线下一体化教学流程，进一步明确哪些教学环节的内容和活动需要学生在线上自主完成，哪些需要由教师带领学生在线下完成。为了保证混合式学习的效果，线上线下的教学设计必须实现紧密耦合，通过数据反馈实现教、学、测、评各环节的联通，确保师生通过线上线下的教学活动安排和数据反馈实现交互。教材编制人员在进行耦合设计时，需要根据教材使用者的特征，对线上自主学习创设检验环节，将数据及时推送给师生，以便学生了解自身学习情况，教师及时调整线下教学内容和重点。在单元设计中，还需要通过文字指令、流程图、导学视频等多模态手段，为师生提供清晰的混合式学习流程路径指示，并通过固定的视觉元素与标志设计，保证线上线下内容呈现形式的一致性和学习路径的连续性，避免产生割裂感。在完成整个单元的结构与流程设计、内容安排与活动设计后，教材编制人员还需确定具体教学内容在课堂手册和数字课程中的呈现方式，比如学习目标在课堂手册中以文字模态呈现，在数字课程中则以更加生动的视频模态呈现；课文和单词表在课堂手册中以图文模态呈现，在数字课程中则以图文、音频等模态并结合点读的交互方式呈现。以上教学内容的呈现离不开平台的功能支持，而相应的功能从模型设计到最终实现都由编制团队中的专业产品经理负责，独立的研发流程闭环已形成，但不是本章的研究重点，因此在这里不展开阐述。

内容资源与平台功能开发是新形态教材编写的主体。在这一阶段，课堂手册、数字资源等教学内容需同步编写，支持教学内容的平台功能也需进行同步开发。教学内容与功能开发全部完成后，教材编制人员还需考虑为教师开展混合式教学提供指导，比如编写混合式教学指导手册等教学辅助资源。指导手册的编写，除了需要包含传统教师用书中的教材练习题答案、教学建议等内容，还需要涵盖“有什么”和“如何做”两方面：一方面，指导手册需要帮助教师熟悉教材包含的各类资源与分布情况，掌握混合式教学模式与流程，以便教师结合课程学时与学生情况进行个性化教学安排；另一方面，指导手册将教学内容、活动组织与平台功能紧密结合，为不同类型的教学活动选择合适的工具，在如何利用平台功能与工具开展个性化教学、活跃课堂氛围、提高教学效率等方面为教师提供建议。

教材试用反馈的主要作用是通过教学实践，检验教材设计能否真正满足教材使用者的需求，有效实现混合式教学流程，达到预期教学效果；对教学中的问题进行分析，为新形态教材的后续修订提出改进方案。教材编制人员基于混合式教学实践者对教学过程、课堂手册、数字资源等方面的评价反馈，定位教学问题，自上而下对教材编写的相应环节进行调整，完成教材的修正、更新与资源补充。

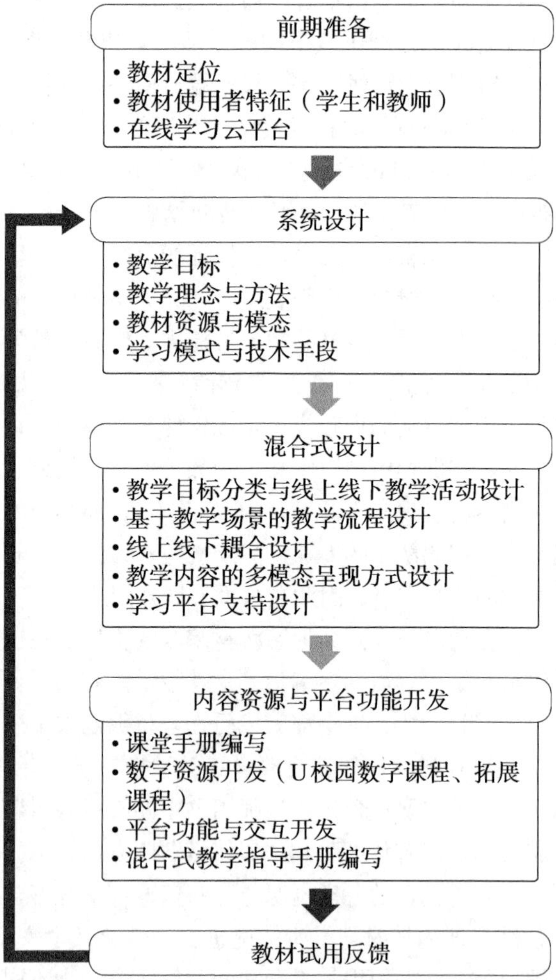

图3 “线上线下融通的一体化”新形态教材编写模式

下面我们将以《新探索研究生英语》和《新境界大学英语综合教程》这两套面向不同学习群体的新形态教材为例，详细说明“线上线下融通的一体化”新形态教材的编写过程。

4. 新形态教材编写案例

4.1 《新探索研究生英语》编写过程

《新探索研究生英语》(以下简称《新探索》)是外研社与外研在线于2021年推出的面向硕士研究生的学术英语新形态教材，分为两个级别：基础级和提高级。每个级别均包括《读写教程》和《视听说教程》两个分册，分别用于读写课程和视听说课程。

4.1.1 前期准备

在开始编写新形态教材之前，编制团队通过问卷调查、电话访谈、院校听课等方式，对全国151所高校的研究生英语教学情况进行了调研，了解了各高校的研究生人才培养目标、课程设置、教学重点、教材使用问题、教师数字素养和学生对研究生阶段英语学习的需求。调研发现：1）研究生阶段重点培养学生的学术技能、思辨能力、创新思维能力和学术实践能力，培养具有国际视野和中国情怀、服务国家发展战略的创新人才。2）研究生英语课程的教学重点是进一步巩固学生的语言基础，掌握学术阅读、写作技巧，提升英语学术交流能力，落实立德树人的目标。3）研究生英语教学也面临诸多痛点和挑战，比如课时大幅缩减、师资匮乏导致教学效果难以保障；个性化教学需求明显，各层次院校、各专业的需求不尽相同；教学手段相对单一，数字化、信息化应用不足等。4）教材使用中也存在许多问题，比如教材内容陈旧、理念落后，缺乏适合各个专业学习的通识性素材；教材缺乏实用性学术技能讲解和练习；教材缺乏数字资源，如配套数字课程、学术类和思政类音视频资源、学生自主学习资源等。5）在教师数字素养方面，由于研究生阶段数字化教学起步较晚，并且受到网络环境等外部条件限制，大部分院校和教师仍以“纸质教材+课件”的授课方式为主，能够熟练运用平台、工具等技术手段开展混合式教学的教师数量较少。6）非英语专业硕士研究生的英语水平普遍对应《中国英语能力等级量表》中的五级。对于研究生阶段的英语学习，学生希望进一步提升自己的英语水平，特别是学术读写、学术交流等方面；部分高校对论文发表有要求，鼓励学生参加国际学术会议，学生也希望能够得到相应帮助。同时，编制团队通过对华北、西北地区6所高校的实地走访与交流，发现学生在课中和课后使用笔记本电脑、平板电脑、手机等数字化工具学习的比例较高，学生能够熟练运用各类工具搜集、整理信息，进行自主学习。在教材的内容和设计方面，学生反馈教材的语篇内容晦涩、话题过时、设计不美观，无法激发学习兴趣。

基于以上调研结果，编制团队以英国麦克米伦教育出版有限公司的高品质学术英语教材*Skillful (Second Edition)*为内容蓝本，以U校园智慧教学云平台（以下简称“U校园”）为技术支持，结合中国的实际情况，开始编写《新探索》教材，力求将优质的内容、先进的技术、创新的模式有机结合，建设满足院校要求、师生需求的研究生英语新形态教材。

4.1.2 系统设计

在《学位与研究生教育发展“十三五”规划》《大学英语教学指南（2020版）》《大学外语课程思政教学指南》等文件的指导精神下，结合调研结果，编制团队将《新探索》的教学目标定位为学术英语能力培养：从语言应用能力来看，包括学术场景下的英语听、说、读、写等能力；从学术思维能力来看，包括思辨能力、提出和解决问题的能力、创新思维能力等；从学术素养来看，包括学术研究与实践能力、遵守学术规范与伦理等；从思政育人与价值塑造来看，包括跨文化理解和跨文化传播能力，培养国际视野，坚定文化自信，树立正确的文化观。

明确教学目标后，编制团队将目标进行拆解，为不同目标的实现方式选择恰当的教学模式和手段。语言应用能力目标主要通过线上自主学习来实现，具体可细分为三个层次：1）对词汇、语法等语言知识，通过在线单词本、语法练习题等形式，由学生自主完成识记和应用。学术词汇是学术英语学习的地基，是提升学术英语能力必须跨过的一道门槛，需要更加系统、全面的学习。因此，编制团队以学生的实际需求和水平为基础，设计了一门“学术词汇讲练”拓展课程，基于学术词表（academic vocabulary list），精心挑选600个学术英语高频词汇，依据“在语境中习得词汇”的理念进行课程设计，帮助学生系统掌握学术词汇。2）对一般学术场景下的听、说、读、写等技能，通过“虚拟教师+自主训练”的模式，设计学术技能微课和练习题，由微课中的虚拟教师教授知识，学生自主完成技能学习和应用。其中，针对理解层面的听力和阅读能力，设计选择、填空等客观练习题，通过U校园的机器评阅功能反馈结果；针对口头表达能力，设计填空跟读、角色扮演等练习题，通过U校园的语音评测引擎进行纠音打分；针对书面表达能力，充分考虑研究生的知识水平和认知能力，特别设计写作互评任务，学生提交作文后，不仅可以通过U校园中的iWrite写作智能评阅引擎对作文进行机评，还增加了同伴互评，实现以评促学。3）针对更加专业的学术场景下的交际技能，比如就专业话题撰写学术论文、能在国际会议和专业交流中宣读论文并参加讨论等，则需要更加科学、完善、系统的知识体系支撑。因此，编制团队充分考虑研究生的个性化需求和能力差异，设计了“学术论文写作”和“国际学术英语交流”两门拓展课程，支持学生自主学习，教师也可以根据学生情况在教学中选用。研究生具备的自主学习能力和数字素养，是通过线上学习实现《新探索》中语言应用能力目标的前提；《新探索》对语言应用能力目标的分层设计是践行“因材施教”教育理念、满足学生个性化需求、实现不同层次院校人才培养目标和满足其教学需求的保障。

学术思维能力目标主要通过研讨式、互动式课堂面授，结合项目式探究活动来实现。思辨能力、提出和解决问题的能力、创新能力的培养离不开对真实问题情境的分析、评价、创造等高阶认知能力的训练，需要通过创设“教师引领、学生协作、互动研讨”的课堂教学范式，突破群体的原有认知水平，实现知识边界的拓展和认知能力的提升。选取研究生感兴趣的话题以及视角开阔、信息丰富、时效性强的学习素材，设置有深度的分析性和开放性问题，保证探究活动的意义和真实性，对研讨式课堂的实现至关重要。因此，编制团队在原版教材中选取围绕环境保护、疾病防治、语言文化、生命科学、全球与区域发展、法律与伦理道德、新兴科技发展等热门话题讨论的，体裁为议论文、说明文的阅读选篇，呈现真实学术场景的视听素材；充分考虑中国实际情况，重新编写基于学习素材的讨论问题，并以问题解决为导向，设置真实情境下的项目式探究任务，让学生通过协作的方式解决实际问题，以小组作品的形式展现结果。学生的学术素养和价值观将在课堂研讨和完成探究实践任务的过程中得到潜移默化的培育、提升和塑造，其语言应用能力也将在此过程中不断得到训练与提升。

思政育人目标则通过隐性和显性的双重内容设计，以线上自主学习与课堂面授相结合的学习模式来实现。隐性设计体现在上文提到的基于学习素材的研讨问题设置与探究活动中，通过让学生了解中国在相关领域的发展情况和面临的问题，主动思考应对方法。显性设计则是通过在每单元设置教学目标明确的思政育人板块来体现，学生在线上观看具有思政、人文内涵的视频素材，完成讨论、展示、演讲、报告等小型实践任务，以小组作品的形式呈现结果，并在课堂进行汇报展示，实现“价值培养”与“能力提升”的双重作用。视频主题和任务内容涵盖家国情怀、政治认同、文化素养、道德修养四个维度，包含中西对比、文化传承、价值观塑造等层面，目标明确、流程完整。结合新时代学生对视觉体验的要求和审美特点，编制团队原创设计并制作思政视频，内容设计贴合单元主题，生动有趣的动画形式能够激发学生兴趣，使思政教学更加自然流畅，真正实现化显为隐、融盐入水。

完成目标拆解和学习模式制定后，编制人员结合前期调研结果，对全书的教学内容、体量和模态进行整理，确定《新探索》新形态教材分为主干教程和拓展课程两大模块，配备混合式教学指导手册、助教课件和试题库等辅助教学资源，并以U校园为技术支持。主干教程共设基础级和提高级两个级别，每个级别包括《读写教程》和《视听说教程》两个分册，每册六个单元，《读写教程》和《视听说教程》各单元主题一致。各分册由纸质课堂手册和U校园数字课程构成，教师基于课堂手册开展线下课堂教学，引导学生研讨互动；学生在线上基于U校园数字课程学习学术技能微课，完成语言训练、技能训练；U校园将线上、线下环节进行紧密衔接、充分耦合，通过学情分析反馈，帮助教师反拨课堂教学。拓展课程为线上数字学习资源，包括“学术词汇讲练”“学术论文写作”“国际学术英语交流”三门数字课程，鼓励学生根据自身需求，自主选择学习。拓展课程按照“虚拟教师+自主训练+实践项目”的模式进行教学设计，课程结束后学生能够独立完成项目产出任务。课程设置导学视频，帮助学生明晰学习路径，制定学习计划。由于两个模块的目标设定和学习模式存在差异，在下文中，我们将基于主干教程讨论《新探索》的混合式设计。

4.1.3 混合式设计

《新探索》主干教程的混合式设计分别从《读写教程》和《视听说教程》各一个单元的样课设计入手，通过单元结构设计实现混合式教学流程。

《新探索》编制团队首先对原版教材的单元结构和教学内容进行初步评估，确定大致改编方案。在单元结构方面，原版教材的板块设置较为零散，缺乏基于教学课时的整体内容规划，不便于教师开展教学，需要调整单元结构；在内容难度方面，原版教材的Study skill等板块内容过于浅显，并不贴合中国研究生的真实学习情境，需要进行删减或改编；在教学素材方面，原版教材缺少翻译类和思政类素材，缺少基于课文话题的深度解析问答题以及适合课堂研讨的讨论题，缺少结合中国实际情况、解决实际问题的项目式探究任务，缺少技能微课等，这些内容都需要结合单元主题和课文进行重新编写和制作。因此，《新探索》虽然是基于原版教材的改编教材，但是编制团队在编写过程中对原版教材进行了"颠覆式"调整，并结合中国研究生的认知水平和院校的实际情况，对教学素材进行了大量补充。实际上，《新探索》的编制已经远远超出了"改编"的范畴，可以说是对原版教材的再次创作。

在对原版教材进行主题筛选后，《读写教程》和《视听说教程》的编制团队分别选择了Identity和Design两个单元作为样课，结合对原版教材的评估和《新探索》的系统设计方案，对单元结构和教学素材进行调整和撰写。

4.1.3.1《读写教程》的混合式设计

《读写教程》单元结构设计了Getting prepared、Academic exploration、Academic writing、Unit review四个板块，以产出为导向进行混合式教学流程设计（图4）。

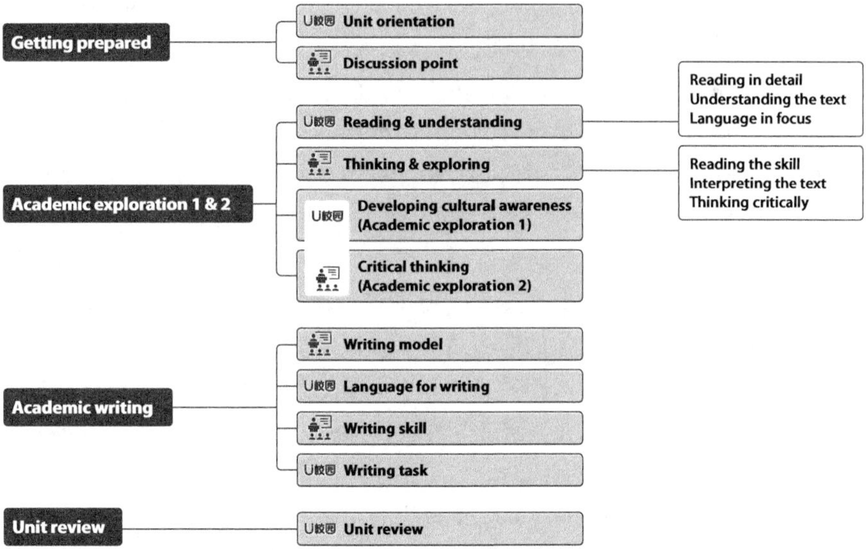

图4 《读写教程》单元结构与教学场景

首先，通过Getting prepared引入单元主题，明确单元目标与产出任务，具体包括两个子板块：1）Unit orientation介绍学习内容，发布该单元的写作任务与实践任务，帮助学生明确学习重点，指引其学习路径。为了使学习目标和路径的呈现更加清晰易懂，主题引入的趣味性、互动性更强，编制团队将该部分教学内容设计为导学微课视频，由学生在线上自主预习。2）Discussion point是基于单元主题设置的小组讨论、头脑风暴等多样有趣的活动，目的是使学生产生学习兴趣，激活知识储备。为了满足院校的不同需求，编制团队将该部分放置在课堂手册中，以图文的形式呈现，供课堂教学使用，充分活跃课堂气氛；在数字课程中则设置为在线讨论题，师生可通过讨论区进行交流互动，在单元话题下留言、评论、点赞等，符合数字一代的交流习惯与偏好。

接下来，针对Academic exploration中两篇课文的学习，通过Reading & understanding和Thinking & exploring两个层次的阅读任务帮助学生全面理解文章内容，准确领会作者意图，掌握学术阅读技能，并能联系自我、社会与世界，就相关话题进行论证、推理和思辨。此外，编制团队在Academic exploration 1中基于对第一篇课文话题的拓展，设置Developing cultural awareness思政板块，落实思政育人目标。Academic exploration 2中则基于第二篇课文设置Critical thinking思辨板块，系统讲解思辨技巧，帮助学生掌握逻辑论证方法，为学术读写打好基础。具体来说：1）Reading & understanding侧重识记、理解、应用等低阶认知能力训练，由学生在U校园进行课前自主学习。课文、语言点、单词学习与练习、阅读理解和翻译练习等在数字课程中设计为人机交互模式，学生可以听音频、点读重点词汇，完成练习后获得即时反馈。教师则可以通过平台查看学情，了解学生的学习难点和知识薄弱点，安排课堂教学重点。考虑到研究生具备较高的认知水平和自主学习能力，与非新形态教材不同，该部分在课堂手册中以“指令引导+学习目标描述”的文字形态呈现，不放置具体的学习内容，辅以U校园数字课程标志设计，为师生提供清晰的混合式学习路径指示，引导学生进行线上学习。2）Thinking & exploring侧重分析、评价、创造等高阶认知能力培养，由教师带领学生在课堂开展研讨。为此，编制团队设计了两个不同认知层次的教学活动：首先教师带领学生通过Interpreting the text板块的问答题深度解析课文，分析语篇特征及重要修辞手段；接着Thinking critically板块围绕课文内容进行多角度内容挖掘与话题延伸，通过设置双人、小组讨论活动，分析评价作者观点，启发学生联系自身的生活经历与知识储备探讨话题，联系社会现实，思考解决问题的方法。为了方便开展课堂教学，编制团队将课文和两部分研讨问题放置在课堂手册中，并在数字课程中加入“主题陈述”这一创新功能，学生在使用U校园APP陈述后，语音可以实时转换成文字，有助于教师结合文本对更多小组进行点评，通过技术手段提升师生课堂互动效果。学生通过Getting the skill板块学习课文中的典型学术阅读技巧，并在其他学术语篇中完成相关技巧的实践练习，以此来实现学术技能的应用。学术阅读技巧学习在课堂手册中设置为知识框，以文字形式对技巧加以提炼，便于教师带领学生提炼重点，为线上学习和练习提供指导；在数字课程中则设计为微课视频，对知识点进行全面系统的讲解，通过可视化信息的动态呈现帮助学生理解知识，保持学习持续性。3）Developing cultural awareness思政板块按照“线上视频学习+课堂讨论+小组实践任务”的教学流程进行设计。编制团队将讨论题目和小组任务描述放置在课堂手册中，便于师生基于视频内容开展课堂讨论，教师根据任务要求为学生课后完成小组任务给予帮助和指导；在数字课程中加入小组作业互评创新功能，学生可将小组作品上传至U校园，并对其他小组的作品进行同伴互评，教师可在线查看作品及同伴评语，并可对作业进行打分、评价和推荐，通过互评功能实现以评促学、促教，促进师生、生生互动。4）Critical thinking板块是对思辨技巧的系统学习，同样配备微课视频与应用练习，在课堂手册和数字课程中的呈现方式与学术阅读技巧相同。

学生通过前两个板块的学习，对单元产出任务相关话题有一定了解和积累后，进入学术写作板块的学习。Academic writing板块以产出任务为导向，形成线上线下学习流程闭环。该部分以课堂面授为主，通过范文分析搭建脚手架，掌握学术写作技巧，辅以线上语言知识学习与练习，积累完成单元写作任务所需的语篇知识、语言知识与技巧，最终通过详细的步骤指导，帮助学生在线上独立完成写作任务。该部分在课堂手册和数字课程的放置内容和展现形式与上文提到的Reading & understanding和Getting the skill板块相似。数字课程中引入iWrite写作智能评阅引擎，支持作文智能批阅与同伴互评。

最后，学生通过Unit review完成复习巩固、自我检测与反思。这部分在课堂手册中仅呈现指令与目标，引导学生在线上进行复习。如果某板块学习效果不理想，学生可在数字课程Review & check中点击相应板块重复学习。编制团队还特别设计了学习分析报告，学生可了解学习时长、成绩排名、学习进度与技能掌握情况等信息，帮助学生了解自身学习情况和薄弱点，实现自主提升。教师也可通过U校园教师端的单元学情分析，掌握班级学生的学习情况，了解教学效果，调整教学安排。

总体而言，单元结构中四个板块的教学流程设计及教学内容的呈现方式能够体现新形态教材的混合式教学流程和关键特征。编制团队将需要教师带领学生完成的深度课文分析、各类研讨问题以及需要教师讲授的复杂和重要的知识放置在纸质课堂手册中，便于教师开展课堂教学活动，体现课堂手册的高阶性；将语言和技能的学习与训练以视频和交互式练习的形式呈现在数字课程中，充分发挥线上学习的即时性、多模态化和精准性的优势；通过导学视频、文字指令、U校园标志、二维码等设计明晰混合式学习路径，以平台的大数据反馈和基于教学活动的创新功能设计实现线上线下教学流程耦合与融通，建立可交互的学习环境。经过学科专家对单元设计的评审和内部研讨，编制团队调整了单词表和学术阅读技能拓展应用练习的位置：考虑到研究生已具备较强的自主学习能力，为充分践行低碳环保、可持续发展理念，将单词表从课堂手册中移除，并将其在数字课程中以单词卡点读的形式呈现，使线上学习任务更加明确，也更符合研究生的认知水平；在提高级教材的设计中将学术阅读技能拓展应用练习从课堂手册中移除，并将其在数字课程中以交互式练习的形式呈现，供学生自主练习，更加符合更高水平研究生的实际学习情况和课时安排。

4.1.3.2《视听说教程》的混合式设计

《视听说教程》单元结构设计了Unit orientation、Warming up、Academic listening、Critical thinking、Academic communication、Unit review六个板块，以产出为导向进行混合式教学流程设计（图5）。

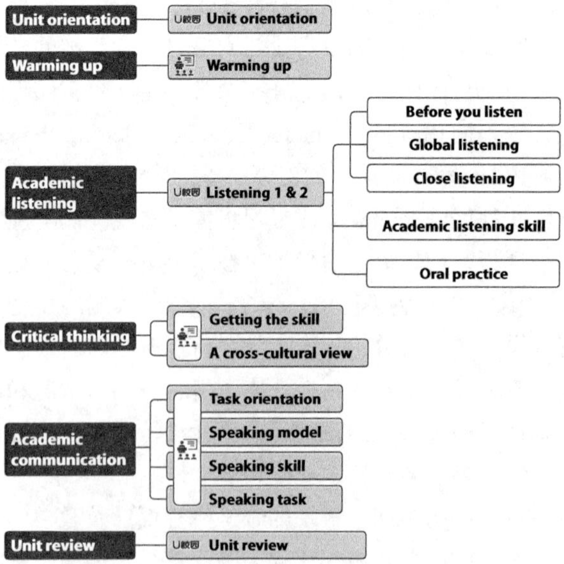

图5 《视听说教程》单元结构与教学场景

总体而言，单元结构中六个板块的教学流程设计及教学内容的呈现方式与《读写教程》相似。编制团队将需要教师带领学生完成的口语产出活动、思辨研讨问题以及需要教师讲授的复杂和重要的知识放置在纸质课堂手册中；将语言和技能的学习与训练以视频和交互式练习的形式呈现在数字课程中，并引入语音评测引擎对各类口语训练进行机评反馈；学生课前在线上完成听说技能训练，为课堂交流与研讨积累素材，形成从输入到输出、从线上到线下的混合式教学流程闭环。与《读写教程》不同的是，《视听说教程》编制团队基于原版教材的特色设计，将Critical thinking（学术思辨）板块进行独立设计，并将思政理念融入思辨教学中，设计了A cross-cultural view（跨文化思辨）板块，从中西文化对比的角度切入开展思政教学，培养学生的跨文化理解能力，提升其国际传播能力。

在对单元结构进行评审时，专家建议进一步发挥数字课程的即时性、精准性特色，对学术听力板块的学习模式和呈现形式进行改进。编制团队考虑到研究生视听说课程不断减少的学时和学生较高的认知水平，将Academic listening（学术听力）板块的听力理解练习和口语训练从课堂手册中完全移除，放置在数字课程中由学生课前自主完成，教师根据学情安排教学重点；在课堂手册中，保留基于听力素材设计的讨论问题，通过讨论问题进一步检验学生对听力文本的理解，提升其交际能力和高阶思维能力；通过Online activities和Classroom activities的标签设计明晰混合式学习路径。

4.1.4 内容资源与平台功能开发

在样课确定后，编制团队开始编写全书的内容资源，同时开发平台功能。为确保线上线下混合式设计中的各个环节充分融通，编制团队对全书的教学内容和平台功能采取了同步研发的模式：主干教程模块和拓展课程模块的内容资源由不同的编制团队同步研发；主干教程中的课堂手册和数字课程同步启动编写；上文中提到的创新功能由产品经理和技术人员同步开发，确保功能实现能够有效支持线上线下的教学活动开展。

内容资源编写与功能全部开发完成后，编制团队开始编写《混合式教学指导手册》(以下简称《指导手册》)。《指导手册》为电子版，拟解决教师在使用《新探索》进行实际教学时可能出现的三类问题：1）混合式教学模式如何开展，线上、线下结合的教学流程如何实施；2）教师在混合式教学中需要哪些资源和素材；3）线上学习的部分仅在数字课程中呈现，可能会给对教学平台操作不熟悉或网络条件有限的教师带来一定挑战。

为了帮助教师明确混合式教学流程，编制团队在《指导手册》中设计了混合式教学实践指南、单元混合式教学安排、U校园平台使用说明三部分内容：1）混合式教学实践指南放置于正文前，用于说明《新探索》包含的线上、线下的内容资源和形式，教学流程如何开展，混合式教学的关键点（如适合使用创新功能的题型位置、相应功能如何使用、如何查看学情分析等），并提供混合式教学计划（blended teaching plan），简述学期总体课时安排，以及课前、课中和课后的教学步骤，供教师们编写教案时使用。为创新教学模式，更好地发挥新形态教材的作用，实践指南提供了两种混合式教学计划，便于教师根据实际教学情况合理选择。第一种教学计划参考了"原位翻转课堂"模式（蒋玉龙 2018），践行"三不"原则，即"教学内容不增加、教学时间不增加、教学次序不改变"。该教学模式以3周为一个教学小周期完成一个单元的教学任务，一周线上自学，两周课堂面授，学生线上自学时间由原来课内教学时间的一部分转换而来。教师以发布自学任务清单的方式提前借助U校园向学生推送该单元学习内容、作业和对应的要求，并告知学生下次面授课程的内容及任务。学生利用第一周教学课时进行线上自学，教师通过网络随时向学生提供教学支持，通过U校园学情分析查看学生自学情况。在第二、三周的课堂面授环节，教师把重点放在师生互动和生生互动上，一方面，教师检验学生自学效果，讲解重难点和拓展知识，组织研讨活动；另一方面，学生根据学习任务进行口头或笔头汇报交流，自我检验知识掌握情况，提升运用能力，教师提供个性化指导，从而在教学内容上实现讲解角色的转换。鉴于各院校在教学实施条件、线上学时学分认定、教学理念改革与落实等方面情况各异，第二种教学计划是基于课堂的混合式单元教学计划，以3周为教学小周期，每周完成一个主要教学模块，按照"课前（线上自主学习）—课中（线下互动研讨）—课后（线上自主复习巩固）"的教学流程展开。2）编制团队在每单元开头处，基于该单元的实际教学内容和任务提供单元教学安排（suggested teaching plan），简略说明每课的具体时间分配以及线上线下的教学建议。3）U校园使用说明置于正文后，介绍U校园教师端使用方法、各类工具和功能，帮助教师掌握平台操作方法，熟悉平台功能并将其运用到教学中。

为了满足教师对资源的需求，编制团队在《指导手册》各单元中，为教师提供开展每项教学活动的具体步骤、教学方法、练习题和讨论题答案、课文解析和语言点讲解等资源，还提供了拓展活动及其相应资源，并将每个单元的补充学习资源内置于U校园的补充资源区，供师生们选用。为帮助教师利用科技工具更高效地开展课堂教学、增强课堂互动、活跃课堂氛围，编制团队在制定每项教学活动的实施步骤时，补充了适合开展该活动的U校园课堂互动工具以及数字课程创新功能，为教师提供了明确的提示和操作方法，以鼓励教师在实际教学中运用这些工具与功能。

由于新形态教材的特殊设计，学生需在线上学习的内容不会出现在课堂手册中。为使教师能总览单元内容，方便备课和授课，编制团队将线上学习的练习题、答案、听力脚本等内容置于《指导手册》中，并且提供了学术技巧微课视频脚本、思政视频脚本，以便于教师更直观、更便捷地了解教学内容。

4.1.5 教材试用反馈

《新探索研究生英语（基础级）读写教程》《新探索研究生英语（基础级）视听说教程》于2021年7月出版，在院校试用一个学期后，编制团队于2022年2月对教材使用情况进行了调研，检验教材设计能否真正满足师生需求、达到预期教学效果，并分析调研结果，为《新探索》的后续修订提出改进方案。

编制团队向使用院校发放调查问卷，共回收来自12所院校的22位教师的有效问卷22份。同时，编制团队邀请来自全国各地10所院校的教师进行深入访谈。调研结果表明，院校普遍依据《新探索》的混合式教学模式开展教学，采用基于课堂的混合式单元教学模式的院校较多，他们认为该模式实操性强、便于开展，教学效果好；教材的选材内涵丰富、话题多元、难度适中，贴近学生，能够引起学习兴趣；启发性思辨研讨活动促成师生互相激励、成长的良好课堂环境；学生通过数字课程完成线上自主学习，得到即时反馈，能够培养良好的学习习惯。其中，师生对思政板块、学术技能板块的教学设计和微课视频评价较高，认为视频内容实用、制作精良、生动有趣，活动设计便于开展教学。此外，教师们表示，以往学生使用旧教材，教材中有答案提示，导致学生听课不认真，课堂互动不充分。新形态教材需要学生完成自主学习，提高了学习热情，也有效杜绝了盗版书。

虽然总体而言师生对《新探索》的反馈较好，对新形态教材的学习模式接受度较高，认为线上线下的内容设置合理，但也提出了一些问题和需求。其中最主要的问题是：1）由于一部分教师还不习惯将语言技能学习全部置于数字课程中，或考虑到学生基础较弱，仍有教师希望在课堂手册中保留单词表、语言技能练习题和语法部分的内容，方便在课堂中讲解；2）在教学资源需求上，建议增加学术翻译的内容，并提供一些针对翻译技巧的讲解内容；3）课文后的研讨问题较多，受课时缩减的影响无法全部完成。针对这三个主要问题，编制团队提出了以下改进方案。

首先，通过增加《新探索》教师培训以及U校园使用培训，进一步帮助教师了解数字课程的优势，熟悉平台功能和特色，并且鼓励教师在课堂中直接使用数字课程开展教学。与此同时，在助教课件中提供重点单词、例句、语言点解析，以及词汇语法等语言练习，便于网络资源不充足的院校开展课堂教学。

其次，编制团队将进一步针对学术翻译的需求开展调研，并结合调研结果，考虑以下两种改进教材的方案：1）在主干教程各个单元的数字课程中，结合单元主题，增加学术翻译板块，提供翻译练习和技巧微课；2）在拓展课程模块中，增加一门学术翻译拓展课程，与其他三门拓展课程协同作用，完善学术英语课程体系，满足不同层次院校的需求。

最后，减少Thinking critically部分中Sharing your ideas和Making connections两个子板块的研讨问题数量，并在提高级教材中将两个子板块合二为一，精心编制与更高水平学生更为适切的研讨问题，以便进一步提升问题使用率和课堂教学效果。

4.2 《新境界大学英语综合教程》编写过程

《新境界大学英语综合教程》（以下简称《新境界》）是外研社与外研在线于2022年推出的面向全国普通高等院校，尤其是中西部地区高校的系列新形态教材，共包含四册，供英语低起点院校本科一、二年级读写课程使用。每本分册包含六个单元，由U校园数字课程、课堂手册、拓展数字资源构成新形态、立体化教学体系；同时为教师提供混合式教学指导手册、助教课件。

4.2.1 前期准备

中西部高等教育是中西部发展的战略内生力量，影响着中西部全面振兴大局和中华民族伟大复兴进程。2020年9月1日，习近平总书记主持召开中央全面深化改革委员会第十五次会议，会议审议通过了《关于新时代振兴中西部高等教育的意见》，强调要激发中西部高等教育内生动力和发展活力，推动形成同中西部开发开放格局相匹配的高等教育体系。外研在线始终关注中西部地区的大学英语教学情况，在与新疆农业大学等几所疆内高校的多次深入交流中，我们了解到中西部高校的外语教学普遍存在大学英语教学资源与师生需求不匹配的问题。具体来说，1）多数学生反馈通用版大学英语教材的内容难度较大；2）英语课时缩减，现有的大学英语课时无法覆盖全部的教材内容，教师对线上线下内容如何分配存在疑问；3）现有教材的体量大，且重点性体现不足，导致教材使用率不高；4）部分院校迫切希望在教学中融入数字化的教学手段与资源，探索新型教学模式，提升教学效率和学习效果。

在中央大力发展中西部地区教育的宏观背景下，针对中西部高校的实际问题，我们经过充分研判，决定以中西部院校的实际需求为基点，在外研在线数字化教学技术的支持下，建设一套适用于中西部高校外语教学，同时改变已有教材模态，强调理念引领、模式创新的新形态、立体化教材。《新境界》教材应运而生。

为确保教材设计的科学性，在策划前期，我们首先对《新境界》的使用群体进行了调研。作为《新境界》的目标使用院校，新疆农业大学的大学英语课程采用分级教学，参照学生的高考英语成绩和入学英语分级测验成绩分为两个级别（A级和B级）。A级学生的高考英语分数在90分以上，占比约20%—30%；B级学生的高考英语分数在40—90分之间，占比较大；这表明学生的整体英语水平中等偏低，语言基础不够牢固。A级学生在大一下学期或大二上学期参加全国大学英语四级考试，B级学生在大二下学期参加全国大学英语四级考试，考试通过率约40%。

在与该校的沟通中，我们了解到该校的英语教学团队对混合式教学模式的接受度较高。无论是院系负责人还是普通一线教师，普遍能够接受课上借助数字化工具进行教学，课下利用数字化平台发布学习任务的模式。但受限于学生的英语水平和原有读写教程的平台功能，开展混合式教学面临诸多困难，如有些软件重功能而轻内容，缺少专业而全面的内容支撑；有些平台与教材内容的联系不紧密，教师需录入内容才能发布作业，缺少统一的教学管理；多数教材尚无混合式设计的特征，课前、课中、课后的学习任务几乎不做区分，混合式推进困难。为此，该校教师始终在寻找一条既适合学生英语水平，又能将混合式教学充分融入英语教学中的有效路径。

4.2.2 系统设计

在《大学英语教学指南（2020版）》《大学外语课程思政教学指南》等

文件的指导下，结合调研结果和对新形态教材建设的理解，编制团队最终确定，《新境界》以《大学英语教学指南（2020版）》设定的三个级别教学目标中的“基础目标”与“提高目标”为参考，突出线上线下混合式设计，融入课程思政教学理念。通过四个级别教材的学习，夯实学生的语言基础，使其英语能力能够达到《中国英语能力等级量表》中的五级能力要求，同时提升学生的自主学习与合作学习能力，提升跨文化理解力和文化自信。为了实现这样的教学目标，《新境界》的系统设计重点考虑了以下四个问题：如何保证教材难度可以满足英语低起点学生的需求？如何让思政部分的内容设计更有特色？针对英语低起点学生的混合式教学流程是否有其独特的要求？在实现以上目标的过程中，U校园能够提供哪些功能完备的智慧化教学手段？

《新境界》首先解决的是教材难度问题。与非新形态教材相比，新形态教材在解决教材难度上采用的教学模式和手段更加灵活、多样。首先，为提升教材的使用率，每单元的两篇主课文从选材和内容设计上有所区分。Reading 1为精读课文，文章的选材更适于挖掘和拓展知识，适用于课堂教学；Reading 2为泛读课文，文章的选材更注重信息性，适用于训练学生的快速阅读能力，并通过机器反馈答题情况，鼓励学生自主评价与反思，因此可完全由学生自学完成，以此来最大限度地提高教材的使用率。其次，《新境界》重视整个教学流程中的课前环节，借助U校园为学生提供丰富、全面的预习内容，包括课文译文、语言点讲解、单词本学习、技巧动画微课等；学生在完成预习后，还可通过课前小测（Taking a quiz）或微课弹题，自我检测预习效果，更加清晰地了解自己的薄弱环节，带着问题和重点上课。通过完善课前预习环节，可以减轻学生的课上听讲压力。再次，考虑到目标受众的英语水平，特别是其参与课堂讨论难度较大的情况，《新境界》为学生搭建脚手架，帮助其最大限度地熟悉教学素材，以减轻其参与课堂讨论的压力。如Exploring Chinese wisdom板块中，编制团队针对视频素材设计了一系列线上练习。这些练习便于学生理解素材逻辑结构和核心信息，同时可以对视频中的重点句子进行跟读练习，输入语料，为课堂讨论做好充分的准备。此外，《新境界》的语言练习均转到线上，一方面，可以充分利用线上丰富的题型，多维度、多角度对知识点进行训练；另一方面，平台的即时反馈功能可以让学生迅速地看到问题所在，并通过反复练习加深印象。

除了主干教程在难度上的独特设计外，《新境界》还特地为英语低起点学生设计了配套拓展数字课程“新境界大学英语 语法AI诊学练”（以下简称“语法课”)。该课程供学生线上自学，针对英语中低水平学生语法知识薄弱的普遍情况，打造基于智能诊断的学练闭环，利用自适应技术，定位薄弱项，推送个性化练习，让学生享受AI技术所赋予的精准式、个性化学习体验。

思政育人是《新境界》的主要教学目标之一。教材在主题编排、素材选取和题目设计上全面落实立德树人根本任务。单元主题涵盖个人、社会、国家三个层面。选材立足中国，注重选用体现中国视角、反映中国特色社会主义发展成就的文章；同时坚持文明互鉴，从中西文化对比、中华优秀文化传承等层面深化单元主题，培养学生的跨文化沟通力。同时，教材还设计了显性的思政板块，通过精彩纷呈的视频带领学生领略中国之美、读懂中国智慧，并以产出活动激发学生的能动性，引导学生探索富有中国智慧的问题解决方案，讲好中国故事，提升民族自豪感和文化自信，从而实现价值塑造、知识传授和能力培养的有机融合。

U校园为上述教学活动的设计和教学目标的实现提供了有力的技术支持，创设了个性共生的线上学习空间。U校园数字课程引入丰富的数字化教学手段，如课文点读、单句翻译、重难点解析、滑动式单词本、人机对话，有利于提高师生的数字素养，实现自主学习。教师端的“学情分析”可为教师提供全面、真实的数据支持，教师借助平台教学工具和学情数据，总结难点、易错点，用于强化课上重难点知识；教师可通过学情分析报告、客观题机器评阅、iWrite写作智能批阅、语音评测等智慧高效的评价手段，有效开展教学活动。

4.2.3 混合式设计

《新境界》在单元结构的设计之初，就充分考虑了线上线下教学安排。整体思路与新形态教材的核心特征一致：线上侧重语言强化，对自主学习给予即时反馈；线下侧重认知提升、价值塑造，鼓励开展师生互动、生生互动。教师基于线上学习产生的学习数据，发现学生的难点和易错点，有效地指导课堂教学。线上线下内容的分布情况在单元结构中的具体体现如图6所示。其中，标记U图标的板块为线上学习内容，不包含在课堂手册中。

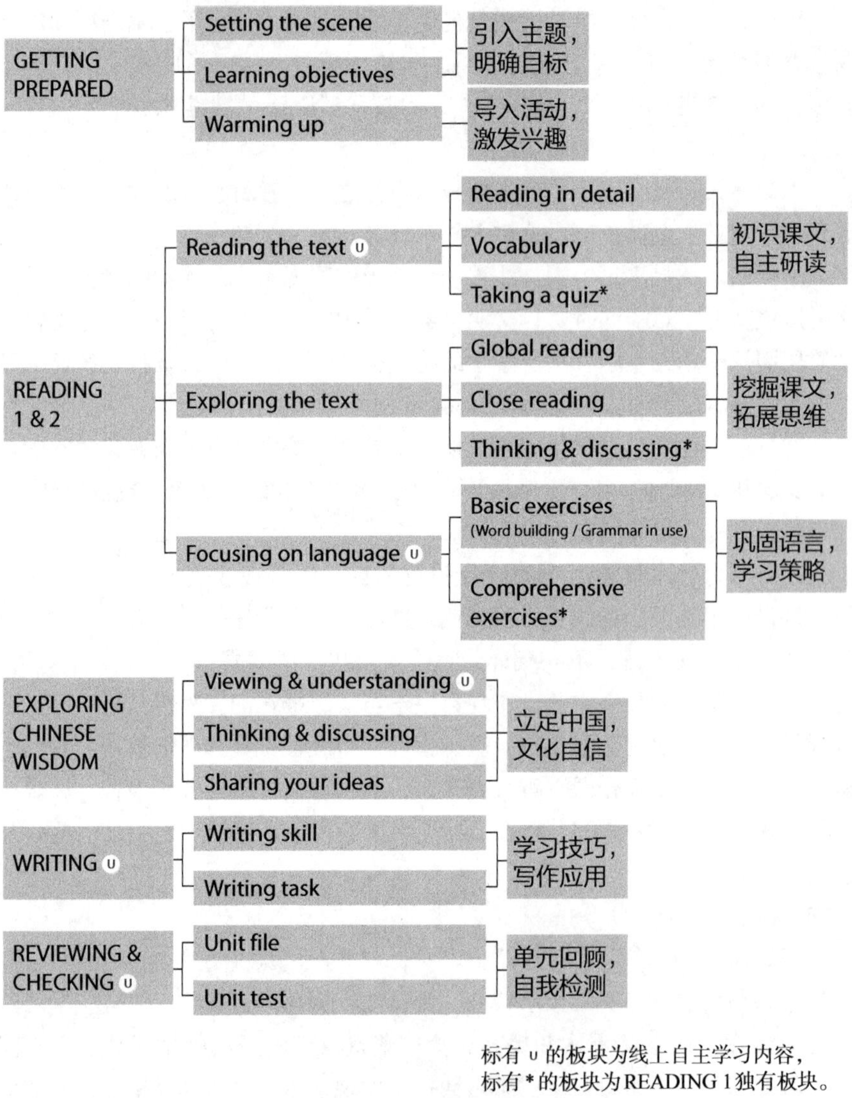

图6 《新境界》单元结构与教学场景

考虑到教材用户群体的情况，并结合实际教学场景中大学英语课程的教学安排，《新境界》的混合式教学流程包含适合教材内容的个性化设计，如图7所示。

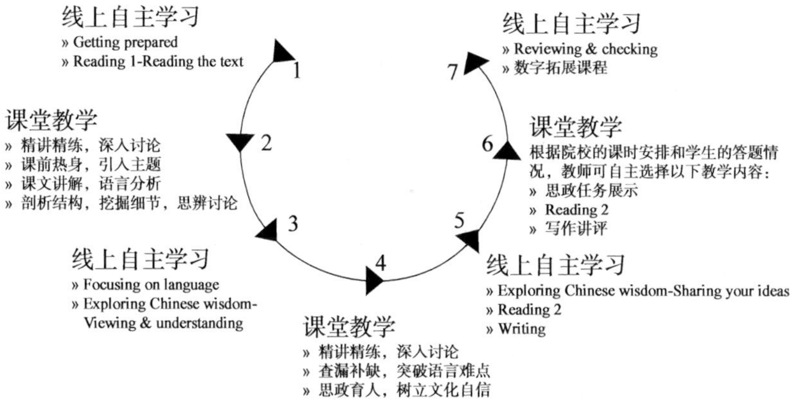

图7 《新境界》混合式教学流程

在每个单元的学习之初，教师发布线上学习任务。学生通过第一次线上自主学习，了解每单元的学习重点和目标；完成单元导入活动，熟悉单元主题，并利用在线讨论区发表想法和分享观点；预习Reading 1的课文、单词及语言难点，并通过课前小测检查预习效果，为课堂学习做准备。教师通过U校园教师端查阅学生的自主学习数据，掌握预习情况；收集、了解学生观点，从而有效地引导学生开展课堂讨论；基于数据，微调教学大纲，为课程教学做准备。

学生的第二次线上自主学习包括完成Reading 1的语言练习，加深课文理解、强化语言基础；通过视频微课和配套练习，进行词汇拓展、语法巩固；观看视频，初步理解思政要点；通过视听练习和跟读、配音等口语练习，输入思政语料，为课堂讨论做准备。教师通过U校园教师端，基于答题数据，明确学生在Reading 1语言板块中的难点、重点，有针对性地进行课堂讲解；查阅学生的自主学习数据，掌握学生答题和预习情况，为课堂教学做准备。

学生的第三次线上自主学习需完成并上传口语任务，加深对思政要点的理解，锻炼口语输出能力；从阅读理解和语言练习两方面完成Reading 2的自主学习；通过视频微课，学习写作技巧，完成写作任务，并通过写作智能评阅系统，实现自动评分和语法纠错。教师通过U校园教师端查看学生提交的口语任务；查阅学生的自主学习数据，明确学生在Reading 2阅读理解和语言练习中的难点、重点，有针对性地进行课堂讲解；查看智能评阅数据，了解学生在写作中的薄弱环节，有针对性地进行课堂讲解；鼓励学生通过同伴互评，相互学习、共同进步。

学生在第四次线上自主学习中需完成单元自评和自测，自主检测学习效果，巩固强化所学知识；学习数字拓展课程，强化语法知识，训练听力、阅读、翻译技能，形成学习闭环，逐步提升语言准确性，同时为全国大学英语四级考试做准备。教师通过U校园教师端查看学生的自评、自测数据，并基于数据，及时调整下一阶段的教学设计；收集并分析课前、课中、课后数据，为教学研究建立科学完备的数据基础，实现精准教学。

整体来看，每个单元需通过图7所示的7个节点的协同贯通，构建教、学、研一体化的闭环。具体来看，每个“线上自主学习”和“课堂教学”的小闭环包含详细的说明，明确该环节中学生的学习重点、学习目标和教师的课前行为（见图8）。从这一点看，《新境界》在指导混合式教学流程上提供了更完备、详细的信息，方便低起点院校老师顺利开展教学。

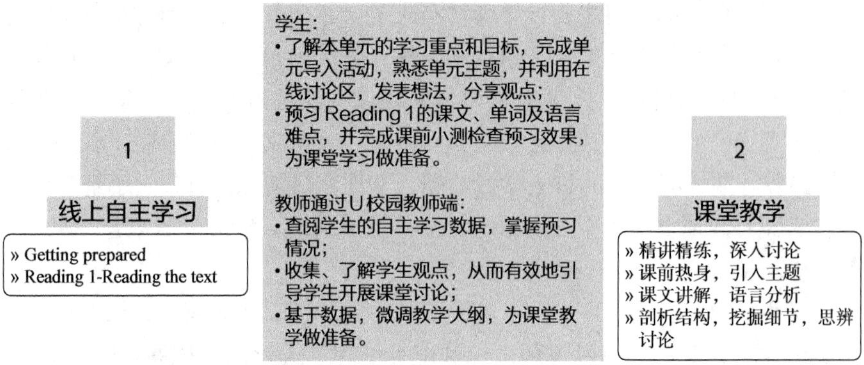

图8 《新境界》混合式教学流程具体说明（以图7中的节点1和2为例）

4.2.4 内容资源与平台功能开发

在确定教学目标、系统设计和混合式设计流程后，教材编写工作进入内容资源与平台功能开发环节。为保证教学流程的完整性以及线上线下内容之间的衔接性，《新境界》课堂手册和数字课程同步开发。同时，作为《新境界》的配套数字拓展课程之一的“语法课”也同步研发，确保内容在难度上的协调性和一致性。

《新境界》的平台功能开发主要体现在应用于“语法课”的自适应功能研发。自适应学习是一种教育科技手段，它基于数据，实时跟踪分析每位学生的学习状态，并据此进行反馈，调整学习内容、学习活动。具体来说，为满足英语低起点学生的学习要求，“语法课”依托的自适应技术主要在以下三个方面实施功能开发，包括：1）学习目标定制化：依据自适应诊断结果，为每位学生制定个性化的学习顺序，优先学习薄弱知识点。2）学习内容动态化：通过大数据分析，收集并分析学生对每个知识点的掌握情况，并在强化环节推送相应的题目，每位学生的学习内容会随着对该课程的学习逐步深入而保持动态变化。3）学习过程个性化：每位学生的学习进程、学习路径、学后反馈，都是个性化的，学生可以根据自身情况进行自我评估和自主选择。

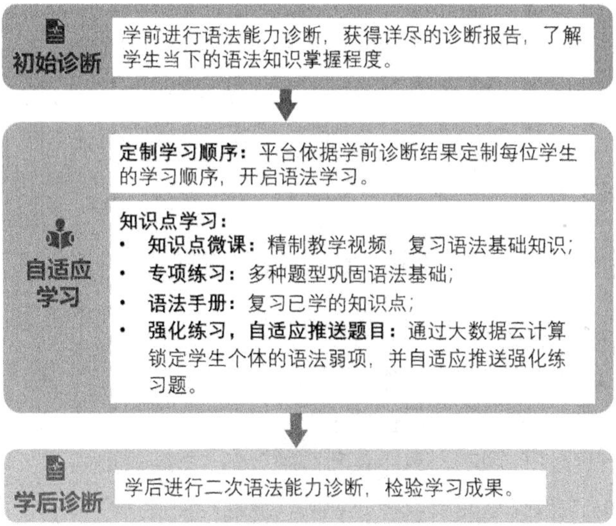

图9 “语法课”自学流程

4.2.5 教材试用反馈

《新境界》第一册出版后，新疆农业大学试用该教材一个学期。基于新形态教材的典型特征和《新境界》的编写特色，我们调研了该教材的使用情况，探索新型教学设计是否能够真正地满足师生需求，切实达到助力教与学的目的。调研主要采取访谈和调取数据两种形式，围绕以下四个核心问题展开：

第一，基于U校园的混合式教学流程是否与实际教学路径一致？

从U校园后台数据可以看出，第一册五个单元（除去学生自学单元Unit 2）所有线上自学板块（即单元结构中标记U图标的内容）的平均使用率为76.02%。其中，为课文学习提供预习任务的Reading the text板块的平台使用率达到81.37%，说明线上预习的强化作用明显，学生通过平台进行课文预习的意愿较为强烈。课后作业Focusing on language板块的使用率为81.21%，说明绝大部分学生能够按时在U校园完成语言点的练习，巩固语言基础。而混合式教学流程中建议教师在课堂开展讨论的内容，在U校园的使用率大为减少，仅为57%。通过以上对比，我们基本明确了教师针对每个单元的教学安排。

同时，结合听课记录，我们也记录了该校教师教学过程的一些共性流程，如表1所示。

表1　新疆农业大学大学英语课程教学流程

课前	• 学生在线上完成课文预习，学习单词和短语、难句解析 • 对于英语水平较差的班级，教师安排的预习任务较少，以减轻学生的学习压力 • 教师使用U校园教师端查看学习数据，筛选课上的讲解重点
课中	对于课前已经预习的内容，课上以重点强化为主。课上，教师带领学生： • 攻克语言难点（占比较大） • 基于课文进行阅读能力的训练 • 开展课堂讨论（占比较小） • 口语任务展示，写作技巧讲解，写作任务点评等
课后	• 学生按要求完成教师布置的作业及口语任务 • 对于英语水平较差的班级，教师安排的作业相对较少，以减轻学生的学习压力

虽然以上教学流程与既定的混合式教学流程相比，存在一些差异，但基本遵循了线上线下结合的方式。

第二，《新境界》在教材难度上的设计是否满足目标受众的需求？

课程使用数据显示，该课程中练习任务的平均答题正确率为77.89%，说明对学习者来说，题目难度恰当，但又有可提升的空间。同时，根据访谈，教师也反映与原来的教材相比，该教材难度有明显的降低，更符合学生的英语水平，有助于提高学生的学习积极性；题型丰富，如句子跟读、单词本、视频配音等题型，通过多模态学习，多感官刺激记忆，有效地提升了学习效率。

第三，新形态教材的“耦合设计”可否在实际教学场景下发挥积极作用?

教师在访谈中反馈，教师端的“单元报告”和“作答分析”为教师提供了有力的参考依据，他们会根据答题数据，更有侧重性地安排授课内容。还有教师反馈课前预习的内容为学生上课提供了很好的预习素材，大大减轻了学生的听课压力，说明该校教师正在逐步适应“数据”为教学带来的科学性和便利性。

第四，新形态教材是否可以实现“学生智慧地学”，满足个性化的学习需求?

我们通过问卷的形式收集了学生对“语法课”的反馈，共收集有效问卷170份。问卷显示，75%的学生反映教程的“课前诊断—课程学习—课后诊断”流程安排合理，有助于开展自主学习；77%的学生反映教程中的课前诊断流程能够有效发现自己的语法薄弱环节，并制定适合自己的学习路径。

除了以上反馈外，我们也发现《新境界》在目标院校的使用中也存在一些问题，主要反映在四个方面。1）难度问题：如Exploring Chinese wisdom板块的Viewing & understanding部分的线上自学内容有一定难度，学生难以在课前独立完成，因此部分教师会在课上完成该部分的教学，占用了课上时间。2）智慧教学手段的使用问题：如写作互评功能的使用率较低，这是由于教师不熟悉该功能的操作方法而导致的。3）现有课程设计中存在待改进问题：如单词部分是英语低起点院校较为重视的学习内容，希望增加对单词的线上轻量级练习，以更好地辅助学生自主学习。4）作答数据使用深度问题：访谈结果显示，部分教师没有查看使用数据的意识，依旧遵循传统的教学方法。

针对以上问题，编制人员也在后续分册的研发中通过优化平台作答体验、降低题目难度、增加轻量级练习题等方式进行了解决。同时后续将加强对平台功能的介绍和推广，扫清教师在平台使用上的障碍；强化新形态教材使用培训，引导教师逐步培养混合式教学和深度使用数据的意识，真正实现智慧教学。

5. 讨论及启示

从《新探索》和《新境界》的编写过程可以看出，两套教材采用线上线下融合的一体化教材编写模式，并基于研究生与英语低起点本科生两个不同学习群体的特征，在教材研发的系统设计、混合式设计、内容资源与平台功能研发等阶段，结合教学目标，在线上线下教学活动安排、拓展数字资源、耦合设计等方面进行了差异化编写。同时，在新形态教材的试用反馈中我们可以发现，虽然不同教材使用者在混合式路径、对学习数据的使用深度、对内容资源及任务脚手架的需求以及互动式学习需求等多个维度都有较大差别，但经过编制人员在教材研发各个环节中的充分研讨、科学设计和及时优化，两套教材在实际使用中的教学效果较好，这在一定程度上证明了新形态教材在不同层次院校中推行的可行性，也证明了新形态教材在大学英语发展的当下解决教学痛点的有效性。这种可行性和有效性与教育数字化的发展趋势及新形态教材的典型特征密不可分。

随着中国高等教育进入普及化阶段，教育特征逐步朝着多样化、个性化、学习化、现代化方向精进发展。在教材编写领域，未来新形态教材的编写工作将朝着更加精细化的方向积极探索，满足不同层次、不同类别院校的个性化教学需求，将线上线下融合的一体化教材编写模式应用于其他大学英语教材的编写过程中，赋能大学英语智慧教学，为教育数字化转型贡献力量。

参考文献

Anderson, L. W. *et al.* (eds.). 2001. *A Taxonomy for Learning, Teaching and Assessing: A Revision of Bloom's Taxonomy of Educational Objectives.* New York: Longman.

Grönlund, Å., M. Wiklund & R. Böö. 2018. No name, no game: Challenges to use of collaborative digital textbooks. *Education and Information Technologies 23*: 1359-1375.

鲍敏、李霄翔，2017，信息化环境下数字化大学英语教材研究，《外语电化教学》（3）：80–84。

何克抗，2005，从Blending Learning看教育技术理论的新发展，《国家教育行政学院学报》（9）：37–48。

蒋玉龙，2018，有效利用在线课程，实现原位翻转课堂的大学新教学，《中国教育信息化》（9）：28–35。

徐劲，2021，教育出版的未来模式——基于超媒体技术的新形态一体化教材出版，《出版发行研究》（1）：36–42。

杨港，2019，“立体化教材+互联网资源”驱动的大学英语教学设计研究，《外语电化教学》（1）：23–29。

张德禄、王璐，2010，多模态话语模态的协同及在外语教学中的体现，《外语学刊》（2）：97–102。

张敬源、王娜、曹红晖，2017，大学英语新形态一体化教材建设探索与实践——兼析《通用学术英语》的编写理念与特色，《中国外语》（2）：81–85。

2 新形态外语教材的技术实现

徐一洁 牛琪雯 杜 灏
北京外研在线数字科技有限公司

提 要：作为教育数字化发展的产物，新形态教材体现了信息技术与教育教学的紧密结合。本章主要讨论了数字技术在新形态高校英语教材中的作用和意义，并提出了针对现有外语教学问题的可行性解决方案。通过三个具体案例的分析，探讨了教学评一体化实践、个性化学习、解决教育资源不均衡等问题，分析数字技术赋能新形态教材的主要途径。

关键词：新形态教材；技术实现；教学评一体化；个性化学习

1. 引言

近年来，随着《中国教育现代化2035》《教育信息化2.0行动计划》《加快推进教育现代化实施方案（2018—2022年）》《教育课程教材改革与质量标准工作专项资金管理办法》等重要文件的颁布，以及人工智能、大数据、云计算、物联网等技术的发展，信息技术与教育教学的融合进一步加深，教学理念和教学实践发生了根本性变革。

教材是教育教学的关键要素、立德树人的基本载体，是需要精心打造的国之重器。在教育信息化的大背景下，教材作为教育最核心的媒介，不变的是其国家事权的属性和承载国家课程标准的功能，不断丰富发展的是其形态与内涵。“十二五”期间，教育部、财政部共同启动“高等学校本科教学质量与教学改革工程”建设，“万种新教材建设项目”由此发端，政策上对教材的重视可见一斑。与此同时，英语教材作为高校学生英语学习的基本资料，应具有信息性、教育性、体验性、引导性和探究性等特点（杨港、陈坚林 2013）。因此，探索、设计、开发与智能时代相适应的高校英语新形态教材，是技术深度融入教育的重要着力点，也是教育现代化的关键。新形态教材是服务混合式新形态外语教学，满足个性化教学需求，融合信息技术，包含纸质资源、数字资源、配套软件平台、虚拟现实等的多介质智能化教材。出版社通过对纸质教材和数字资源的一体化设计，充分发挥纸质教材体系完整、数字资源呈现多样的特点，并通过数字平台的网络技术、新颖的版式设计和内容编排建立纸质教材和数字资源的有机联系。高校英语教材是教学内容的主要载体，是育人育才的重要依托，直接影响教学改革成效和人才培养质量。如何利用现代信息技术创新教材内容和形式，开展数字教材等新形态教材的研发和推广是高校英语教材建设的重要内容。

本研究旨在梳理数字技术在新形态教材中的意义、内涵、现状，结合外语教学中现有的问题，通过分析实际案例提出具有可行性的解决方案，为新形态教材的建设和发展提供参考。

2. 技术在教材发展中的作用

2.1 政策导向

近年，国家积极推进教育技术发展，推进信息技术与教育的深度融合，出台了系列政策，其中有代表性的包括：2017年，国务院印发的《国家教育事业发展“十三五”规划》强调“积极促进信息技术与教育的融合创新发展”，着力探索和推广教学教研新模式；2018年，教育部发布的《教育信息化2.0行动计划》继续强调“构建‘互联网+’条件下的人才培养新模式、发展基于互联网的教育服务新模式”，加快教育现代化和教育强国建设；2018年，教育部发布《教育课程教材改革与质量标准工作专项资金管理办法》，提出“开展数字教材等新形态教材的研发、试点和推广”；2019年2月，为加快信息化时代教育变革，中共中央、国务院印发《中国教育现代化2035》，提出“建设智能化校园，统筹建设一体化智能化教学、管理与服务平台”；2019年12月，教育部印发《职业院校教材管理办法》，提出要“倡导开发活页式、工作手册式新形态教材”。2020年12月24日，教育部举行教育2020“收官”系列新闻发布会，指出：新形态教材是纸质教材与数字化资源的综合体，其中数字化资源是融合人工智能的虚拟现实和增强现实等技术、以互联网和移动互联网呈现的多介质内容。

教育的信息化是教育改革和创新发展的强大技术杠杆。国内英语学习者人数众多，对信息技术和智能教学的需求更为迫切。国家政策的支持使得中国教育信息化的快速发展成为可能。

2.2 研究趋势

在新形态教材为传统纸质教材与数字化资源有机结合的统一认知下，学界目前比较普遍的认识是新形态教材有机结合了传统纸质教材与数字化资源，讨论的焦点在于电子化资源的形态和内涵。

在数字化资源形态上，李晓鹏（2017）认为新形态教材是以纸质教材为核心，以数字资源为配合的新型教材。柴龙会等（2017）认为新形态教材应在保留符合传统阅读方式的纸质教材的同时，融合交互性好的光盘版、数字课程版或平板电脑版等数字教材。高景祥等（2022）提议纸质教材和数字化资源的融合可以通过二维码技术实现文本的有机关联，同时融入国家精品开放课程，整合在线平台和智能服务。谭文芳（2022）回顾这些年国内教材建设的发展，认为截至目前，新形态教材基于互联网经历了三个发展阶段："纸质书+资源"阶段、"纸质书+课程"阶段、"纸质书+专有教学平台"阶段。其中第三个阶段对数字化提出最高要求，需通过配套的线上教学平台来为线上教学提供内容和交互数据的支撑。王芳（2019）提出了新形态教材建设路径：完善教材纸质内容（知识点、重点）、有效融合数字化教学资源、广泛收集读者意见、开发支持多种智能终端的APP、设计与编排数字资源内容。李政（2020）认为，在2019年底教育部颁布的《职业院校教材管理办法》的指导下，职业教育阶段的新形态教材更偏向手册式和活页式的呈现方式，保证实际使用中的灵活性。

在数字化资源的内涵方面，叶波、贺丽（2021）突出强调了教材形态从"纸本呈现"到"在线编制"的转变，提出"知识空间意蕴"这一概念，认为新形态教材应以知识节点为导向，推进知识探险。胡军（2021）认为新形态教材的核心特征有科学性、教学性、易获取性、全媒体性、深交互性和体验性，将相关教材建设的意义延展到对学生世界观、人生观和价值观养成的影响。张治等（2021）在数字化资源内涵的基础上，提出了融入学习模型、教学策略模型、学习者画像和知识图谱四个核心组件的智能型数字教材系统技术实现路径，为新形态教材的建设提供了框架。

上述研究在新形态教材的内涵方面，强调新旧的"有机"结合，在实现过程中提出对不同产品终端形态的期待。但受"在教言教"的限制，目前研究对当前人工智能的高速发展阐述不足。大数据支持的学生个人学习画像和专属学习资源配置的想象空间巨大，以OpenAI为代表的人工智能模型为未来教材研发带来的挑战和机遇，仍待进一步研究。目前研究对教学边界的拓展持肯定态度，但在拓展之后的教学新形态和师生应如何应对挑战方面仍留有空白。

在前述研究的基础上，本研究认为新形态教材应以互联网为基本载体，将传统纸质媒体与新兴数字媒体有机融合，以服务教学，满足信息化和个性化教学的需要。与此同时，对师生如何应对新形态教材带来的机遇与挑战进行阐释，对新形态教材在教学中的实际运用给予教学方案上的例证。以求明确新形态教材的形态和内涵，为使用新形态教材培养高素质人才提供可参照路径。

2.3 实践现状

目前，国外高校教材数字化出版主要有两种模式，一是出版社与电子阅读器开发商合作，将教材作为电子书投入市场；二是出版社与以微软等公司为首的教育行业领军巨头合作，开发在线学习平台（吴晓东 2011）。

而在国内，张治等（2021）认为在大数据、人工智能等新兴技术的驱动下，国内新形态教材经历着从“新瓶装老酒”到“新瓶装新酒”的转变，即从用数字媒介收录纸质内容，新媒介装“旧”内容，转变为平台化、富媒体化、智能化的交互模式，重构了学习生态。这对新形态教材的建设与应用的启发在于：新形态教材并不应只是单纯的纸质书的数字化，而应该完善线上平台和教育资源的生态建设。

以在中国外语出版界处于领军地位的外语教学与研究出版社为例，依托其全资子公司北京外研在线数字科技有限公司（以下简称“外研在线”），有针对性地研发《新探索研究生英语》和《新境界大学英语综合教程》等新形态教材，利用U校园智慧教学云平台（以下简称“U校园”）这一教学平台，调用iWrite英语写作教学与评阅系统辅助教学，实现了传统出版社与互联网思维的交融。“新瓶装新酒”将严谨的出版社教材研发与快速迭代的产品有机结合，为学生提供沉浸式学习体验，也为教师提供人工智能授课辅助。《新境界大学英语》已在哈尔滨工业大学、长江大学、新疆农业大学等多所院校投入使用。

同时也应该意识到，当前国内类似高度平台化和生态化的新形态教材建设方兴未艾。在出版界仍未完全摆脱传统教材出版和经营固有模式的当下，如何组建专业的教材开发和产品研发团队，如何提高新形态教材质量，更好地为高校教学改革与人才培养服务，仍是高校以及相关从业人员需要重视和思考的问题。

3. 技术赋能外语教学的路径

技术对外语教学的赋能并不只是一个“新即是好”的空洞概念。新形态教材在研发过程中对一线教学的调查和研究，在使用过程中利用学情数据对课堂形成的反拨效应，都是新技术对于外语教学的赋能路径。

3.1 促使教学内容动态发展

纸质教材长期占据着主导地位，但传统纸质教材受其媒介所限，在内容更新上需经历投稿、选题、审校、设计、排版、印刷、物流等几大环节，生产周期漫长，知识更新缓慢。而新形态教材在后期设计、排版上能快速迭代，在知识迭代周期上有极大优势。

新形态教材的电子特性使得教材内容更新更及时（柴龙会等 2017）。“互联网+”时代的教育，依托新形态教材可以实现真正的“以学生为中心”并为教师教学服务，基于海量线上数据分析和师生即时反馈，实现课堂和教材开发的直接联动。如：在过去需要经过漫长的周期才能针对学生的语法易错点进行新一轮的教材更新，而基于新形态教材模式则可以针对学生反复出错的语法句式实现即时海量数据累积和生成智能分析报告，从而快速为教材研发提供参照。但也需要意识到，在教材开发过程中，内容的严谨绝不能为快速迭代让路。迭代始终应以明确的教学目标为前提，秉持做教育的全局观，在有温度、讲科学的态度下进行教研和开发。

3.2 开拓知识的边界与模态

信息技术的不断发展使传统课堂的延伸成为可能。学生能随时随地通过不同终端获取多样化的多媒体信息，完成知识的获取和结果的输出。而传统纸质教材仍在物理空间和知识边界上受限，携带不便，媒体形式单一。

叶波、贺丽（2021）认为当前教学可通过新形态教材打破知识边界，形成知识互文关系；而教材资源的“虚实交融”彰显了知识空间的意蕴，使学生从对扁平符号的认知走向真正的沉浸式学习。与此同时，张承祖、顾卫星（2020）认为现代信息技术的广泛应用使得大学英语课程教学中传统的文字表意方式与其他表意方式日益结合，即语言表意、视觉表意、听觉表意、姿态表意和空间表意的结合以及多介质、多媒体、多模态表意的结合等多元态势。

新形态教材将“课堂”这一概念进行了延伸。一方面，学生可以随时随地通过多平台和多终端进行碎片化学习，在时空上获得最大程度的自由。另一方面，学生所能接触到的知识将不仅限于纸质教材中从封面到封底的中间内容，而是融合了多平台和富媒体的教学资源，这将允许学生探索国家精品开放课程、获取人工智能分析的学习报告、了解知识图谱中的当前学习进度等。在新形态教材的辅助下，学生获取知识的深度和广度都将有极大的拓展。

3.3 支持自主性和个性化学习

在教学手段从“以教师为中心”向“以学生为中心”的改革发展中，传统纸质教材难以支撑学生自主学习。在课堂之外仅有课后练习这一形式引导学生进行自主学习，难以调动学生积极性。同时，传统纸质教材在教学过程中易导致“千人一面”的局面，对不同层次、不同个性的学生难以给予多样化和个性化的学习支持。

由于传统的教学模式忽视了学生的个性发展，学生的创新思维受到抑制，因而难以适应科技和社会发展的需要。现阶段我们正在经历一场“教学模式危机”，人们对创新教学模式的呼声越来越强烈（祁映宏、赵明星 2005）。教学模式之所以要变革，核心的原因就在于现在的学生已发生了很大的变化。当前的学习者群体是所谓的“数字土著”（digital native）或数字一代，信息技术对他们的认知、态度及行为习惯的塑造是空前的（顾小清等 2012）。

针对新时代学生的这一“数字土著”特质，新形态教材的应用将推进相关教学方法的变革和创新。这类教材可以从多源头快速接收信息，允许学生进行多任务并行处理。与此同时，大数据和人工智能的使用将满足教师对每一个学生的个性化教学需求。如：通过快速、即时的反馈，对单个学生形成学习画像，将易错点通过相关题目在学生学习注意力和在线时长高峰期推送给学生。在当前教育资源紧张、大班教学形式比较普遍的中国高校，新形态教材的这些特质将更好地支持学生进行自主性和个性化学习。

4. 新形态外语教材建设中的技术赋能案例分析

面对外语教学中凸显的形成性评价和教学评一体化的实际困难、学生无法有效开展个性化学习和教育资源不均衡的问题，外研在线结合教材内容和自身技术优势，整合推出了包含纸质资源、配套数字化资源、配套软件平台、虚拟现实应用等多介质的智能化教材，以解决外语教学中面临的实际问题。

4.1 《新探索研究生英语》：赋能形成性评价，教学评一体化实践

在数字主导、智慧教学的核心理念之下，外研在线首次采用纸质学习手册与U校园相融合的设计，区分不同场景，支持教师开展混合式教学，辅助课前、课中和课后场景下的教学和学习需求，同时从个人和班级等多个维度对各场景下的学习数据进行汇聚和分析，为形成性评价和教学评一体化提供客观数据支撑。

U校园是外研在线自主研发的针对高校语言教学的在线教学与学习平台，目前已有近1,800所院校开通使用，它为教师和学生在课前、课中和课后不同场景提供了高效的教学管理和学习工具、立体化的教学资源以及互动式的学习环境，为高校外语教学提供了教、学、评、研一站式混合教学解决方案。U校园具有丰富多元的高质量数字课程，兼顾共性教育与个性教育，构建层次清晰的学习体系，支持学生的个性化学习需求；其清晰友好的学习流程与交互设计，让学习体验更完美；其资源丰富的备课中心帮助教师高效备课；基于移动端的课堂工具助力师生互动，强大的教学管理与学情分析功能实现课堂内外的智慧互通。U校园具有强大的教学管理和学习评估能力，教师通过设定成绩计分方式、内容学习顺序、过关条件、学习时间和必修内容，为学习能力不同的班级设定相应的学习路径，满足各层次学生的学习需求和教师个性化教学需求。学生的课程学习成绩、学习时长、作业测试得分和课堂互动参与度等都可以设置为综合成绩的考核项，U校园会根据教师的设定自动汇总学生的学习和行为数据。同时，U校园支持智能评阅的作业测试系统实现全面评测，学习数据统计可应用于多类研究方向，为教师提供研究思路与实证数据，助力教师的教学与学术发展。PC端与移动端无缝对接，与多种教学场景深度融合，学生可以使用手机，利用碎片时间进行泛在学习并得到即时的评价与反馈。教师可以通过便捷的移动教学工具以及拓展的教学活动，丰富教学设计，探索教学模式的创新。通过对学习者规模、学习活跃度、学习习惯、学习进度、得分分布、教师行为、教师考核、课程健康度等多维度、细粒度的大数据分析，为学习者提供个性化学习路径，为教师提供基于数据的学情预测和教学干预建议，实现智慧教学、智慧学习。

“新探索研究生英语”系列课程将U校园与学习内容深入融合，形成新形态的数字教材，全方位提升研究生英语教学效果和学习体验，促进教育信息化的深入发展，为院校探索混合式教学模式提供高效、便捷的支持与保障。

《新探索研究生英语》教材的每个单元由五部分组成，对混合式教学场景进行了区分，低阶认知能力训练都可在U校园中完成。对于高阶认知能力训练的内容，如思辨性的讨论，则可以结合学习手册，在课上开展。通过数据分析、语音引擎、写作引擎、测评工具等多种技术手段充分赋能形成性评价，促进实现教学评一体化。

4.1.1 辅助智能教学管理与评估

在读写教程的准备阶段，学生可以线上学习导入视频。导入视频的主要目的是介绍每单元课文的重点信息和学术技能学习目标（如图1所示），这有助于学生更好地了解每单元的内容，并为后续的学习做好准备，在技术设计过程中我们主要从以下几方面赋能了内容学习。

（1）视频播放控制功能中设置了倍速播放功能，支持从0.5倍速到2倍速调节视频自动播放速度，帮助不同水平的学生根据自己的需求控制学习进度。

（2）字幕控制，学生可随时打开和关闭视频配套字幕，在理解困难的地方可以通过字幕辅助学习，同时可以在有字幕和无字幕的情况下多次学习以实现不同的学习效果。

（3）视频中包含测评设计，在关键节点有单选题弹出，学生完成后可继续学习之后的视频，这样可以保证学生的注意力时刻集中，实现学练一体化。

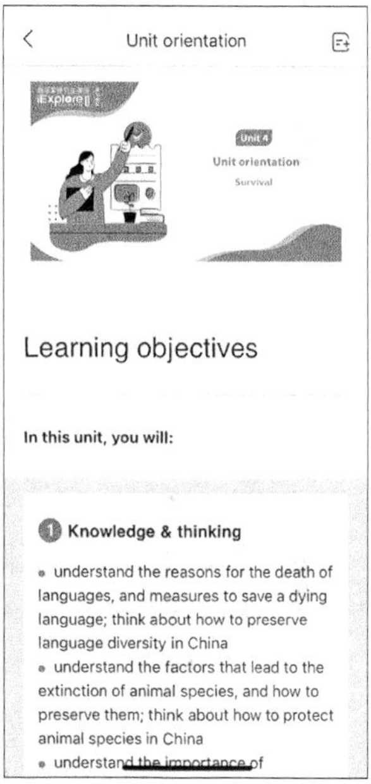

图1 线上学习界面

在视频制作过程中我们也通过转换压缩技术对视频数据进行了特定的转换操作，在节省储存空间的同时，确保视频清晰、流畅、无误，能够有效地展示教学内容。

对于讨论部分，则可以线上与面授相结合，教师在U校园讨论区发起主题，学生课前在线上总结论据和观点，为课堂讨论提供基础，激发课堂讨论热情，同时线上讨论数据也为教师提供了形成性评价的依据。在讨论区（参见图2）的设计中，我们从用户使用旅程出发，将整个功能拆解为创建讨论组、加入讨论组、发表观点、回复讨论、发布话题、查看讨论内容等几个重要步骤，并明确定义了不同步骤的具体操作内涵。

（1）创建讨论组

用户可以在教学讨论区模块中点击“创建讨论组”按钮，填写讨论组相关信息并提交。讨论组信息包括讨论组名称、讨论话题、讨论时间等。创建成功后，系统将自动为用户生成一个讨论组，并将用户加入该讨论组。

（2）加入讨论组

用户可以在教学讨论区模块中查找已有的讨论组，点击“加入讨论组”按钮，加入该讨论组。用户可以通过输入讨论组名称或者浏览讨论组列表进行查找。加入成功后，用户可以查看讨论组中的讨论内容，并参与讨论。

（3）发表观点

用户可以在讨论组中输入自己的观点和问题，点击“发表”按钮进行发布。用户可以选择在讨论组中发表新的话题或者回复其他用户的发言。发表成功后，用户的发言将会显示在讨论组中，并可以被其他用户查看和回复。

（4）回复讨论

用户可以在讨论组中点击其他用户的发言，输入自己的回复内容并点击“回复”按钮进行发布。回复成功后，用户的回复内容将会显示在讨论组中，并可以被其他用户查看和回复。

（5）发布话题

教师可以在讨论组中点击“发布话题”按钮，输入课程相关的问题和讨论话题，并设置讨论时间等信息。发布成功后，讨论组中的用户将可以查看该话题，并进行讨论和交流。

（6）查看讨论内容

用户可以在讨论组中查看其他用户的发言和回复，学习他人的观点和经验，了解他人的问题，并进行回复和讨论。

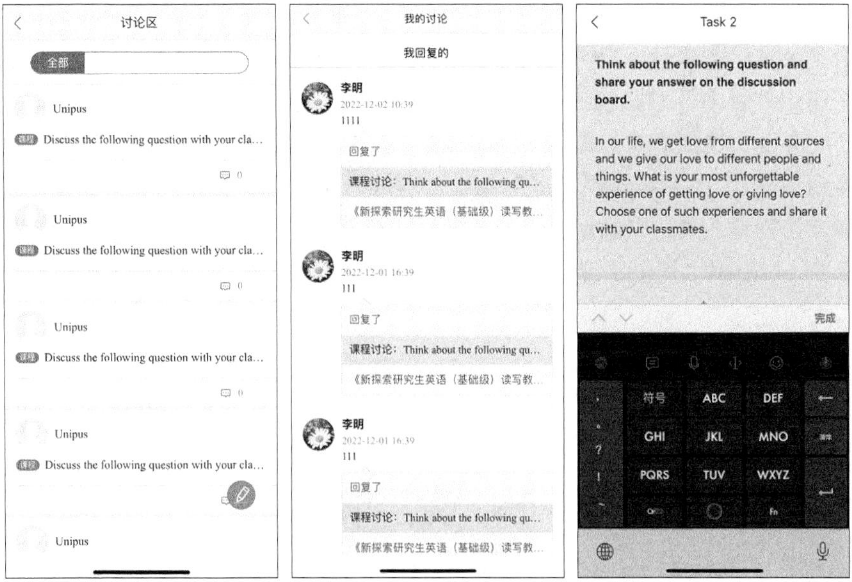

图2　讨论界面

在academic exploration中，学生通过多种客观练习题和交互学习工具，在U校园完成课文和输入性语言，教师则可以从班级和学生两个维度看到多种学习统计数据（参见图3），包括学生的姓名、学号、学习时长和课程成绩等基本信息，以及每个课程下学生学习的成绩及时长。如果教师有需要，还可查看到学生针对每个题目提交的具体答案和答案分布统计情况。根据反馈结果，教师可以在面授时讲解学生出现问题较多的题目，从而节省课堂时间，提高教学效率。

进入面授环节时，结合学习手册和U校园的多种互动和测评工具，可以有效实施“翻转课堂”，完成高阶认知能力训练。

此外，平台的签到、投票、提问、语音转写等功能均有利于提升教学管理与教学互动。

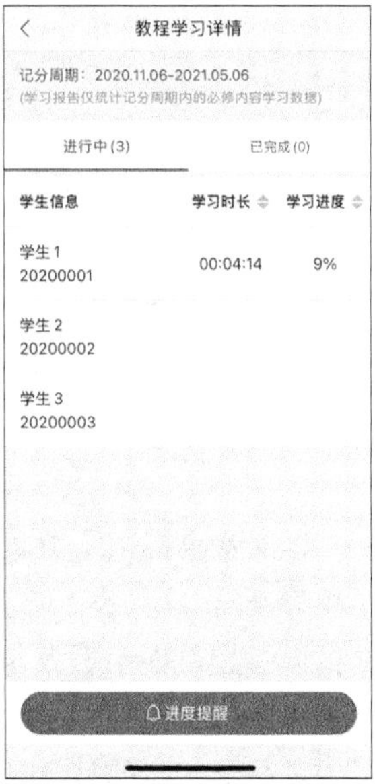

图3　学习数据示意图

U校园移动端签到功能非常实用，学生只需

要通过U校园APP即可快速完成签到操作。如图4所示，学生在U校园APP中登录自己的账号，进入对应的课堂互动页面，找到签到任务并点击进入。在签到页面中，根据教师设置的手势签到方式进行签到操作，完成签到后，系统会发出签到成功的提示，同时该签到任务的签到状态也会被更新为“已签到”。教师在发布签到任务时会提前告知学生签到手势，并在U校园中正确设置签到方式，以确保签到的准确性和有效性。在签到任务的管理和统计方面，U校园也提供了详细的数据分析功能，方便教师对签到情况进行监管和评估。

图4　签到功能

U校园也提供了方便快捷的投票功能，让教师更迅速地收集课堂反馈，了解学生学习状态（参见图5）。学生登录U校园APP进入课堂互动专区，在投票管理页面根据教师发布的内容完成投票活动，同时系统会自动记录每位学生的投票情况。投票任务结束后，教师可以查看投票结果和数据分析，以便进行下一步的教学和管理工作。

图5 投票功能

提问功能是一种提升课堂活跃度，吸引学生注意力的趣味教学工具，便于教师与学生之间进行课堂互动和解答问题，如图6所示。教师登录U校园APP，进入课堂互动页面，根据答题需求设置随机选人的数量，系统会为教师随机选出答题人，教师可对学生的问题和答案进行追踪和管理，及时进行回应和解答，以便更好地帮助学生掌握知识点。

图6 提问功能

语音转写是一种基于人工智能技术的语音转文字工具，可以将教师或学生的语音输入自动转换为文本，方便记录和整理。学生登录U校园APP，进入相应的课堂活动页面，打开语音转写功能后，开始录音。在录音过程中，将提前想好要说的内容清晰地进行表述；录音结束后，系统会自动将语音转化为文字，并显示在界面上，学生可以进行相应的编辑和保存操作（参见图7）。配合学科型智慧教室环境使用，教师可在课堂中一键调取学生口语活动语音转写内容，对口语类课堂活动完成可视化点评，让口语活动的反馈与评价更加有据可依、有证可寻。

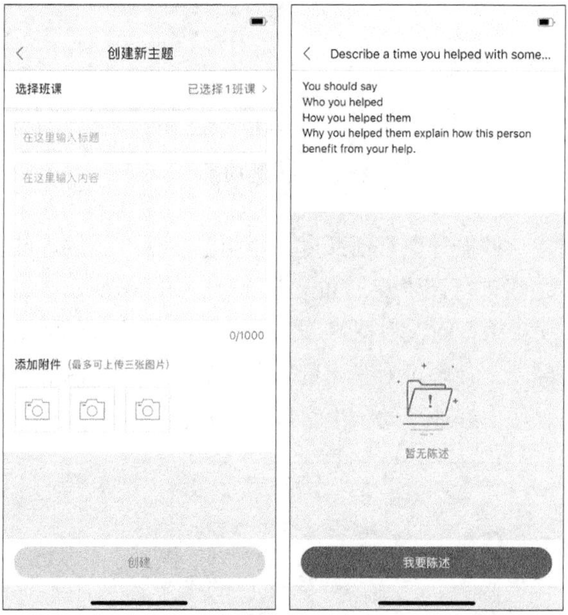

图7　语音转写功能

在基于新形态教材的教学中，合作学习也可通过平台技术实现。例如，在与文化意识相关的教学环节，可以开展小组活动，通过在线互评和面授相结合的方式，调动学生的主动参与性，发挥价值培养和能力提升的双重作用。小组活动是一种在线学习和社交活动，旨在促进学生之间的交流和合作，提高学习效果和团队合作能力。以下是一些U校园小组活动的功能和特点：

（1）作业分享：支持作业分享功能，学生可以将自己的作业和作品分享给其他同学，方便大家一起学习和交流。

（2）学习资源共享：支持学习资源共享功能，学生可以将自己的学习资料和文件分享给其他同学，方便大家一起学习和交流。

（3）社交互动：支持社交互动功能，学生可以在小组社交应用中与其他同学进行实时互动和交流，增加互动和交流的机会。

技术赋能教学中的互动不仅体现为生生互动，也体现为人机互动。例如在学术写作环节，学生通过U校园积累写作任务所需的主题词、功能词等相关词汇；教师在课堂面授中结合学习手册，讲解写作技巧知识框架并在课堂组织写作练习，帮助学生掌握同类写作任务所需的相关语篇知识，为完成写作任务做好知识输入。课后，教师可在U校园发布写作任务，学生提交的作文可以由iWrite英语写作教学与评阅系统自动批阅，同时学生间也可以开展生生互评，对写作能力进行二次锻炼。iWrite英语写作教学与评阅系统基于对大学英语写作教学的深入研究设计而成，综合运用大数据分析技术、联想词挖掘技术、数据科学分析技术，同时探索基于人工神经网络的深度学习技术。该系统基于对二语写作评价构念的深度剖析，实现对作文语言、内容、篇章结构及技术规范四个维度的综合评价与智能诊断；专业、严谨、系统的语言错误分类体系，让反馈更准确、有效，全面助力教师提升写作教学效果，帮助学生真正提高写作水平。

4.1.2 测评工具

U校园目前支持40余种语言学习题型，涉及听说读写译多种语言能力的训练，系统自动记录和分析学生答题记录，为教师提供学情反馈，支持教师基于学情数据调整教学内容与方法，反拨课堂教学。U校园内置读写教程的配套题库资源，便于教师组卷发布随堂测试或课后作业；学生所有成绩都会被记录并支持导出，便于教师期末汇总成绩。在该套教材内，U校园也提供了多种特色训练题型。首先是主题陈述题型，在传统教学中，学生的口语表达无法留痕和回溯，教师点评主要依靠记忆，而在语音转写技术的支持下，可将学生的语音实时转化为文本。在思辨能力训练环节，教师可以在课堂组织学生分组开展讨论，所有语音输出的结果都可以转化为文字，而学生的答题录音也会同时保留，教师可以结合录音对学生的语音语调进行详细分析，同时结合文本从逻辑和结构方面进行分析，能够显著提升教学效果和互动的效率。在课程的写作练习环节，教师可以开启生生互评，通过设置互评指导保证学生在相同的维度内对同伴的高阶输出内容进行评价，保证互评的有效性。写作得分也可以纳入最终成绩，用于终结性评估。写作练习支持调用

iWrite英语写作教学与评阅系统，U校园利用AI技术从多个维度对学生作文给予评分和评语，辅助学生修改、打磨作文，提高辅导效率。

4.1.3 诊断与反馈

在完成每个单元的学习之后，U校园可以为教师和学生提供低阶认知能力和高阶认知能力相关的学习报告，在帮助学生自评的同时，也便于教师进行形成性评估和终结性评估。学习报告是一种记录学生学习情况和成绩的工具，帮助教师和家长及时了解学生的学习进度和成绩表现，以便更好地指导学习和提高教育效果。U校园的学习报告在技术层面统计汇聚了大量数据，能够通过持续不断的数据更新，动态地反馈学生的学习状态。

（1）学生成绩报告：自动记录学生成绩信息，并根据教师要求生成相应的学习报告，包括总体成绩、各分项成绩、平均分数、排名等多项指标。

（2）学习行为报告：跟踪学生的学习行为数据，如每日学习时长、学习模式、学习课程及章节等，形成相应的学习行为报告，方便教师及时掌握学生的学习状况。

（3）课堂互动报告：记录学生在课堂上的互动情况，如参与讨论、提问问题、测验答案等，形成相应的课堂互动报告，以便教师更好地评估学生的课堂表现和积极性。

学习报告的优点是能够反映学生真实的学习情况，让教师了解学生的优缺点，为学生的成长和发展提供参考。同时，学习报告也有助于建立良好的学习氛围和激励机制，促进学生的自我管理和自我激励。截至2023年春季学期，已经有120余所院校使用“新探索研究生英语”系列课程，累计服务近8万名学生用户，累计学习时长超36万小时。

4.2 《新境界大学英语综合教程》：赋能个性化学习

在本科教育“四新”建设、融合创新的时代背景下，在国家中西部与东部协同发展、促进地区繁荣的现实需求下，调研结果显示，部分高校迫切需要一套彰显时代特色、符合该地区师生实际需求、融合信息技术优势、能够赋能个性化学习的新形态教材，引领新时代教学变革，助力人才培养。为此，外研社与外研在线推出了《新境界大学英语综合教程》系列新形态教材。教材面向全国普通高等院校，尤其是中西部地方高校，以《大学英语教学指南（2020版）》设定的三个级别教学目标中的“基础目标”与“提高目标”为参考，突出线上线下混合式设计，融入课程思政教学理念。通过四个级别教材的教学，夯实学生的语言基础，使其英语能力能够达到《中国英语能力等级量表》中的五级能力要求，同时提升学生的自主学习与合作学习能力，增强跨文化理解力，提升文化自信。

4.2.1 助力教师个性化教学

《新境界大学英语综合教程》是在混合式学习理论指导下，由纸质教材、多模态数字资源、在线学习云平台三个关键要素构成，线上线下一体化设计，体现智能化、数据化和交互性的创新型教材。针对不同班级和不同水平的学生，教师可利用新形态教材开展个性化教学，为学生安排定制化的学习路径。对于语言能力较强的班级，教师可侧重认知提升、价值塑造，鼓励开展师生、生生互动。线上线下各司其职，且紧密耦合，教师可以借助平台教学工具和学情数据，总结难点、易错点，用于课上重难点知识强化，并组织跨文化、思辨式讨论等。对于语言能力基础较差的班级，侧重语言强化，鼓励学生自主学习基础知识，通过课文点读、单句翻译、重难点解析、滑动式单词本、人机对话等丰富的数字化教学手段提升教学效率，通过学情分析报告、客观题机器评价、iWrite写作智能评阅、语音测评等智慧高效的评价手段指导学习活动。

4.2.2 辅助学生个性化自主学习

针对中低水平学生语法知识薄弱的普遍情况，教材数字拓展课程“新境界大学英语 语法AI诊学练”打造基于智能诊断的学练闭环，利用自适应技术，定位薄弱项，推送个性化练习，让学生享受AI技术所赋予的精准式、个性化学习体验。AI诊断学习是一种基于人工智能技术的个性化学习模式，可以根据学生的个性化特征、学习历程等信息，对其进行全方位、多角度的学习诊断和分析，以便更好地帮助学生发现并解决问题，提高学习效果和成绩水平。以下是AI诊断学习的一些特点。

（1）个性化标准：不仅关注学生的学科知识，也会考虑学生的学习特点、学习习惯、兴趣爱好等因素，定制出符合学生个性化特点的诊断标准和学习计划。

（2）全面客观：根据学生的学习数据，如题目答错率、考试成绩等，对学生的学习情况进行全面客观的评估，并给出相应的诊断结果和建议。

（3）即时反馈：即时地对学生的作业、测试等学习过程进行检测和分析，及时给予针对性的反馈和建议，并指导学生进行相应的诊断和修正。

（4）持续跟踪：不断跟踪学生的学习过程和成果，及时发现问题和改进点，并提供相应的支持和帮助，以便更好地推动学生的学习进步。

AI诊断学习的优点是可以充分发挥技术手段的优势，对学生进行精准、高效、全面的学习诊断和分析，为教师和学生提供更有效的学习指导和支持。同时也有助于优化学习体验和提高教育质量，促进学生的自我管理和自我激励。

在线课程包括10个单元，涵盖大部分重要的语法知识点，而且有讲解、有练习，讲练结合。每个知识点都与全国大学英语四级考试相关，利用真题让学生了解怎样在考试中运用语法知识解题。同时，因为每个学生对语法知识的掌握情况不同，所以设计了“课前诊断—课程学习—课后诊断”这一完整流程，并且运用AI技术和云计算，为每位学生定制专属的训练，定制训练主要基于以下技术设计来赋能内容学习。

（1）通过收集学生的学习数据，如作业、测试、考试成绩等，进行分析和评估，了解学生所掌握的知识点、薄弱环节以及学习优势等，以便更好地制定学习计划。

（2）通过对学生的兴趣爱好、学习习惯、自我评价等进行分析，了解学生的个性化需求和精神面貌，以便在制定学习计划时充分考虑这些因素。

（3）利用知识图谱技术建立学科知识点之间的联系，呈现不同知识点之间的难易程度和先后顺序等信息，从而为学生制定出具有系统性和针对性的学习计划。

（4）运用智能推荐技术，为学生推荐相关的教材、练习题、在线课程等，以便更好地满足学生的学习需求并提高学习效果。

（5）制定好学习计划后，还需要不断关注学生的学习状况和反馈，并根据教学需要及时调整和优化，以确保学习计划的落实和学习效果的实现。

在线课程的语法诊断测试由英语测试领域的权威专家领衔设计，为《中国英语能力等级量表》四级至七级水平的大学生提供在线诊断测评，生成翔实的诊断报告，帮助学生明确学习改进方向，后续为各位学生量身定制学习路径，让学习不再盲目，有的放矢。

课前诊断完成后，学生开始课程内容学习。课程的10个单元对应课前诊断的10个语法项。每位学生的单元顺序不同。根据课前诊断结果，为每位学生定制各自的单元顺序、学习路径。先攻克弱项，再巩固强项。完成一个单元全部视频学习和练习之后，平台将教学视频中涵盖的所有知识点进行标记，形成语法知识图谱。通过知识图谱，把教学视频里的知识点、专项练习、强化练习结合起来。系统可以根据每位同学的做题情况，通过大数据云计算锁定他们的语法弱项，有针对性地为每位学生推送相应题目。从课前诊断、知识点学习、强化训练到课后诊断，形成了一套完整的流程，通过不断锁定薄弱点，推送针对性练习，搭配科学、系统的语法学习，有效提升学生的语法水平。

截至2023年春季学期，已经有7所院校使用《新境界大学英语综合教程》新形态教程，教程累计服务近5,000名学生用户，累计学习时长近7,000小时。

4.3 《跨文化国际传播英语教程》：解决教育资源不均衡问题

《跨文化国际传播英语教程》以培养学生的跨文化国际传播能力为目的，将英语语言知识、跨文化知识和跨文化实践能力有机结合，既有基本的英语语言知识，又有具体的跨文化交际能力训练，旨在培养学生用英语进行国际传播活动的能力。这一课程体系反映了国际传播教学的基本特点，与其他外语课程具有相似性，但又有其独特性。教程突出“语言应用”的教学模式，注重学生英语语言知识、跨文化交际能力、跨文化实践能力等多方面技能的培养，强调语言知识与实践技能相结合。

教材注重内容的广度与深度，有针对性地精选国际传播领域的热点问题，涉及国际传播的历史与现状、新闻传播制度与体系、新媒体与受众、国际传播理论与实践、新技术革命及其影响等内容。同时，教材以学术前沿为导向，关注中国和世界传播领域的重大课题，介绍了具有中国特色的国际传播理论和实践。教材内容包括新闻传播学经典理论、国内外重要研究成果等内容，帮助学习者在阅读、理解英语文献的基础上，通过课堂讨论、课堂实验等形式，了解当代世界传播理论研究的最新进展和发展方向，拓宽国际传播的视野，提高英语学习与应用能力。

该套教材的设计充分考虑了中西部地区教育资源分享和教育公平的问题，着力通过直播的方式打造双师课堂，通过教师资源的共享，助力解决教育资源不均衡的问题。直播教学可以让教育高水平地区的优质教育资源得到更广泛的分享和利用，让更多的学生能够接触到高质量的教育资源，从而提高学生的教育水平和质量。此外，直播教学还可以让不同地区的学生更好地了解和学习不同地区和文化背景下的知识和技能，促进不同地区和文化之间的交流和理解，增强跨文化交流和理解能力，提高不同国家和地区的教育水平和质量。

在整个学期的教学过程中，教师将同时对本校学生和西部对口班级学生授课，两个班级的学生间可互相交流，基于教材内容开展多种多样的教学活动。直播教学技术实现方案需要涉及硬件设备、软件平台、直播授课、直播互动、直播评估和直播总结等多个环节，需要进行全面的规划和设计，以确保直播教学的顺利进行和教学效果的提升。主要包括以下步骤：

（1）首先需要准备好直播教学所需的硬件设备，包括摄像头、麦克风、音响等，以及直播平台和相关软件等。同时，还需要进行直播教学的相关培训和测试，确保直播教学的顺利进行。

（2）需要使用摄像头和麦克风等设备让教师进行实时授课，同时还需要与学生进行实时互动，回答学生的问题。

（3）在直播教学过程中，可以通过实时互动功能，让学生参与课堂，与教师和其他学生进行实时互动，从而增强学习效果。

（4）在直播教学结束后，可以通过直播评估功能，对学生的学习效果进行评估和反馈，以便学生及时了解自己的学习情况和问题，并进行调整和提高。

截至2023年春季学期，已经有25所院校使用《跨文化国际传播英语教程》，累计服务近8,000名学生用户，累计学习时长近9,000小时。

5. 结语

随着科技的不断发展，技术对新形态教材的赋能越来越广泛，通过多媒体技术、虚拟现实技术等，可以将教材变得更加生动、直观、有趣，使学生更容易理解和记忆，同时也可以激发学生的学习热情和兴趣，提升学习效果。通过大数据、人工智能等技术，可以针对学生的学习特点、学习进度、兴趣爱好等因素，定制出符合学生个性化特点的学习内容和形式，提高学生的学习积极性和自我管理能力。通过移动设备、云计算等技术，可以随时随地传播和访问教材，学习者可以根据自己的需要，在任何地方、任何时间进行学习，从而获得更加灵活和便捷的学习方式。通过数字化技术、网络技术等，可以将各类优质的学习资源进行整合，形成多元化的学习资源集，供学生使用和参考，例如优质课程、教学视频、在线服务等。通过数据分析技术、智能化评估等，可以对学生的学习情况进行全方位、多角度的诊断和分析，并根据需要提供相应的反馈和指导，帮助学生更好地发现并解决问题。新技术为新形态教材的建设和发展赋予了新的能量，有望持续解决当前教材建设和发展中存在的问题和挑战，为高校英语教学改革和发展做出更大的贡献。

参考文献

柴龙会等，2017，“互联网+”时代关于新形态教材建设与应用的思考，《中国教育信息化》（2）：50–52。

高景祥等，2022，我国高校新形态教材建设与应用研究综述，《内江科技》（2）：75–77。

顾小清等，2012，理解与应对：千禧年学习者的数字土著特征及其学习技术吁求，《现代远程教育研究》（1）：23–29。

胡军，2021，外察与内省：数字教材与资源评价标准研究，《课程·教材·教法》（5）：32–39。

李晓鹏，2017，新形态教材出版的实践与思考，《现代出版》（5）：51–54。

李政，2020，职业教育新形态教材：内涵、特征与编写策略，《职教论坛》（4）：21–26。

祁映宏、赵明星，2005，论教学模式演化的规律及其特点，《长春师范学院学报（人文社会科学版）》（5）：144–147。

谭文芳，2022，高校新形态教材建设浅谈，《科技与出版》（9）：86–92。

王芳，2019，关于“互联网+”时代新形态教材的建设与应用，《文教资料》（24）：183–184。

吴晓东，2011，高校教材数字化出版的困惑与思考，《编辑之友》（11）：18–19。

杨港、陈坚林，2013，2000年以来高校英语教材研究的现状与思考，《外语与外语教学》（2）：16–19。

叶波、贺丽，2021，数字教材的知识观念、形态及编制，《课程·教材·教法》（3）：38–44。

张承祖、顾卫星，2020，教育信息化背景下传统纸质教材的转型升级研究——以《中国特色文化英语教程》为例，《出版广角》（14）：92–94。

张治等，2021，智能型数字教材系统的核心理念和技术实现，《开放教育研究》（27）：44–54。

第二部分　教材分析研究

3　面向融合式教学的大学英语新形态教材分析

高秀平
北京语言大学

提　要：本章从分析融合式教学的内涵和目的出发，提炼大学英语新形态教材分析的知识维度、认知维度和形态维度，并以此为框架对近年出版的大学英语新形态教材《跨文化国际传播英语教程》进行内容分析，总结该教材在各个维度上的融合方式以及三个维度之间的互动方式。在此基础上，结合对教材编写人员的访谈，探讨对新形态教材编写的启示，包括知识维度如何根据知识类型选取和编排教学材料，认知维度如何根据思维层级设计和分配教学活动，形态维度如何实现纸质教材和数字平台的优势互补。

关键词：融合式教学；新形态教材；知识深度；认知层级

1. 引言

教材是有效实施课程教学的必备手段，是教学内容的载体，是课程教学目标的具体体现，也是教师教什么、怎么教以及学生学什么、怎么学的依据（张敬源等 2017：81）。随着信息技术和教育教学的融合不断深入，如何实现纸本教材与其他形态教材的互动作用机制，构建互补兼容、相互促进的生态体系，是外语教材开发必须面对的重要问题（邓世平、王雪梅 2021）。各种形式的信息化教学的新发展对教材的内容、功能和形态提出了新的要求（李晓鹏 2017：51），特别是随着信息化教学从线上线下“混合式”教学向“融合式”教学的转变，传统纸质教材已无法满足教学需求（曾九江等 2019）。近年来，教材编写和出版顺应时代需求，推出了一系列“纸质教材”与“数字资源”相结合的新形态教材。这种新形态教材应实现纸质教材与数字资源、线下课堂与线上课程、课内管理与课外学习的衔接配合，才能为线上线下融合式教学提供有力保障（饶国慧 2020：53）。

新形态教材“以纸质教材为基础，以课程教学为中心，以信息技术为手段，对纸质教材与数字教学资源进行一体化设计”（李宝贵 2023：16）。新形态教材的重要特征之一是融合性，即新形态教材不是纸质教材与数字资源的简单叠加，而是将两者进行深度融合（李政 2020）。但是，纸质教材与数字资源应当如何融合尚有待探究，“典型的新形态教材尚未出现”（李宝贵 2023：20）。鉴于此，本研究从分析融合式教学的内涵和目的出发，提炼大学英语新形态教材分析的维度，对近年出版的大学英语新形态教材《跨文化国际传播英语教程》进行分析，总结该教材在各个维度上的融合方式以及三个维度之间的互动方式，以期对新形态教材的一体化设计提供参考。

2. 背景

近年来，信息化教学的重要发展趋势之一是由线上线下“混合式”教学向“融合式”教学演变。融合式教学是混合式教学的2.0版本（沈欣忆等 2022），也被称为深度混合式教学（沈霞娟等 2022）。有机整合线上和线下教学，可以发挥教学方式的最大效能，实现以知识应用和迁移为目标的深度学习。融合式教学旨在解决混合式教学无法加深学习深度的问题，因为混合式教学在线下课堂基础上增加在线学习，支持多种情境的转换，但是线上线下的情境和环节如果不能环环相扣、层层递进，就会造成多头任务和浅层学习，不能激发学习者进行反思、探究、批判等深度学习活动（彭飞霞、阳雯 2017：33）。融合式教学的核心追求是发挥传统线下教学与线上教学各自的优势，不是简单的累加和混合，而是有机的融合，达到1+1>2的效应（王月芬 2021：19）。

沈欣忆等（2022：40）将融合式教学定义为混合式教学的2.0版本，即“将不同层次教学目标对应的知识配置到不同的教学形式中，实现教学方式的最大效能，有机整合线上模式和线下模式，两者相互承接、相互关联、相互助力”。在这个定义中，我们可以发现融合式教学模式的三个维度：第一，知识维度，即根据目标的认知层级配置低阶目标和高阶目标所对应的知识；第二，认知维度，即根据布鲁姆教育目标分类区分低阶目标和高阶目标；第三，形态维度，即整合线上教学和线下教学两种教学形式。在知识维度上，融合式学习强调学习者对所学知识的批判理解，整合知识，主动构建知识结构体系，并对知识进行迁移应用（黄志芳等 2019：121）。在认知维度上，融合式教学关照学生的认知顺序与发展，遵循由浅入深、由表及里、从低到高、循序渐进的学习顺序（王静雅、亓玉慧 2021：66），课前重在达成低层次认知目标，课中重在达成较高层次认知目标，课后重在巩固前两个阶段的成果并进一步达成更高层次的认知目标（沈欣忆等 2022：43）。在形态维度上，融合式学习有机融合线上学习和线下课堂面授，线上提供的资源帮助学生完成基础知识的激活和输入，使学生带着问题进入课堂面授教学的知识构建和应用阶段，通过学习共同体、翻转课堂等方式提高学生的问题解决能力和高阶思维能力，实现线上学习与课堂面授之间学习体验的连续性（王静雅、亓玉慧 2021：67）。

对于用于融合式教学的语言教材编写，Hartle（2022：405）指出开发者面临的最大挑战是如何融合材料（materials）、任务（tasks）、工具（tools）三个要素，从而达到不同互动类型的平衡，进而实现教学的目标。这三个要素分别对应融合式教学的知识维度、认知维度和形态维度。第一，"材料"指供学习者以视听读等形式进行学习的输入材料，材料是知识的载体，而"知识在教学目标设计中处于核心地位"（常经营、兰伟彬 2008：84）。在知识维度上，教材编写需关注选取怎样的知识作为教学的内容以及如何将所选知识以恰当的方式汇集起来，这是分析评价教材的一个重要维度（高凌飚 2007：9）。第二，"任务"指基于材料设计，要求学习者完成的练习和活动。教学任务设计需考虑的一个重要因素是任务涉及的认知过程，因为不同形式的教学任务有助于培养不同认知层级的能力。布鲁姆教育目标分类标准为六种认知过程建议了不同的教学和测评形式，如填空题一般对应最低阶的"记忆"认知过程，选择题适合测试"理解"认知过程，真实情境下的写作任务则有助于培养学生在"创造"级别的多种高阶思维能力（Anderson *et al.* 2009：35-38）。第三，"工具"指用于承载教学材料的数字平台和辅助学生完成教学任务的各种技术，属于教材的外在形态（李政 2020），在本研究中称为教材的形态维度。数字工具的使用方式影响教学的流程，特别是线上教学和课堂教学的互动。用于融合式学习的教材编写正经历一场转变，即从开发材料到使用工具的转变，使教材成为静态的产品和动态的流程的结合体（Hartle 2022：400）。因此，教材编写除了选取编写材料、设计任务，还要使材料和任务与相应的数字工具匹配，设计工具的使用方法，甚至开发相应的工具。

在以上三个维度中，以往关于新形态教材的研究主要关注知识维度，且普遍认为纸质教材主要呈现基础理论和知识，数字资源主要实现理论和知识在广度和深度上的拓展。如张炜（2008：85）认为，教师借助纸质教材完成知识的有限呈现，之后学生可通过纸质教材上的二维码获取拓展阅读材料、重点难点解析、习题练习讲解，实现知识的无限拓展；李晓鹏（2017：52）

认为，纸质内容承载课堂教学的主要内容，数字资源是辅学类内容，提供与纸质内容相关的重难点剖析、学科背景与前沿介绍、应用案例等内容，目的是拓展知识；曾九江等（2019）认为，线上线下混合式教材将基本理论知识保留在传统纸质教材中，数字平台借助图片、动画、音频、影像等媒介，加深学生对重点难点知识的理解。

从以上观点可以看出，关于新形态教材线上线下内容的研究存在"重知识传授，轻能力培养"的局限，主要关注纸质教材和数字资源在知识传授方面的分工。而且，其对知识分工的认识与融合式教学的设计原则不符，以上观点普遍认为纸质教材及其承载的线下课堂教学负责传授基础知识，数字资源则负责知识的深度拓展；而融合式教学一般认为应该在课前通过线上学习完成基础知识的学习，在课堂中学习实现知识的深度学习。知识传授只是教学目标之一，我国的教育价值取向已逐渐从"知识本位"转向"能力本位""素质本位"和"素养本位"，教育不能只满足于知识传授（杨琰 2018：13）。新形态教材在编写过程中，不应局限于知识传授视角，而应从学生能力、素质和素养发展的角度设计线上数字资源和线下纸质教材的内容分配和衔接，这样才能为混合式教学提供更扎实的基础。

鉴于此，本研究尝试从前文提出的知识维度、认知维度、形态维度出发，分析大学英语新形态教材《跨文化国际传播英语教程》，探索新形态教材如何在上述三个维度上实现内容的有效衔接并助力融合式教学。《跨文化国际传播英语教程》于2022年由外语教学与研究出版社和北京外研在线数字科技有限公司研发并推出，是由U校园数字课程和课堂纸质手册构成的新形态教材。其中，U校园数字课程依托U校园智慧教学云平台，采用丰富的数字化教学手段，配备音视频等多模态资源，提供交互式学习机会，构建线上线下融合的混合式教学流程。

3. 研究问题

本研究在知识维度、认知维度、形态维度上分析大学英语新形态教材《跨文化国际传播英语教程》，尝试回答以下四个问题。

1）在知识维度上，该教材选取的材料包含哪些类型的知识，构建什么样的知识结构，不同类型的知识之间如何衔接？

2）在认知维度上，该教材设计的教学任务属于何种认知过程，低阶认知过程和高阶认知过程之间如何融合？

3）在形态维度上，纸质教材和数字平台如何配置不同类型的知识和不同认知层级的任务，两个板块如何衔接？

4）该教材的知识维度、认知维度和形态维度之间有何互动关系？

4. 研究方法

本研究主要采用两种研究方法，一是对教材内容的文本分析，二是对教材编写团队的半结构化访谈。教材内容分析的整体框架参考Littlejohn（2011）开发的“三层级分析法”（three levels analysis）。“三层级分析法”是语言教材内容分析领域最常使用的数据收集框架之一（Littlejohn 2022：266）。在该框架中，第一层级关注“有什么”（what is there），收集客观描述教材的数据，如：教材如何划分，包括哪些板块、主要教学环节和材料等。第二层级关注“对使用者的要求”（what is required of users），对教材的活动或任务（activities/tasks）进行详细分析，如：有哪些活动、学习者具体做什么、如何操作、活动针对哪些材料等。第三层级关注“有什么启示”（what is implied），基于前两个层级的数据推断教材的教师角色、学生角色、选材原则、课堂使用效果等。虽然该框架并非专为新形态外语教材的内容分析而设计，但是其三个层级分别关注教材的内容、活动和使用，契合本研究关注的三个维度，即与材料内容相关的知识维度，与活动设计相关的认知维度，以及与使用相关的形态维度。

在“三层级分析法”的框架内，知识维度和认知维度的数据标记和分类参考修订版的布鲁姆教育目标分类标准中的知识类型和认知过程类型（Anderson *et al*. 2009）。该分类标准的知识维度将知识分为四个大类，共包含11个亚类，如表1所示。

表1 布鲁姆教育目标分类标准的知识类型（译自Anderson *et al.* 2009：46）

事实性知识	术语知识
	具体细节和要素的知识
概念性知识	分类和类别的知识
	原理和通则的知识
	理论、模型和结构的知识

（待续）

（续表）

程序性知识	具体学科的技能和算法的知识
	具体学科的技术和方法的知识
	确定何时使用适当程序的准则知识
元认知知识	策略性知识
	关于认知任务的知识，包括适当的情境性知识和条件性知识
	关于自我的知识

在四类知识中，事实性知识和概念性知识是关于“是什么”的知识，程序性知识是关于“怎么做”的知识，元认知知识是关于一般认知和自我认知的知识。从复杂程度看，在四类知识中，事实性知识“在知识水平中处于最低位”（常经营、兰伟彬 2008：84），处于相对较低的抽象水平上，而概念性知识则“更加概括，而且往往更加抽象”，特别是关于理论、模型和结构的知识最为抽象，因此学生往往难以理解（Anderson *et al*. 2009：35-38）。

该分类标准的认知维度把认知过程分为六大类，即记忆、理解、应用、分析、评价、创造，进而分为19个亚类，其编号、名称和同义词如表2所示。

表2　布鲁姆教育目标分类标准的认知过程类型（译自Anderson *et al*. 2009：67-68）

认知过程大类 编号和名称	认知过程亚类 编号和名称	同义词
1. 记忆（remember）	1.1 识别（recognizing）	辨认（identifying）
	1.2 回忆（recalling）	提取（retrieving）
2. 理解（understand）	2.1 解释（interpreting）	澄清（clarifying） 释义（paraphrasing） 描述（representing） 转化（translating）
	2.2 举例（exemplifying）	示例（illustrating） 实例化（instantiating）
	2.3 分类（classifying）	归类（categorizing） 归入（subsuming）

（待续）

（续表）

认知过程大类编号和名称	认知过程亚类编号和名称	同义词
2. 理解（understand）	2.4 总结（summarizing）	概括（abstracting） 归纳（generalizing）
	2.5 推断（inferring）	断定（concluding） 外推（extrapolating） 内推（interpolating） 预测（predicting）
	2.6 比较（comparing）	对比（contrasting） 对应（mapping） 配对（matching）
	2.7 说明（explaining）	建模（constructing models）
3. 应用（apply）	3.1 执行（executing）	实行（carrying out）
	3.2 实施（implementing）	使用（using）
4. 分析（analyze）	4.1 区别（differentiating）	辨别（discriminating） 区分（distinguishing） 聚焦（focusing） 选择（selecting）
	4.2 组织（organizing）	发现连贯性（finding coherence） 整合（integrating） 概述（outlining） 分解（parsing） 构成（structuring）
	4.3 归因（attributing）	解构（deconstructing）
5. 评价（evaluate）	5.1 检查（checking）	协调（coordinating） 查明（detecting） 监控（monitoring） 检验（testing）
	5.2 评论（critiquing）	判断（judging）

（待续）

（续表）

认知过程大类编号和名称	认知过程亚类编号和名称	同义词
6. 创造（create）	6.1 产生（generating）	假设（hypothesizing）
	6.2 计划（planning）	设计（designing）
	6.3 生成（producing）	建构（constructing）

一般认为，六类认知过程从“记忆”到“创造”的复杂程度越来越高，由浅表学习逐渐过渡到深度学习（杨琳、吴鹏泽 2017：80）。不过，有的研究认为只有“记忆”“理解”两个层级是低阶的浅表学习（张浩等 2014），有的则认为“记忆”“理解”“应用”三个层级都是低阶的浅表学习（杨琳、吴鹏泽 2017）。判断某个教学活动的认知层级一般依据分类标准中对每个类别的定义以及列举的动词（详见表2），也可参考每个类别常见的提问方式，如图1所示。

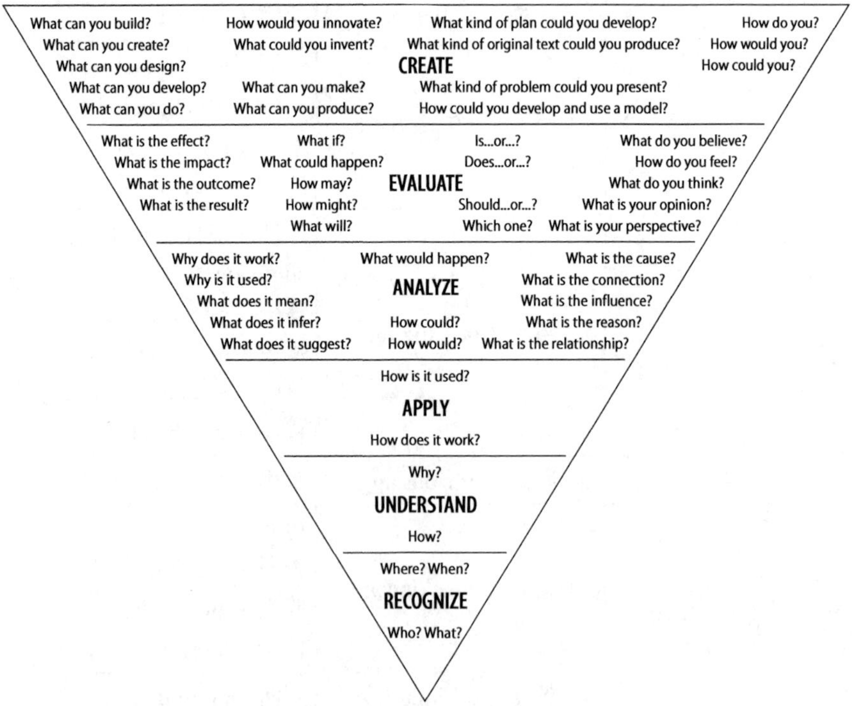

图1　布鲁姆教育目标分类六种认知过程对应的提问方式（Francis 2016：12）

布鲁姆教育目标分类标准的知识维度和认知维度相结合，可以帮助分析教学设计和教学过程，在知识维度上划定教学的学习领域，即向学生传授什么知识；在认知维度上确定教学的表现标准，即学生在认知或思维上达到何种水平（刘世斌 2013）。这一分类标准也被用于分析和评价教材，在知识维度上判断教材内容覆盖的知识类型和层级，在认知维度上判断教材活动设计可帮学生达到的思维水平。如Goktepe（2015）使用该分类标准，分析和评价两本专门用途英语教材在知识维度和认知维度上的层级，并根据学生的英语水平和教学目标选择其中一本教材；祝珣、马文静（2014）使用该分类标准分析大学英语阅读教材的知识维度和认知维度，并有针对性地补充输入材料，修改活动设计。

在“三层级分析法”的框架内，第三层级的分析结合新形态教材的特点，聚焦纸质课堂手册和线上数字平台两个板块对知识和认知活动的配置，以及教材形态维度与知识维度、认知维度的互动关系。编码方案包括三项：1）“模态”，指输入材料的呈现形式，分为“文本”和“视频”两种形式；2）“载体”，指输入材料和教学活动在何处呈现，包括“只在纸质课堂手册呈现”“只在数字平台呈现”“两个载体都呈现”三种情况，在后面的表格中依次标记为“文本”“数字”“纸/数”；3）“空间”，指教材指示某项教学活动在线上数字平台空间完成，还是在线下物理课堂空间完成，包括“指示在数字平台完成”“指示在线下课堂完成”和“不指示”三种情况，在后面的表格中依次标记为“线上”“线下”和“未指示”。第三层级基于这三类数据分析教材各板块对输入材料和学习活动的配置情况，进而结合前两个层级的结果来分析教材形态维度、知识维度和认知维度的互动关系。

对教材内容的分析，特别是第二层级对教学活动设计理据的分析和第三层级对教材使用的推断不可避免地具有分析者的主观性（Littlejohn 2011）。作为对内容分析结果的补充和确认，本研究就教材的策划和编写对教材编写团队的三位成员（教材的责任编辑和其他两位编者）分别进行了在线口头访谈。访谈时长分别约为100分钟、90分钟和41分钟。

5. 分析和发现

5.1 第一层级：知识维度

《跨文化国际传播英语教程》全书遵循相对一致的单元结构。该教材除了以条目形式列出的学习目标外，每个单元有四个主要板块，分别是“跨文化视野”（A cross-cultural view）、“西方媒体视角”（Western media perspectives）、“真实中国”（Real China）和“讲述中国故事”（Tell your China stories）。前三个板块又各自包含四个小节，每个小节呈现一篇输入材料；第四板块有所不同，没有长篇的输入材料，而主要是产出任务，其中的任务导语描述任务所依托的场景，单元回顾会重现前三个板块所学的内容，因此也涉及知识类型。输入材料的主要模态是文本，只有四个小节的材料是视频形式。所有文本形式的材料在纸质课堂手册和数字平台上都呈现；视频形式的材料则只在数字平台上呈现，课堂手册只提供导语和活动指令。接下来，我们主要以第1单元为例，分析单元各个板块输入材料的知识类型及其衔接方式。该单元的板块构成、模态、载体及知识类型如表3所示，其中，板块和小节的编号为本研究为便于分析和指示所加。

表3　第1单元的知识维度分析

板块	小节	模态	载体	知识类型
板块1：A cross-cultural view	1.1 Scenario	文本	纸/数	事实性知识
	1.2 Cross-cultural understanding	文本	纸/数	事实性知识、概念性知识、程序性知识
	1.3 Online tutorial	视频	数字	事实性知识、概念性知识、程序性知识
	1.4 Critical thinking	文本	纸/数	事实性知识、概念性知识、程序性知识
板块2：Western media perspectives	2.1 Case study	文本	纸/数	事实性知识
	2.2 Media literacy	文本	纸/数	事实性知识、概念性知识
	2.3 Online tutorial	视频	数字	事实性知识、概念性知识、程序性知识
	2.4 Critical thinking	文本	纸/数	事实性知识、概念性知识
板块3：Real China	3.1 Chinese media insights	视频	数字	事实性知识

（待续）

（续表）

板块	小节	模态	载体	知识类型
板块3：Real China	3.2 Real China stories	文本	纸/数	事实性知识、概念性知识
	3.3 Online tutorial	视频	数字	事实性知识、概念性知识、元认知知识
	3.4 Critical thinking	文本	纸/数	事实性知识、概念性知识、元认知知识
板块4：Tell your China stories	4.1 Introduction	文本	纸/数	事实性知识、概念性知识、程序性知识、元认知知识
	4.2 Review	文本	纸/数	事实性知识、概念性知识、程序性知识、元认知知识

在板块1“跨文化视野”的四个小节中，1.1小节“场景”（Scenario）呈现一个跨文化的交际场景，包含人物身份、交际场合、事件过程、人物对话等信息，属于事实性知识的第二亚类，即关于事件、地点、人物、日期、信息源等的具体细节和要素的知识（Anderson *et al.* 2009：37）。在第1单元中，一对中国夫妻邀请一对美国夫妻到家中用晚餐，期间出现一些跨文化的交流失误。1.2小节“跨文化理解”（Cross-cultural understanding）引入跨文化交际理论中的概念“文化意识”（cultural awareness），对前一节场景中的事件进行分析，因此仍包含前一节的部分事实性知识，但主要是概念性知识和程序性知识。“文化意识”是跨文化交流理论中的重要概念，该小节的文本解释了文化意识的定义和构成以及人们缺乏文化意识的原因，属于概念性知识的第二亚类，即某一学科中用来研究相关现象或解决问题的原理和通则（Anderson *et al.* 2009：39）；同时还讲解了如何提高个人的文化意识，包含四个步骤，属于程序性知识，即以一系列或序列步骤形式出现的关于如何做某事的知识（Anderson *et al.* 2009：40）。1.3小节“视频微课”（Online tutorial）基本遵循1.2小节文本的结构，对其中的内容进一步展开讨论，如以中国文化和美国文化的例子讲解文本提到的人们缺乏文化意识的原因，用1.1小节场景中的细节解释如何提高个人的文化意识，因此和1.2小节一样包

含事实性、概念性和程序性三类知识；在讲解过程中，微课还引入了“行为模式”（pattern of behavior）、“单文化交流”（mono-cultural communication）和“跨文化交流”（inter-cultural communication）等关于理论和分类的其他概念性知识。1.4小节“思辨讨论”（Critical thinking）提供新的跨文化交流场景，引入新的事实性知识；学生分析并解决其中的跨文化交流问题，复现并使用已有的概念性知识和程序性知识。

板块2“西方媒体视角”的2.1小节“案例学习”（Case study）介绍2018年意大利时尚品牌D&G在广告中缺乏文化意识、错误呈现中国文化要素（即筷子）的事件，主要是事实性知识。2.2小节“媒介素养”（Media literacy）先解释民族中心主义（ethnocentrism）的含义，然后从内容和语言两个方面详细分析其在广告中的体现，主要是概念性知识。2.3小节“视频微课”进一步分析广告错误理解筷子、表现民族中心主义的原因，讲解应对西方媒体报道中民族中心主义现象的方法，属于概念性知识和程序性知识。2.4小节“思辨讨论”引入新的跨文化传播案例，学生分析其中的民族中心主义表现，呈现新的事实性知识，复现并使用旧的概念性知识。

板块3“真实中国”和前两个板块的四个小节所呈现的知识类型基本一致。3.1小节“中国媒体洞见”（Chinese media insights）选取《中国日报》发布的英文视频，讲述英国男孩爱上中国茶文化的故事，主要是事实性知识。3.2小节“真实中国故事”（Real China stories）从文化意识角度对比D&G广告和《中国日报》的视频，分析龙、功夫和中医药等文化元素的含义，主要是事实性知识和概念性知识。3.3小节“视频微课”通过对比龙和dragon、功夫和骑士文化、中医和西医，分析西方媒体对前述三个文化要素的误解以及导致误解的原因，属于概念性知识；同时，为了进行文化对比，微课也使用较大篇幅讲解了如何进行对比，属于程序性知识的第一亚类，即“关于学习、思维和解决问题的一般性策略的知识”，其特点是策略能够用于不同的任务和学科（Anderson *et al*. 2009：43）。3.4小节“思辨讨论”呈现新的中国文化要素，学生从文化对比的视角分析西方对该要素的误解的表现和原因，呈现新的事实性知识，复现并使用已有的概念性知识和元认知知识。

如前所述，板块4“讲述中国故事”的产出任务导语描述任务依托的场景，第1单元的场景是学校举行的中国文化周，内容是向留学生介绍功夫等中国文化要素，主要是事实性知识。“单元回顾”（Review）重现前三个板块所学的内容，包括文化意识对跨文化交流的重要性、民族中心主义，有概念性知识；同时让学生反思自己对相关知识的学习情况以及所学知识对完成产出任务的作用，属于元认知知识的第二和第三亚类，即“关于自我认知和学习情况的知识”和“关于认知任务的难度、要求和策略的知识”。

以上是对第1单元各板块知识类型的分析。需要指出的是，尽管全书遵循的单元结构一致，但是各个单元在各板块和小节中所包含的知识类型上会有一定的差异。如第3单元1.2小节“跨文化视野”讲解场景中体现的文化刻板印象（cultural stereotype），包括其定义、形成的原因和危害，但是并未讲解应对文化刻板印象的步骤和方法，因此只有概念性知识，而没有第1单元1.2小节的程序性知识。又如，第4单元2.2小节“媒介素养”分析西方传媒案例中的双重标准（double standards），除了含义和表现，也讲解了识别媒体中的双重标准的具体步骤；2.4小节提供西方传媒歪曲报道中国的新案例，让学生识别并反驳其中的双重标准；因此这两个小节不同于第1单元，既有概念性知识，也有程序性知识。

尽管有上述差异，但是总体而言全书各个单元在知识类型上呈现出比较一致的模式，具有四个特点。

第一，在各板块内部，以第1小节和后续其他小节为界限，都表现出从事实性知识到概念性知识、程序性知识和元认知知识的过渡，呈现的知识类型越来越多，具有从浅层知识到深层知识的渐进性。具体而言，1.1、2.1、3.1和4.1小节都只呈现事实性知识，其中1.1和4.1小节呈现跨文化交际的场景，2.1和3.1小节呈现国际传媒的案例；后续的各小节除了事实性知识，逐渐引出跨文化交际和国际传播两方面的概念性知识和程序性知识，以及关于自我、任务和策略的元认知知识。在四类知识中，事实性知识处于相对较低的抽象水平上，而概念性知识则“更加概括，而且往往更加抽象”，特别是关于理论、模型和结构的知识最为抽象，因此学生往往难以理解（Anderson *et al.* 2009：35-38）。可见，各板块都是从事实性知识开始，过渡到其他类型的知识，逐渐增加学习的深度，具有渐进性的特征。

第二，在前三个板块内部，各小节所含的知识不仅在类型上体现出渐进性，在内容上也是相关的，使各小节之间具有衔接性。首先，仍以第1小节和后续其他小节为界限，第2和第3小节所含的概念性知识和程序性知识均由第1小节所含的事实性知识引出。如第1单元的1.1小节呈现跨文化交际场景，1.2和1.3小节基于场景中的交流失误，讲解与文化意识相关的概念性知识和程序性知识；2.1小节呈现D&G的传媒案例，2.2和2.3小节基于案例讲解与民族中心主义有关的概念性知识和程序性知识。其次，以前三个小节和第4小节为界限，前三个小节学习的各类知识在第4小节的“思辨讨论”中得以复现，用于分析新的场景或案例。如第1单元的1.1至1.3小节基于跨文化交际场景讲解了关于文化意识的概念性知识和程序性知识，1.4小节使用这些知识分析新的跨文化交际场景。总之，各板块基于事实性知识引出并讲解概念性知识、程序性知识和元认知知识等深层知识，然后将这些深层知识用于分析新的事实性知识，实现浅层知识和深层知识的融合。

第三，在同一个单元的各板块之间，也可发现知识维度上的衔接和融合，这种衔接和融合体现在两个方面。首先，第1板块讲解的跨文化交际方面的概念性知识，会在第2和第3板块讲解国际传播知识时复现，并与之结合。如第1单元第1板块所讲的“文化意识”理论，在第2板块分析D&G广告时会复现，用文化意识缺失解释广告传播失误的原因；在第3板块分析《中国日报》中关于茶文化的视频时再次出现，从文化意识、文化差异的视角分析视频传播成功的具体做法。其次，前三个板块的知识在第4板块汇集，通过“单元回顾”环节得到复现，学生可反思对各类知识的学习情况以及产出任务所需的知识，之后有选择性地用于完成产出任务。

第四，在同一个单元的各板块之间，知识以另一种方式在深度上逐渐加深，即从单学科知识（mono-disciplinary knowledge）过渡到多学科知识（multi-disciplinary knowledge）和跨学科知识（inter-disciplinary knowledge）。虽然布鲁姆教育目标分类标准的知识维度可用于分析不同学科的知识类型，但是并未考虑教学材料或教学方案中的多学科和跨文科问题。现代社会越来越需要以应用为导向的知识，这一般需要综合并整合来自多个学科的知识，而多学科知识和跨学科知识一般比习得单个学科的知识更复杂（van den Besselaar & Heimeriks 2001：705）。如第5单元第1板块讲解克鲁康—斯特罗德贝克框架（Kluckhohn and Strodtbeck’s Values Orientation Theory）中的人与自然的三种关系，第2板块讲解国际传播学中的媒体框架（media frame）理论及其在西方媒体对中国环保报道中的体现，第3板块则将两个理论结合，并用于分析《中国日报》中关于塞罕坝工程的视频。

综合以上四点，我们将每个单元的知识类型和结构总结为图2。横向上，板块1、板块2、板块3在各自内部都有从事实性知识到概念性知识、程序性知识和元认知知识的过渡和衔接；纵向上，板块1到板块2和板块3也有知识的衔接和融合；横向和纵向相结合，前三个板块的知识在板块4汇集，用于完成产出任务。在此过程中，单元的知识结构体现出渐进性和衔接性，通过多个由浅入深的循环实现知识维度的深度融合。

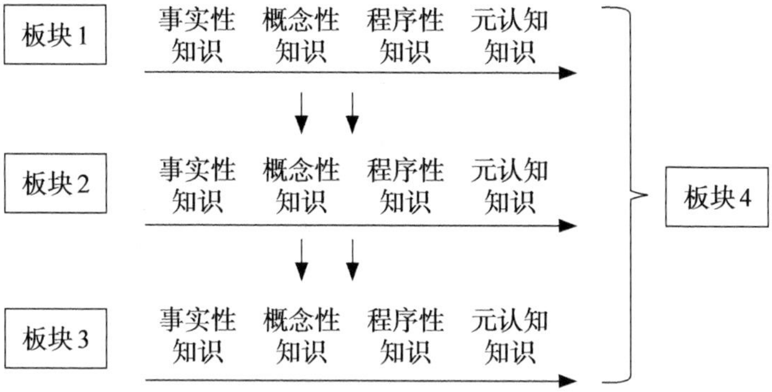

图2 单元各板块的知识类型和结构

5.2 第二层级：认知维度

在知识维度上，教学不可只局限于事实性知识，也应注重概念性知识、程序性知识和元认知知识等更广泛的知识类别，扩展并加深知识学习；同样，在认知维度上，教学不可只局限于记忆这一认知过程，而应纳入复杂程度更高的认知过程类别（Anderson *et al*. 2009：48）。针对任何一类知识，教学过程都可设计从记忆到创造之间的任意一种或几种认知任务。即便教学材料包含概念性知识或程序性知识等复杂知识，但是如果教学活动只停留在记忆和理解等低阶思维活动层次，那么整个过程在学习深度上仍然有限。在第二层级，我们主要基于输入材料设计的教学活动的认知过程分析教材，此处仍以第1单元为例，分析结果如表4所示。

表4 第1单元活动设计的认知维度分析

板块		活动编号和形式	载体	空间	认知过程
板块1	1.1	1.1.1 回答问题	纸/数	未指示	2.7 理解－说明 （understand-explaining） 2.5 理解－推断 （understand-inferring）

（待续）

（续表）

板块		活动编号和形式	载体	空间	认知过程
板块1	1.2	1.2.1 填表	纸/数	线上	1.1 记忆－识别（remember-recognizing）
		1.2.2 补充对话	纸/数	线下	3.2 应用－实施（apply-implementing）
	1.3	1.3.1 句子填空	数字	线上	1.1 记忆－识别（remember-recognizing）
		1.3.2 回答问题	纸/数	线下	4.3 分析－归因（analyze-attributing） 5.2 评价－评论（evaluate-critiquing）
	1.4	1.4.1 对子讨论问题	纸/数	未指示	3.2 应用－实施（apply-implementing）
板块2	2.1	2.1.1 对子讨论问题	纸/数	未指示	4.3 分析－归因（analyze-attributing）
	2.2	2.2.1 补充表格	纸/数	线上	1.1 记忆－识别（remember-recognizing）
		2.2.2 模拟对话	纸/数	线下	3.2 应用－实施（apply-implementing）
		2.2.3 语言练习–选词填空	数字	线上	1.1 记忆－识别（remember-recognizing）
		2.2.4 语言练习–补充表格	纸/数	线下	2.2 理解－举例（understand-exemplifying）
	2.3	2.3.1 句子填空	数字	线上	1.1 记忆－识别（remember-recognizing）
		2.3.2 回答问题	纸/数	线下	1.1 记忆－识别（remember-recognizing） 6.2 创造－产生（create-generating）

（待续）

（续表）

板块		活动编号和形式	载体	空间	认知过程
板块2	2.4	2.4.1 对子讨论问题	纸/数	未指示	3.2 应用－实施（apply-implementing）
板块3	3.1	3.1.1 对子讨论问题	纸/数	未指示	5.2 评价－评论（evaluate-critiquing） 2.2 理解－举例（understand-exemplifying）
	3.2	3.2.1 选择题	数字	线上	1.1 记忆－识别（remember-recognizing）
		3.2.2 回答问题	纸/数	线下	1.1 记忆－识别（remember-recognizing） 4.3 分析－归因（analyze-attributing） 6.1 创造－产生（create-generating）
		3.2.3 语言练习–单词朗读	数字	线上	1.1 记忆－识别（remember-recognizing）
		3.2.4 语言练习–词汇翻译、句子朗读	数字	线上	1.1 记忆－识别（remember-recognizing）
	3.3	3.3.1 判断正误	数字	线上	1.1 记忆－识别（remember-recognizing）
		3.3.2 回答问题	纸/数	线下	6.1 创造－产生（create-generating）
	3.4	3.4.1 对子讨论问题	纸/数	未指示	2.2 理解－举例（understand-exemplifying） 3.2 应用－实施（apply-implementing）

（待续）

（续表）

板块		活动编号和形式	载体	空间	认知过程
板块4	4.1	4.1.1 回顾挑选信息	纸/数	未指示	1.1 记忆 – 识别（remember-recognizing） 6.2 创造 – 计划（create-planning）
	4.2	4.2.1 搜寻讨论信息	纸/数	未指示	1.1 记忆 – 识别（remember-recognizing） 4.1 分析 – 区别（analyze-differentiating）
	4.3	4.3.1 起草讲稿并演讲	纸/数	未指示	6.3 创造 – 生成（create-producing）
	4.4	4.4.1 修改讲稿并上传演讲视频	纸/数	线下、线上	5.1 评价 – 检查（evaluate-checking） 6.3 创造 – 生成（create-producing）

在表4中，最后一栏“认知过程”的标记参考布鲁姆教育目标分类修订版中对认知过程的编号和名称（Anderson *et al*. 2009：51-52），如活动1.1.1的第一个认知过程为“2.7 理解 – 说明（understand-explaining）”，表示是第二大类“理解”的第七亚类“说明”。该活动的形式是回答问题，其中有两个问题，所属的认知过程类别不同，因此该活动标记两个认知过程：“2.7 理解 – 说明（understand-explaining）”和“2.5 理解 – 推断（understand-inferring）”。

如前一部分所述，在知识维度上，《跨文化国际传播英语教程》全书遵循相对一致的单元结构，但是各单元在各板块和小节所含的知识类型上会存在一定的差异。同样，在认知维度上，各单元之间也会存在一定的差异，特别是由于活动数量多，不同单元的同一板块所设计的活动可能会涉及不同的认知过程。因此，在认知维度的分析上，我们重点关注板块和单元层面所表现出的模式。以第1单元的分析为例，我们从表4中可以发现活动设计在认知维度上有如下三个特点。

第一，从认知过程的多样性看，这一单元所设计的活动覆盖了布鲁姆教育目标分类认知维度的全部六类认知过程；在全部19个亚类认知过程中，覆盖了15个亚类。据此，可以说这一单元的活动设计具有较高程度的认知多样性。从频次上看，表4一共标记了36次认知过程，六类认知过程所占的频次和比例如表5所示，低阶思维活动和高阶思维活动各占50%。据此，第1单元设计的活动可以说在较大程度上实现了低阶思维活动和高阶思维活动的平衡。

表5 第1单元认知过程的频次和比例

认知层级和过程		频次	比例	
低阶	记忆	13	36%	50%
	理解	5	14%	
高阶	应用	5	14%	50%
	分析	4	11%	
	评价	3	8%	
	创造	6	17%	

第二，结合表3和表4，我们可以发现，第1单元的活动设计在知识维度和认知维度的难度上基本实现了平衡：对于以事实性知识为主的输入材料，活动设计的认知层级相对更高，会跳过最低阶的“记忆”类认知活动；以概念性知识和程序性知识为主的输入材料，活动设计一般会从最低阶的“记忆”认知过程开始，过渡到高阶思维活动。如表3所示，1.1、2.1和3.1小节的输入材料分别是跨文化场景、西方传媒案例和中国传媒案例，内容主要是事实性知识。这三个小节在活动形式上都是针对跨文化场景或传媒案例回答问题，表6总结了其输入材料的内容、问题和问题涉及的认知过程。

表6 事实性知识为主输入材料的认知维度分析

小节	输入材料	问题	认知过程
1.1	中国夫妻宴请美国夫妻的跨文化交际场景	(1) Why did Mr. Smith think the Chinese couple were kind of weird?	2.7 理解－说明（understand-explaining）
		(2) What are the cultural values behind the Chinese couple’s way of treating the guests?	2.5 理解－推断（understand-inferring）

（待续）

（续表）

小节	输入材料	问题	认知过程
2.1	D&G公司广告中对中国筷子的错误呈现	(1) Why did D&G's advertisement series enrage Chinese people?	4.3 分析－归因（analyze-attributing）
		(2) What are the possible reasons for D&G to portray chopsticks, a symbol of Chinese traditional culture, in this way?	4.3 分析－归因（analyze-attributing）
3.1	《中国日报》关于茶文化的视频	(1) Do you think the video introduces Chinese tea culture well? Why or why not?	5.2 评价－评论（evaluate-critiquing）
		(2) Apart from chopsticks and tea, do you know any other traditional Chinese cultural symbols and their implications?	2.2 理解－举例（understand-exemplifying）

从表6可以看出，三个小节都跳过了最低阶的记忆类思维活动，直接设计理解、分析乃至评价类的高阶思维活动，这些问题的答案都不可以从输入材料中直接识别。从对两位编者的访谈中得知，这种设计主要出于两点考量。首先，两位编者都提到，场景和案例呈现的信息比较直观，没有理论知识点，学生阅读或观看后比较容易理解其大意，因此可以跳过最低阶的认知活动；而且学生要回答问题，必须理解大意，因此高阶思维任务暗含或预设了低阶思维任务。这符合布鲁姆教育目标分类关于低阶思维和高阶思维关系的论述，即低阶认知过程是高阶认知过程必不可少的基础，在把知识运用到较为复杂的任务时，回忆知识就会融入更高阶的任务中（Anderson *et al.* 2009：51）。其次，两位编者都提到，针对场景和案例设计比较有挑战的高阶思维活动，可以帮助引出后面小节的理论知识。如1.1小节的第一个问题让学生说明跨文化交际场景中人物的感受，在尚未学习跨文化交际理论知识的情况下，学生先尝试回答问题，之后1.2小节从“文化意识”的角度分析该场景；3.1小节的第一个问题让学生评价视频对茶文化的介绍，之后3.2小节从“文化象征和内涵”以及如何进行传播的角度对视频进行分析和评价。

编者A[1]指出，1.2和3.2小节用理论知识分析场景或案例，实际就是回应1.1和3.1小节让学生在线上尝试回答的问题；编者B则指出，在场景和案例之后提供相对高阶的问题并不要求学生特别准确或充分地回答，而是希望学生通过思考和尝试回答，理解场景和案例的基本内容，为后续课堂上理论知识的学习做准备。这种设计增强了板块内部从事实性知识学习到概念性和程序性知识学习的衔接性。

第三，活动设计在认知维度上的衔接主要体现在低阶思维活动和高阶思维活动的融合，从微观到宏观依次发生在活动、小节、板块和单元等四个层面。第一个层面最微观，指同一个活动内部多个问题之间的融合。如活动3.2.2“回答问题”设计了三个问题：

（1）What are the common misunderstandings of the three Chinese cultural symbols in the West?

（2）Why do these misunderstandings arise?

（3）What should we do to introduce Chinese traditional culture better?

问题1让学生从输入材料中直接识别西方对中国的三个文化象征的误解，属于最低阶的记忆层级（1.1 remember-recognizing）；问题2分析误解产生的原因，属于“分析－归因”认知过程（4.3 analyze-attributing）；问题3让学生提出传播中国文化的更好方法，即提出问题的解决方案，属于“创造－产生”认知过程（6.1 create-generating）。问题1的答案可以从文章中直接识别，问题2和问题3的答案需要学生构建知识。三个认知过程引导学生先识别问题，再分析问题的起因，最后提出问题的解决方案，从低阶思维活动逐步过渡到高阶思维活动，在一个小任务内部实现了二者的融合。

第二个层面指在同一小节内部两个活动之间，低阶思维活动和高阶思维活动实现融合。如1.3小节讲解了跨文化交际中关于“文化意识”的理论知识，其中设计了两个活动：第一个是在线上完成的理解性练习，形式是句子填空，可以直接从微课视频中找到答案，属于低阶的记忆类认知过程；第二个是在线下课堂完成的开放式讨论，包括两个问题，问题1让学生分析文化意识对跨文化国际传播的重要性，问题2让学生评价微课视频中哪条建议最重要，属于高阶的分析和评价类认知过程。第一个活动帮助学生理解输入材料的细节，为第二个活动中的高阶认知过程做准备，两个活动在认知层级上实现了融合。

1. 为便于理解，后文中将两位编者区分为编者A和编者B。

第三个层面指在前三个板块内部，从学习到迁移的过渡和融合。如表3所示，前三个板块都是以场景或案例开始，经过理论知识的学习，以思辨讨论活动结束。从表4的分析我们可以发现，1.4、2.4和3.4三个小节的思辨讨论活动在认知类型上都属于"应用－实施"（3.2 apply-implementing）。在布鲁姆教育目标分类体系中，"应用"认知过程包括两个亚类，即"执行"和"实施"，前者是将程序应用于熟悉的任务，后者指将程序应用于不熟悉的任务（Anderson *et al.* 2009：52）。前三个板块基于熟悉的场景或案例学习概念性知识和程序性知识，之后在思辨讨论活动中提供新的场景或案例，让学生运用所学知识进行分析，其认知过程属于"实施"亚类。当然，在概念性知识和程序性知识学习过程中，有时会有在认知层级上高于"应用"的活动，如活动1.3.2中的"评价"、活动2.3.2中的"创造"、活动3.2.2中的"创造"。但这些高阶活动都是为了逐步构建概念性知识和程序性知识，之后这些知识被迁移应用到思辨讨论小节的"应用"活动。迁移应用是教育最重要的目的之一，即学生能够理解并运用所学东西解决新问题、回答新提问（Anderson *et al.* 2009：48）。因此，综合知识维度和认知维度，前三个板块内部都表现出知识建构和知识迁移应用之间的过渡。

第四个层面指在整个单元内部从前三个板块的学习到第四板块产出任务的过渡。在第四板块中，学生需要在跨文化国际传播情境中产出书面或口头作品，如演讲文稿和视频、调查报告、新闻评论等，这些在认知维度上属于"创造"类活动。根据布鲁姆教育目标分类，大部分真实的创造活动需要协同使用几类知识和几种认知过程，例如为了写作一篇文章，学生也许需要：回忆（提取可能包括在文章中的相关信息）、计划（决定文章应该包括的内容，确定具体写什么以及如何写）、生成（创作文字作品）、评论（确保所写的文章"言之有理"）（Anderson *et al.* 2009：67）。如表4所示，第1单元第四板块的产出任务涉及"记忆－识别"（remember-recognizing）、"分析－区别"（analyze-differentiating）、"评价－检查"（evaluate-checking）、"创造－计划"（create-planning）、"创造－生成"（create-producing）等认知过程，此板块的产出任务认知层级最高。需要指出的是，前三个板块虽然也有"创造"类的活动，但是与第四板块的产出任务相比，其产出的规模小，认知过程相对单一。如活动3.3.2要求学生回答问题"在西方媒体误解中国文化要素的情况下，如何更好地介绍中国传统文化"（What should we do to introduce Chinese traditional culture better?），即提出问题的解决方案，属于

"创造－产生"（create-generating）活动。作为一个回答问题形式的活动，学生完成该活动需使用的知识相对较少，口头产出的规模小，且不涉及其他认知过程。第四板块的产出任务需要整合整个单元所学的知识，涉及的认知过程种类多，书面或口头产出规模大。因此，在整个单元内部，从前三个板块到第四板块，知识维度和认知维度都存在从低阶到高阶的过渡。

综合以上四个层面的分析可以发现，第1单元的活动设计在整体上表现出从低阶思维活动到高阶思维活动循环上升的模式。布鲁姆教育目标分类指出，不同层级的认知过程是相互联系的，如分析可以当作理解的外延，或当作评价、创造的开端，并且经常以循环的方式用于完成认知任务（Anderson *et al*. 2009：60）。在第1单元的活动设计中，这种循环从微观到宏观在活动内部、小节内部、板块内部和单元内部等四个层面发生，实现从多次微观循环到整个单元宏观循环的上升。

综合知识维度和认知维度的分析，我们参考布鲁姆教育目标分类示意图（Anderson *et al*. 2009：22），以图3展示整个单元学习深化的过程。在知识维度上，单元各板块的输入材料整体表现出从事实性知识到概念性知识、程序性知识和元认知知识的过渡；在认知维度上，单元各板块的活动设计整体表现出从记忆和理解等低阶思维活动到评价和创造等高阶思维活动的过渡。在两个维度的结合下，教材帮助学生逐渐掌握知识、培养思维能力，最终完成单元内所有的产出任务。

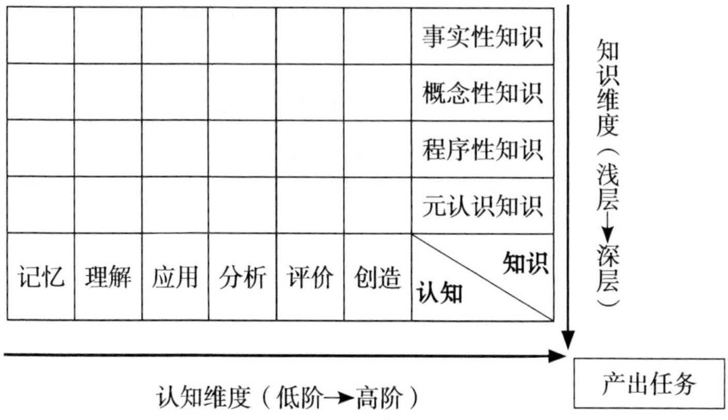

图3 单元学习深化过程

5.3 第三层级：形态维度

在知识维度上，表3总结了输入材料的“载体”，所有的文本材料均会在课堂手册和数字平台呈现，视频材料只在数字平台呈现。在认知维度上，表4总结了活动的“载体”和“空间”。其中，“载体”指某个活动的内容在何处呈现，有两种情况：1）如表4中活动“1.3.1句子填空”的标记“数字”，是指这个活动要求学生所做的句子填空只在数字平台呈现，课堂手册中只出现一条指令“Online Activities: Finish the comprehension task for details.”；2）如表4中活动“1.1.1 回答问题”的标记“纸/数”，是指这个活动要求学生回答的问题在课堂手册和数字平台都呈现。

表4的“空间”一栏标记该活动是在线上数字平台空间完成，还是在线下物理课堂空间完成，分为三种情况：1）“线上”指课堂手册中用Online Activities字样标记该活动在数字平台完成；2）“线下”指课堂手册中用Classroom Activities字样标记该活动在线下课堂完成；3）“未标记”指课堂手册中未明确标记该活动在线上还是线下完成。

综合“载体”和“空间”两栏的信息，我们可以发现，标记为“载体－数字”“空间－线上”的活动，其完成形式最直观，如“1.3.1 句子填空”，该活动的具体内容只在数字平台呈现，而且课堂手册中用Online Activities字样明确指示该活动在数字平台完成。标记为“载体－纸/数”“空间－线下”的活动，其完成形式也比较直观，课堂手册中用Classroom Activities字样明确指示该活动在线下课堂完成。标记为“载体－纸/数”“空间－未指示”的活动，其完成形式灵活性最强，因为活动内容均会在课堂手册和数字平台呈现，但是教材并未说明该活动在哪个空间完成，这就需要教师在教学过程中自主确定其完成的空间和形式。教师可以在数字平台教师端对所有的活动进行设置，并自行确定需学生在线完成的活动。在访谈中，教材责编指出，这是为了增强教材的灵活性，符合线上线下融合式教学的特点，即教师可根据教情学情灵活安排活动的完成形式。

综合表3和表4的分析以及对编写团队的访谈，我们可以发现教材的形态与知识、认知维度的互动有如下三个特点。

第一，教材的形态影响知识的配置，进而影响单元的结构。编者A在访谈中提到，该教材在单元结构上不同于大学通用英语教材以两篇长课文为主的常见结构，而是分为“三大板块+产出任务”，且前三个板块又分为场景/案例、文本材料、视频微课和思辨讨论四个小节。该编者指出，在设计这种单元结构时，重要的考量之一是如何分配课堂手册和数字平台的内容。如第1单元3.1小节呈现《中国日报》关于茶文化的视频案例后，需要从跨文化国际传播理论的角度对案例进行分析，最初按照传统纸质教材的设计撰写的文本材料约1,500字。后来考虑到这些内容需要在文本和视频两种模态之间分配，于是将原有材料分为两部分，一半在3.2小节中以文本材料形式呈现，另一半在3.3小节中以视频微课的形式呈现。编者A认为，在分配文本材料和视频微课的内容时，主要考虑其与案例的关系，一般文本材料包含核心的理论知识，用于分析案例；视频微课包含进一步扩展的理论知识和新的案例，供学生在学完文本材料后通过视频学习。我们根据布鲁姆教育目标分类中的四种知识类型进行分析，发现文本材料包含更多关于“是什么”的概念性知识，而视频微课包含更多关于“如何做”的程序性知识。如第1单元2.1小节呈现D&G广告的案例后，2.2小节的文本材料用民族中心主义概念分析该案例，讲解了“什么是民族中心主义”“民族中心主义在广告中有哪些体现”等概念性知识；2.3小节的视频微课除了进一步讲解这些知识，又引入“如何识别和应对民族中心主义”等程序性知识。

第二，以事实性知识为主的输入材料倾向于课前在数字平台完成初步预习，之后在线下课堂进一步讨论，进而过渡到概念性知识和程序性知识的学习。如表3所示，1.1、2.1和3.1三个小节的输入材料为跨文化交际场景或传媒案例，在知识类型上主要是事实性知识，抽象程度低，理解起来相对容易。针对这些知识，教材设计了在认知层级上相对高阶的活动，但是并未明确指示这些活动的完成空间。对于这种设计，两位编者在访谈中提到了两点原因：第一，输入材料的内容相对简单，因此一般倾向于安排学生课前在数字平台完成预习，如阅读场景的文本或观看案例的视频并掌握其大意；第二，所设计的活动相对开放，且并不要求学生给出完善的答案，而是在数字平台尝试回答，之后教师在线下课堂组织进一步研讨，以引出后续的理论知识学习。我们可以发现，第一点原因主要是从知识维度考虑输入材料内容的难度，第二点原因主要是从认知维度考虑活动设计的认知挑战度，同时两点原因都设想了线上学习和线下学习的衔接以及事实性知识和概念性知识、程序性知识学习的衔接。

第三，对于以概念性知识和程序性知识为主的输入材料，认知维度和形态维度形成一种对应关系：低阶思维活动在线上完成，高阶思维活动在线下完成，低阶向高阶的过渡呼应线上向线下的过渡。如表4所示，2.2和2.3两个小节输入材料主要以概念性知识和程序性知识为主，每篇材料一般设计两个活动：在认知维度上，第一个以低阶思维活动为主，且明确指示在线上数字平台空间完成；第二个以高阶思维活动为主，且明确指示在线下物理课堂空间完成。这种设计符合融合式教材应综合线下面授课堂和数字课堂各自的优势的原则（Hartle 2022：406）。如表4所示，低阶思维活动在题型上主要有填空（活动1.3.1）、选择（活动3.2.1）、判断正误（活动3.3.1）、词汇翻译（活动3.2.4）或封闭式问答（活动2.3.2的第一个问题）。这些题型的特点是答案相对明确且唯一，一般可以从输入材料原文中找到。学生课前在数字平台自学时，只要输入答案，系统就可以即时反馈，并提供参考答案。根据对两位编者的访谈得知，以此形式完成这些活动，有多种益处，如节省课堂时间、提高学生自主学习能力、便于对学生进行形成性评价、可以基于学生课前预习的学情有针对性地进行课堂教学。数字平台特有的一些工具还能实现线下学习无法实现的功能，如表4中的活动3.2.3和3.2.4利用了语音识别技术，学生练习单词和句子的朗读，数字平台可自动给学生的朗读进行打分。又如数字平台可以把输入材料和判断正误、选择等题型的题目分为左右两栏显示，两栏可以单独上下滑动显示，学生在线完成时更容易左右对照，识别相关信息，比在纸质教材上完成此类活动更便捷。

如表4所示，高阶思维活动在题型上主要是开放式讨论并回答问题。这类活动的特点是答案开放，不能从输入材料中直接获得，而是需要经过理解、分析、评价等高阶认知过程，因此挑战性更高，往往需要教师的指导，且要与其他学习者共同构建。但是，这并不意味此类活动必须完全在线下课堂完成，而是可以使用线上数字平台的一些工具，实现线上线下学习的融合。前面提到，所有活动都在数字平台上呈现，因此教师可以根据教情学情，在数字平台教师端将一些高阶思维活动设置为线上预习。学生尝试回答线上预习问题之后，平台并不提供参考答案，但是在平台的答题框中，学生可以看到并回复他人的回答，以此在数字平台创建一个虚拟学习共同体。此外，根据线上学生的初步回答，教师可提前了解学生的想法，有针对性地引导课堂讨论。再者，教师也可以将线上的某些学生回复引入课堂，以“学习者生成的材料”（learner-generated materials，Choi & Nunan 2022）的形式纳入教学过程，实现数字平台空间和物理课堂空间的交叉。

6. 对教材编写的启示

从以上对知识维度、认知维度和形态维度的分析可以发现，教材在知识维度上表现出从浅层知识向深层知识的过渡；在认知维度上表现出从低阶思维向高阶思维的过渡；在形态维度上，线上学习和线下学习两种形式影响知识的配置，且配置方式与认知维度的低阶思维活动和高阶思维活动呼应。在本部分，我们将基于教材的前言以及对编写团队的访谈，尝试探讨这三个维度的呼应是如何实现的，总结其对复合类新形态外语教材编写的启示。

第一，在教材策划阶段，整个编写团队基于时代背景、国家需求、学科特点、学生特点等多种因素，确定教材在知识维度上的定位，进而设计了教材的单元架构。教材前言提到，近年来，中国综合国力和国际地位显著提升，国际社会对中国的关注前所未有，对中国故事的兴趣与日俱增。在这一大背景下，加强我国的国际传播能力建设，讲好中国故事，传播好中国声音，就成为提升国家文化软实力、营造良好国际舆论环境的要求。为了更好地服务这一国家战略，中国高等外语教育亟须培养兼顾英语语言技能和国际传播素养的复合型国际化人才。编者A在访谈中提到，从学科特点出发，国际传播本身就是一个交叉学科，除传播学、国际政治、国际经济之外，与跨文化交际也密不可分。基于此，教材确定了“跨文化交际+国际传播”两个学科的知识维度定位。

在教材的单元架构中，前三个板块分别关注跨文化交际、西方传媒、中国传媒，安排这种顺序的主要依据是学生的认知特点和当前的国际局势。编者A提到，学生的认知特点一般是从个人熟悉的日常交际到社会和国家层面的传播，因此先在第一板块讲解跨文化交际理论知识，再过渡到传播学领域的理论知识。在国际传播领域，中国当前仍面临“西强我弱”的格局，西方对中国仍存在诸多偏见、误解甚至刻意为之的片面且错误的报道。在此背景下，编者A指出，为了讲好中国故事，本着“不破不立”的原则，应该首先让学生了解并学会分析西方传媒对中国的错误报道，然后再学习中国媒体的正面报道案例。因此，第二板块意在“破”，学习如何识别和应对西方传媒的错误报道；第三板块意在“立”，学习有效讲好中国故事的方法。

第二，教材编者团队的组建考虑了教材知识维度和形态维度对编者素养的要求。在知识维度上，教材具有“外语+专业”的特点，而且涉及跨文化交际和国际传播两个领域的知识。为此，编者由国际新闻传播专业教师和大学英语跨文化教学一线教师组成。两位编者具有不同的专业背景，形成互补优势。编者A是新闻传播学院国际传媒专业的教师和研究者，同时具有较高的英语水平；编者B是大学英语教师，熟悉语言教学的方法和规律，同时具有跨文化专业背景，曾以主讲人身份讲授跨文化交际课程并录制慕课。在形态维度上，两位编者都有开展多种形态的混合式教学的经历，如制作慕课、使用翻转课堂、使用"微助教"、使用"U校园智慧教学云平台"等工具。两位编者均表示，这些经历对教材的编写有所助益。责编在访谈中表示，邀请编者B加入教材编写的契机是发现了其制作的作为大学英语后续课程的《跨文化交际》慕课，反映了其英语教学能力、跨文化专业背景和混合式教学经验。

第三，复合类新形态教材的编写需要编者团队的全方位深度合作。如前所述，两位编者具有不同的教学和专业背景，在编写过程中进行了分工：编者A主要负责第二板块和第三板块国际传媒部分案例的选取、输入材料的撰写、微课视频的录制以及案例后讨论问题的设计；编者B负责第一板块输入材料的撰写、教学活动的设计、微课视频的录制，第二板块、第三板块大部分教学活动的设计，第四板块产出任务的设计。

在这种分工情况下，两位编者在知识维度的衔接和教学活动的设计上进行了多方位的深入合作。在知识维度上，两位编者在确定前三个板块的理论知识点的合作中有两个目标。一是避免重复，编者A指出，国际传播是交叉学科，本身涉及跨文化交际的概念和理论，如刻板印象等，因此在撰写输入材料前，会与编者B沟通，避免选择相同的理论知识。二是尽量做到衔接，包括理论知识点的衔接，如第1单元第一板块从跨文化角度讲解"文化意识"，这一知识点可以用于解释第二板块从国际传播角度讲解的"民族中心主义"；还有理论知识与后续案例的衔接，如第4单元第一板块从跨文化角度讲解"刻板印象"，可用于分析第二板块西方媒体对北京冬奥会的片段报道案例。在教学活动设计方面，因为第二、第三板块的输入材料由编者A撰写，而大部分教学活动由编者B设计，所以两位编者也进行了多方面的合作。如编者B在访谈中提到，为第二和第三板块设计语言练习时，一开始只关注词汇本身的难度或者其与全国大学英语四、六级考试的关系，后来发现还应注意词汇在国际传媒专业领域的重要性，因此会请编者A标出文本材料中的专业核心术语，作为设计语言练习的参考。

第四，两位编者都表现出比较强的知识维度意识和认知维度意识，在编写过程中关注教材的知识类型和认知类型。在知识维度上，两位编者没有参考布鲁姆教育目标分类中的四类知识区分不同板块的知识复杂程度，而是通过“场景/案例和理论”与“个人和国家”两个指标来区分和分配知识。编者A提到，前三个板块的第一小节都以跨文化场景或传媒案例开始，这是因为场景和案例包含的知识比较直观，而第二小节和第三小节以理论知识的讲解为主，更加抽象；因此，第一板块设计教学活动时跳过了最低阶的记忆类认知过程。编者B则指出，场景和案例之后相对高阶的问题并不要求学生特别准确或给出充分的回答，而是通过思考和尝试回答，理解场景和案例的基本内容，为后续理论知识的学习做准备。两位编者区分场景和案例中所含知识与理论知识的依据主要是“直观”和“抽象”，暗合了布鲁姆教育目标分类标准在知识维度上对事实性知识和概念性知识的区分，即“我们可以依据事实性知识非常具体这一特征将它与概念性知识分开”（Anderson *et al.* 2009：35）。

此外，编者A还使用“个人和国家”这一指标来区分第一板块的跨文化交际知识和第二、第三板块的国际传媒知识，体现了其对教材知识维度的关注。在解释教材单元前三大板块的顺序设计时，编者A提到第一板块跨文化交际呈现的场景和讲解的理论知识更偏向个人层面，而第二板块和第三板块关注国际传播领域，呈现的传媒案例和讲解的理论知识更偏向国家、民族、社会层面。个人层面的知识会让学生感觉更亲近，在学习这部分知识的基础上，再逐步走向国家层面的知识，给学生带来的挑战会更小。

在认知维度上，教材编写团队区分低阶思维活动和高阶思维活动时主要参考两项指标，一是布鲁姆教育目标分类的六类认知过程，二是任务题型。如前所述，编者B承担了大部分教学活动的设计。对于如何区分低阶思维活动和高阶思维活动，编者B表示对布鲁姆教育目标分类的六类认知过程较熟悉，撰写教案时会注意使用相关类别的动词来判断教学目标。同样，在设计该教材教学活动的过程中，六类认知过程的动词也是其判断教学活动认知层级的依据。同时，编者B也指出，有些动词在布鲁姆教育目标分类标准中的含义与日常教学中的含义并不相同，有些动词过于复杂，不适合直接用在指令中；因此判断教学活动认知层级的另一个常用依据是题型，比如选择题、判断正误题、填空题等一般具有比较确定的答案，且主要出自输入材料，因此认知层级较低；而一些开放讨论的问题，答案比较多样，且需要学生完成口头或书面的产出，一般属于层级较高的认知过程。

7. 结语

纸质教材和数字资源结合的新形态教材全面服务信息化教学，推动教学和学习方式的变革（李宝贵 2023），与线上线下融合式教学具有天然的联系。融合式教学注重整合线上和线下教学，增强两种学习情境之间的衔接，以发挥不同教学方式的最大效能，实现以知识应用和迁移为目标的深度学习。为助力融合式教学，大学英语新形态教材编写应关注教材在知识、认知、形态三个维度的衔接和互动。在知识维度上，教材编写应区分输入材料的知识类型，并在教材的不同板块合理分配事实性知识、概念性知识、程序性知识、元认知知识，实现从浅层知识向深层知识的过渡。在认知维度上，教材编写应区分练习或任务的认知层级，合理分配记忆、理解、应用、分析、评价、创造等不同层级的认知活动，实现从低阶思维向高阶思维的过渡。在形态维度上，教材编写应根据知识类型和认知层级设计教材内容在纸质手册和数字平台的呈现方式，充分发挥两种载体及其承载的线上学习和课堂面授的优势，增强浅层知识和深层知识之间以及低阶思维和高阶思维之间的衔接性。综合三个维度，融合式教学对新形态教材的一体化设计提出了更高的要求，需要更加全面地考虑教材内容与形态之间的匹配。

参考文献

Anderson, L. W. *et al*. 2009. *A Taxonomy for Learning, Teaching, and Assessing: A Revision of Bloom's Taxonomy of Educational Objectives* (布卢姆教育目标分类学：分类学视野下的学与教及其测评：完整版（修订本），蒋小平等译). Beijing: Foreign Language Teaching and Research Press.

Choi, J. & D. Nunan. 2022. Learner contributions to materials in language teaching. In J. Norton & H. Buchanan (eds.). *The Routledge Handbook of Materials Development for Language Teaching*. Abingdon: Routledge. 429-440.

Francis, E. M. 2016. *Now That's a Good Question!: How to Promote Cognitive Rigor Through Classroom Questioning*. Alexandria: ASCD.

Goktepe, F. T. 2015. An evaluation of two ESP coursebooks using revised Bloom Taxonomy. *The Online Journal of New Horizons in Education* 5:1-8.

Hartle, S. 2022. Developing blended learning materials. In J. Norton & H. Buchanan (eds.). *The Routledge Handbook of Materials Development for

Language Teaching. Abingdon: Routledge. 399-413.

Littlejohn, A. 2011. The analysis of language teaching materials: Inside the Trojan Horse. In B. Tomlinson (ed.). *Materials Development in Language Teaching* (2nd ed.). Cambridge: Cambridge University Press. 179-211.

Littlejohn, A. 2022. The analysis and evaluation of language teaching materials. In J. Norton & H. Buchanan (eds.). *The Routledge Handbook of Materials Development for Language Teaching*. Abingdon: Routledge. 263-276.

van den Besselaar, P. & G. Heimeriks. 2001. Disciplinary, multidisciplinary, interdisciplinary: Concepts and indicators. *8th International Conference on Scientometrics and Informetrics Proceedings – ISSI-2001* 2: 705-716.

常经营、兰伟彬，2008，布鲁姆教育目标分类的新发展，《南阳师范学院学报（社会科学版）》（5）：84–86。

邓世平、王雪梅，2021，构建高校外语教材开发新生态，http://shekebao.com.cn/detail/6/22207（2023年6月18日读取）。

高凌飚，2007，教材评价维度与标准，《教育发展研究》（12）：8–12。

黄志芳等，2019，面向深度学习的混合式学习模式设计及实证研究，《中国电化教育》（11）：120–128。

李宝贵，2023，国际中文教育新形态教材建设：内涵特征、现实挑战与推进路径，《语言教学与研究》（3）：15–25。

李晓鹏，2017，新形态教材出版的实践与思考，《现代出版》（5）：51–54。

李政，2020，职业教育新形态教材：内涵、特征与编写策略，《职教论坛》（4）：21–26。

刘世斌，2013，从布鲁姆教育目标分类学视角看有效教学的实施，《中小学教学研究》（5）：3–5。

彭飞霞、阳雯，2017，混合学习如何加深学习深度——兼及教育大数据如何支持学习分析，《现代远距离教育》（2）：31–39。

饶国慧，2020，基于混合式学习的教材出版融合创新之路——以上海外语教育出版社“新目标大学英语系列教材”为例，《出版广角》（5）：53–55。

沈霞娟、张宝辉、张浩，2022，深度混合学习设计模型的构建与实证研究，《现代教育技术》（8）：50–58。

沈欣忆、苑大勇、陈晖，2022，从“混合”走向“融合”：融合式教学的设计与实践，《现代教育技术》（4）：40–49。

王静雅、亓玉慧，2021，高职混合式教学：指向深度学习的路径探析，《中国职业技术教育》（23）：64–70。

王月芬，2021，线上线下融合教学：内涵、实施与建议，《教育发展研究》（6）：19–25。

韦怡彤、王继新、丁茹，2019，混合式学习环境下深度学习导向的协同知识建构模式研究——以《教育技术学导论》课程为例，《中国电化教育》（9）：128–134。

杨琳、吴鹏泽，2017，面向深度学习的电子教材设计与开发策略，《中国电化教育》（9）：78–84。

杨琰，2018，知识·能力·素质·素养：教育价值追求的不同阶段转向，《教育理论与实践》（28）：13–16。

曾九江、张明、李凌毅，2019，基于“职教20条”实施背景下线上线下混合式高职教材开发的思考，《江西广播电视大学学报》（3）：64–67。

张浩、吴秀娟、王静，2014，深度学习的目标与评价体系构建，《中国电化教育》（7）：51–55。

张敬源、王娜、曹红晖，2017，大学英语新形态一体化教材建设探索与实践——兼析《通用学术英语》的编写理念与特色，《中国外语》（2）：81–85。

张炜，2008，新形态课程与教材建设，《中国大学教学》（1）：85–86。

祝珣、马文静，2014，布鲁姆教育目标分类理论对大学英语阅读教学的启示，《中国大学教学》（9）：67–71。

4 新形态外语教材研究与跨文化思辨教学：现状与实例分析

王　强

扬州大学

提　要：新形态教材已成为教材研究的前沿议题，但新形态教材与育人目标相结合的研究刚刚起步，适用理论、研究方法和研究对象的选择仍处于探索阶段。为了评估新形态外语教材对落实跨文化能力和思辨能力两大育人目标的作用，本章以 Michael Byram 提出的跨文化能力和 Peter A. Facione 提出的思辨能力基本技能为理论框架，对一套高校国际传播新形态英语教材及其数字资源进行了内容分析。结果显示新形态英语教材融合跨文化和思辨能力的设计，既有助于扩展文化知识、培养发现和互动技能，又兼顾了评价、解读等认知类思辨能力的培养。

关键词：新形态教材；跨文化能力；思辨能力

1. 引言

教材的内容、设计、生产方式都在不断演化，但是教材依然是全世界范围内最重要的教育媒介，承载着传递给下一代的知识和技能（Fuchs & Bock 2018）。随着技术的进步，以多媒体、数字化、智能化为特征的新形态教材[1]受到了前所未有的重视。然而，我们不仅仅要看到新形态教材具有上述全新的外表，还要深挖它扎根的土壤，从教材的发展历史理解新形态教材出现的必然性，沿着教材研究的轨迹探索新形态教材研究的思路。

在外语教学领域，信息技术与教学活动关系密切，并对外语教材的内容和功能提出了新要求；外语教材大量运用多媒体、数字化手段；《外语电化教学》等专业核心期刊持续地就新形态外语教材开展相关讨论。新形态外语教材如何通过相应的设计来实现育人目标，值得深入研究。

本研究将探讨两个方面：1）通过综述新形态外语教材研究前沿，发掘新形态外语教材的背景和研究思路；2）聚焦一套新形态大学英语教材，探

1. 本章提到的“新形态教材”泛指所有基于多媒体、信息化技术，体现新的教学理念等要素的教育媒体，暂不作细分，包括但不限于数字教材、电子教材、多媒体教材、立体化教材、（线上线下）融合教材等。

讨新形态外语教材如何实现教育理念和育人目标。

2. 新形态教材研究前沿

21世纪以来，格奥尔格-埃克特国际教科书研究所（Georg Eckert Institute for International Textbook Research）已经在数字教材领域开展了广泛的研究，展望了数字化革命如何重新定义和改写学校教育的知识（Fuchs & Henne 2018），还设立了“媒体与转化部”，研究学校如何使用不同的教育媒体，批判地分析教育技术带来的种种结构性调整，以及数字技术如何被运用于历史、社会研究和其他相关学科的教学中。目前，该研究所将“教育媒体”列为新的研究方向，新形态教材相关的项目多达30项以上（截至2023年7月22日的数据）[2]。类似的趋势不仅体现在德国柏林的教育历史图书馆（Bibliothek für Bildungsgeschichtliche Forschung），也可以在日本、英国、法国、印度等国家的教材研究机构观察到。这表明新形态教材已成为教材出版的主流趋势，同时也是教育媒体研究的热点。我国教育界，尤其是基础教育领域，正在经历教育的数字化转型（王素、袁野 2022）。在我国上海市，教育主管部门在大量信息化建设和数字化建设的基础上开展教育数字化转型，已经从数据标准和数据规范入手开展学习资源的数据治理（李永智 2022）。

教材的制作主体不断地随着社会的发展而改变，经历了统一教材和非统一教材的变更与反复，定义着知识及其迁移的模式。从出版社或出版业的角度看，教材研究涵盖了教材生产、教育出版社、数字化新形态教材等内容，急需从当前对文献的描述过渡到理论化的阶段，需要涵盖教育媒体出版的理论（Bläsi 2018）。我们从教材质量标准与评估的角度可以看到教材的复杂性，并且发现无法用单一的标准探讨教材质量；互动式数字教材的评价研究不足（Fey & Matthes 2018）。

教材内容研究往往跟描述性研究画等号，这是因为描述性研究在我国由来已久，近年来发展势头更为迅猛，其中既包括对某一系列教材的纵向历史比较（王立非、任杰 2021），又包括对某一系列教材的横向的国际比较（史兴松、万文菁 2021）。教材内容研究不应仅仅满足于相关内容的数量统计（Fuchs & Henne 2018），还应该通过质性研究来思考这些研究对象的意义及其产生的影响，批判性地选择案例、样本和研究问题。例如对教材文化内容的审视不应只看教材中包括的内容，还应关注教材中缺失的内容。教材（尤

2. https://www.gei.de/en/research/projects（2023年7月22日读取）。

其是新形态教材）内容研究不应仅依赖文字内容，还应关注教材视觉内容的分析，尤其是多模态分析（Niehaus 2018），从而揭示教材的文字和视觉内容如何描述相关社会历史事件以及提供了怎样的教学任务（如 Ide 2018）。目前学者们很少研究教材如何构建地区特色、民族特色和国家特色以及如何培养学生对祖国的认同并且理解中华民族多元一体发展的历史必然性和现实性，但这些都是新形态教材研究的重要课题。

从教材的效果与效能看，现有研究从社会文化因素、社会经济因素、设计因素、认知、情感和行为以及数字教材等方面开展，分析了目前实验研究在受试群体代表性、实验条件与教学条件的差异、材料的代表性、受试特征、研究方法、学科交叉性等方面的局限和改进的空间，研究表明无论是教师还是学生，都不再将教材简单视为静止的内容，而是将其视为动态的文本（Kolbeck & Röhl 2018），这既是新形态教材的特征，也是新形态教材研究的重要内容。

教材涉及编写、出版、发行、评价和使用等环节，体现社会、政治、文化、教育等方面的诉求（Harwood 2010）。教材研究的话题纷繁芜杂，相关的理论多样，采用的研究思路也各不相同，所需的研究方法层出不穷（Pingel 2010：59）。不同学科或领域的学者会选用截然不同的角度开展教材研究，为不同的研究目的服务。关于如何开展新形态教材研究工作，可在以上综述中找到答案或启发。

第一，增强问题意识和理论自觉。通过挖掘教材研究的主题和源流，我们看到教材研究不是一个界限明确的研究领域，没有独有而且明确的理论，也没有专门用于教材研究的方法（Richards 2006）。因此，新形态教材的研究应该连接学术知识生产、教育政策与教学实践，加强研究问题、理论与方法之间的联系。

第二，熟悉研究范式转换。当前教材研究的重心正在从单纯关注教材内容转向研究教材的生产过程及课堂效果，与之相伴的是理论、思路和方法的变迁。同时，我们应突破现有研究单纯依赖数量统计的局面。这一点对国内教材研究，特别是外语教材研究，具有重要的启发意义，因为国内外语教材相关研究起步相对较晚，理论体系仍处于建设阶段，多数仍在依赖单纯的数量统计。核心期刊登载的英语教材研究成果大部分都是经验式的，缺乏系统归纳和总结（杨港、陈坚林 2013）；基于理论的教材分析主要集中在外语专业的硕士论文，而且理论的适切性和分析的深度还不够（王强 2019）。显然，现有的研究范式不足以开展充分的新形态教材研究。

第三，重视数字教育媒体的选题。从行业的角度看，我国出版类权威期刊《出版科学》的常设栏目“多媒体－数字出版”从设立以来一直重点关注期刊的各种数字出版形态，而且从2021年开始刊发有关数字教材、新形态教材的研究论文和综述论文。这个趋势还外溢到该期刊其他栏目。新形态数字教材在疫情全球大流行期间成为实现“停课不停学”的最佳教学选择，“彰显了数字教材在信息化社会中的重要教学价值与潜力”（王润 2021：115）。围绕教材图片的研究及其相关的方法仍然处于起始阶段，尤其是在数字媒体时代，需要连贯运用多模态理论和方法。对如何评价以数字技术为基础的新形态教材效果、如何协调新形态教材与纸质教材的配合等的讨论在我国教材研究文献中都比较少见。

3. 新形态外语教材研究综述

按照研究重点和主要研究对象，相关文献可分为两大类：一是对新形态教材之“新”所做的讨论，即新形态教材的各种特点、应该具备的属性、各方对此类教材的期待等；二是对新形态教材之“教”所做的分析，即分析教材在实现某个育人目标方面具有哪些潜力。本小节将按照这两大类进行简要评述。

3.1 新形态外语教材的研究

新形态外语教材的发展归因于教学模式正在发生的深刻变化，例如虚拟与现实的融合，智能的辅助工具，丰富、开放的资源供给以及灵活多样的教学模式（杨宗凯等 2022）。信息技术的发展促使外语教学科研人员开展基于新教学模式、理念或者平台的混合式教学。基于项目驱动的学术英语混合教学模式结合了项目教学法和基于文本分析法的混合教学模式，以及小组活动、微视频学习和大班授课，取得了较好的教学效果（蔡基刚 2019）。基于Blackboard网络教学平台的大学英语混合式教学模式采用多渠道的信息输入和输出模式，调动了学生学习的主动性，培养了学生的自主创新能力和团队合作能力（黄天娥、李兰皋 2014）。基于慕课（MOOC）的混合式教学模式研究展示了如何有机地结合线上学习与线下教学环节，实现互动交流的多样化（张欢瑞等 2018）。“慕课+新形态教材”的立体化教学模式得到了实证数据的支持，实现了教学质量和学习效率的提升（俞丽艳、许齐良 2022）。基于SPOC的混合式教学在学术英语写作的课程中表现出了明显的促进作用，学生树立了全新的知识观、学习观以及体裁意识（郑咏滟 2019）。这些基于新理念的研究共同揭示了当前外语教学模式的深刻变革和课程改革的新趋势。面向这些外语类课程教学的趋势，新形态教材的编写者和研究者纷纷作出了响应。

在立体化教材与互联网资源结合的背景下，学者们主张"以学习者为中心，以促进有意义学习为最终目的，有机融合了内容、活动、工具以及人际智慧在内的资源体"（杨现民、赵鑫硕 2016：89），与联合国教科文组织的倡导吻合。后者认为，电子教育媒体或基于网络的教材有助于建立以学习者为中心的话语，突出冲突议题，因为它们不再仅仅是"阅读有关某事的概念"（read about the concepts of），而是让学习者真实参与到相应的活动中（Pingel 2010：52）。

立体化教材被赋予了促进学生建构知识、促进个性化发展的任务。例如在教学过程中以教师－学生、学生－学生、学生－文本的多边对话来实现线上与线下资源的动态生成；教学材料承载了教学内容，但它不单纯是教学内容，而是便于师生结合教学实际进行综合加工的材料（杨港 2019）。此类教材的运用会产生大量生成性资源，这些资源与教材中的特定知识内容密切联系，允许学生对此类生成性资源进行访问、修改和更新，从而围绕特定知识内容、问题或项目开展协作学习、促进知识的分享与创造（胡畔、柳泉波 2018）。

数字教科书也被赋予了多重任务，例如"拓宽优质教育资源的覆盖面，实现真正的全时空教育……提供核心的、基础性的资源"，以及"满足人的个性化需求……促进资源意义上的教育公平"等；通过互动性的内容为学生提供体验性的支持，以及实现学科内部和跨学科的整合等（石鸥等 2020：6）。

3.2 新形态外语教材与新时代育人目标

无论新形态外语教材被贴上多少种标签，赋予多少种期待，它始终是教材，必须遵循课程标准，有内容和目标的规定性，承载培养目标，坚持正确的政治方向和价值导向，为学生的个性化学习和发展提供最重要的课程支持（石鸥等 2020）。新形态外语教材必然要回应新时代的教育使命。新形态教材被寄予很大的希望，但是"仅仅靠技术研制不出高质量的数字教科书，充其量是炫人眼目的电子产品"（石鸥等 2020：8）。换言之，新形态教材必须经得起教育科学的检验，必须在实现育人目标方面具有潜在价值。

新时代以来，高校外语学科的教育使命更加凸显。其中，跨文化能力和思辨能力作为重要的育人目标被纳入《普通高等学校本科专业类教学质量国家标准（外国语言文学类）》（以下简称《国标》）和《普通高等学校本科外国语言文学类专业教学指南（英语类专业）》（以下简称《指南》），而且这些文件对育人目标给出了明确定义。例如《国标》要求外语类专业学生“具备外语运用能力、文学赏析能力、跨文化能力、思辨能力，以及一定的研究能力、创新能力、信息技术应用能力、自主学习能力和实践能力”（教育部高等学校教学指导委员会 2018：92）；《指南》也提出英语类专业学生应具有良好的英语语言运用能力、英语文学赏析能力、英汉口笔译能力和跨文化能力；具有良好的思辨能力。然而，对照外语学科的育人目标，我们会发现目前关于新形态教材的研究存在较大的空缺。

首先，专门讨论教材育人目标的论文偏少，讨论新形态教材育人目标的研究更加稀少。常见的论文是介绍某一套外语教材的编排和内容有何种特色，怎样融合了多媒体技术（饶国慧 2020）、数字技术（李荫华、张传根 2018）、互联网技术（张传根 2021），怎样基于VR/AR开展高校英语教材的数字化建设（谭祎哲 2021），却很少有论文直接提到教材与育人目标的关系。

其次，教材育人目标没有被放在课程的大背景下进行讨论，缺乏清晰的概念层次，所提高的若干能力彼此之间没有关联，因此仅是泛泛而谈。例如有研究表示，“有的教材……呈现中华文化的情景设计也比较自然”（张虹、于睿 2020：46），但是类似的评价缺乏理论依据，不足以启发后续的讨论，也缺乏操作性，我们仍然不知应该如何评价某个教材是否自然。

综上所述，新形态外语教材的研究应当关注育人目标，考察教材要实现哪些育人目标以及新形态教材在实现这些育人目标方面的潜力如何等。下文将通过分析新形态教材实例的跨文化能力和思辨能力的培养方式，探索新形态外语教材的评估方法，以求抛砖引玉。

4. 新形态教材实例分析

虽然学术界对新形态教材的定义尚未达成共识，但是学者们描述了各自认为的新形态教材特征，例如新形态教材应该具备信息更新的及时性、知识的丰富性以及学习过程的交互性（谭祎哲 2021；杨港 2019）。前两点已经被广泛论证，学习过程的交互性、师生互动和生生互动、互动的同步性和异步性等话题等正在被不断地深入探讨（胡畔、柳泉波 2018）。

跨文化思辨教学不是某个方法流派，而是应当前社会教育需求和教育政策而生的教学思路。换言之，我们的外语教育，尤其是高等教育阶段的外语教育应有跨文化和思辨色彩（孙有中 2019）。关于跨文化能力，《国标》提出的目标是“尊重世界文化多样性，具有跨文化同理心和批判性文化意识；掌握基本的跨文化研究理论知识和分析方法，理解中外文化的基本特点和异同；能对不同文化现象、文本和制品进行阐释与评价；能有效和恰当地进行跨文化沟通；能帮助不同文化背景的人士进行有效的跨文化沟通”（教育部高等学校教学指导委员会 2018：95）。关于思辨能力，《国标》提出的目标是“勤学好问，相信理性，尊重事实，谨慎判断，公正评价，敏于探究，持之以恒地追求真理；能对证据、概念、方法、标准、背景等要素进行阐述、分析、评价、推理与解释；能自觉反思和调节自己的思维过程”（教育部高等学校教学指导委员会 2018：95），分别从思维品质和思维技能两个方面进行了界定。

培养学生思辨能力和跨文化能力是外语学习的核心目标，那么，怎样编写新形态教材才能实现这两个核心目标，就成了值得探究的重要问题。尤其是怎样发挥新形态教材的特色，成了值得外语教学领域教研人员探究的话题。下文通过分析一套新形态教材，试图回答三个研究问题：1）新形态教材设置了哪些面向跨文化教学的任务？ 2）新形态教材设置了哪些培养思辨能力的任务？ 3）新形态教材为跨文化思辨教学提供了哪些独特的帮助？

4.1 研究设计

4.1.1 理论框架

判断某个任务是否具有跨文化教学的潜力以及在哪个方面具有跨文化教学的价值，主要参考Byram（1997）的跨文化能力框架，即文化知识、跨文化态度、解读与联系的技能、发现与互动的技能、批判性文化意识。文化知识维度体现在教学任务鼓励学生掌握各个层面的文化知识，既包括特定群体的文化知识，也包括一般意义上的文化知识。跨文化态度维度是指教学任务培养学生的好奇心和开放心态，愿意与其他文化背景的人进行平等的接触和对话。解读与联系的技能维度是指教学任务帮助学习者辨识种族中心主义等问题。发现与互动的技能维度是指教学任务鼓励学生运用所学知识开展互动。批判性文化意识维度是指教学任务鼓励学生按照某种明确的标准评价文本、进行跨文化互动和斡旋。

思辨能力包括两大部分，即思辨的品质或倾向和认知技能。思辨的品质或倾向对认知技能的学习和运用很重要，如果没有主观努力，认知技能也掌握不好；如果没有主观上的意愿，即使学生掌握了认知技能，也不一定在现实中使用（Facione 2000；Facione *et al*. 1995：10）。同样，《国标》对思辨能力的界定也包括这两个宏观角度。然而，本研究主要讨论教材在思辨技能方面的教学潜力，关注文本的分析，无法测量学习者的主观因素，因此聚焦认知技能。

判断某个任务是否具有思辨培养的潜力以及在哪个方面具有思辨教学的价值，主要参考Facione（1990：13-19）所罗列的基本技能列表作为分析的理论框架，如表1所示。下文的分析围绕表1对各项技能的具体描述和参考范例展开。

表1　批判性思维的认知技能清单（Facione 1990）

认知技能	描述
解读	分类、解读意义、澄清意义
分析	审视理念、比较或对比
评价	评价断言、评价论点
推断	拷问证据、思考替代方案、得出结论
解释	陈述结果、解释流程、呈现论据
自我调节	自我审视、自我纠正

4.1.2 研究数据

本研究的研究对象是《跨文化国际传播英语教程》，该教程是《高等学校课程思政建设指导纲要》提出之后，为了满足“将课程思政融入课堂教学建设全过程”（刘洙潇、饶巧颖 2022：I）而编写的大学英语教材，由课堂手册和U校园数字课程构成。全书共六个单元，覆盖中国传统文化、扶贫、北京冬季奥运会、抗击疫情、应对气候变化、人类命运共同体等话题。每个单元内部设置四个学习模块，跨文化视野（A cross-cultural view）、西方媒体视角（Western media perspectives）、真实中国（Real China）和讲述中国故事（Tell your China stories），各模块的结构如图1所示。

每个模块内部的各部分既与下一部分密切衔接，又自成一体，具备目标、输入、活动、教师角色、学生角色和情境等信息（Nunan 2004），可视为独立的任务，因此每个单元可纳入分析的任务包括跨文化视野模块的Scenario、Understanding、Online tutorial和Critical thinking；西方媒体视角模块的Case study、Understanding、Language in use、Online tutorial和Critical thinking；真实中国模块的Chinese media insights栏目下的Discussion，Real China stories栏目下的Understanding、Language in use和Online tutorial，Critical thinking以及讲述中国故事模块。每个单元被纳入分析的任务共15个。

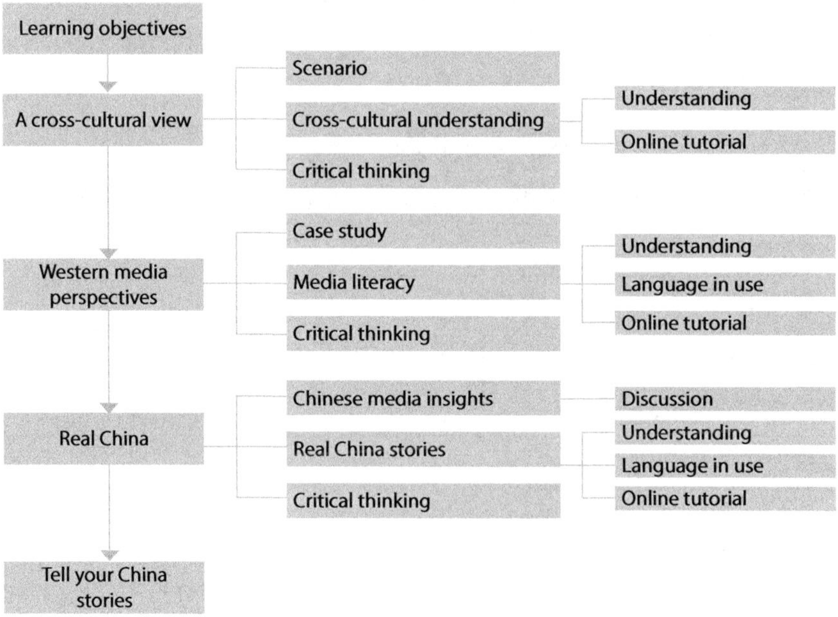

图1 教材组织结构

4.1.3 研究方法

在分析过程中，如果某个任务在跨文化教学方面兼具两个维度，那么就选取特征最鲜明的维度作为它的属性，换言之，一个任务最多只被认定具备一个跨文化教学属性。同理，在分析过程中，如果某个任务在思辨能力的认知技能方面兼具两个维度，那么就选取特征最鲜明的维度作为它的属性。换言之，一个任务最多只被认定为具备一个思辨教学属性。

数据分析分两步进行，第一步是初步识别任务类型；第二步是探讨各任务如何实现跨文化和思辨教学以及其中新形态教材的设计怎样发挥作用。鉴于整册书的体例高度一致，在完成整册书的任务类型识别之后，以其中的第四单元为例展开详细分析。

4.2 研究发现

前两个研究问题将通过教学任务的分布数据来回答。第三个研究问题将基于对第四单元的实例分析来回答。

4.2.1 教学任务分布

如表2所示，在整册教材中，体现跨文化教学的任务共有56项，其中培养文化知识的任务占最高的比例，其次是培养发现与互动技能的任务，占比最低的是培养批判性文化意识的任务。

表2　跨文化教学任务分布

体现跨文化教学的任务类型	涉及的任务数量	所占比例
文化知识	18	32.1%
跨文化态度	8	14.3%
解读与联系的技能	7	12.5%
发现与互动的技能	17	30.4%
批判性文化意识	6	10.7%

如表3所示，在整册教材中，体现思辨教学的任务共有73项，其中培养评价技能的任务占比最高，其次是培养解读技能的任务。分析和自我调节技能的培养明显被忽视，任务占比非常低；解释技能相关任务占比最低，这说明教材较少要求学生描述研究结果、解释为何选用特定的证据或论证方法等（Facione 1990：18）。

表3　思辨教学任务分布

体现思辨教学的任务类型	涉及的任务数量	所占比例
解读	19	26.0%
分析	5	6.8%

（待续）

（续表）

体现思辨教学的任务类型	涉及的任务数量	所占比例
评价	28	38.4%
推断	11	15.1%
解释	4	5.5%
自我调节	6	8.2%

然而，综合表2和表3，我们会发现所得的任务数量之和（129）远远大于任务总量（90=15*6）。细看之下，我们会发现同一个任务可能兼具有两个属性：它既具有跨文化教学的价值，又具有培养思辨能力的潜力；且此类任务在《跨文化国际传播英语教程》中占比较高。

4.2.2 教材实例分析

本小节聚焦教材的第四单元“Fighting against the pandemic”，对其中的教学任务按照原文中出现的顺序逐一进行分析。

任务1：在“跨文化视野”模块的第一部分，一组对话创设了中外文化价值观的冲突情境。面对疫情，中国学生Li Qiang选择了戴口罩保护自己和周围的人，而外国学生Jack不认同并且认为戴口罩是个人的事，别人无可置喙。Li Qiang则尽量劝说Jack。对话后的讨论问题是“What are the two people talking about? Why do they disagree with each other?”（刘沫潇、饶巧颖 2022：64）。这一问题可以让学生意识到自身文化群体的人倾向于认同集体价值，更愿意为了集体利益而让渡或牺牲部分的个人利益，而其他文化背景的人未必如此。这促进了特定文化知识的学习，有助于培养跨文化能力。与此同时，该任务还引导学生对Li Qiang和Jack语言表述所传达的信念进行分类和描述，构成训练解读技能的思辨教学任务。

任务2：在“跨文化视野”模块的Understanding部分，学生阅读有关文化意识的讲解段落，然后独立完成在一系列行为和对话中找出体现个人主义价值观和集体主义价值观项目的任务。该任务让学生学习个人主义和集体主义的知识，即一般文化知识，属于培养跨文化能力的任务。与此同时，学生进一步对体现上述价值观的言行进行归类，构成训练解读技能的思辨教学任务。

任务3：在“跨文化视野”模块的Online tutorial部分，学生完成在线学习内容之后，在课堂上分别列举其他奉行集体主义价值观的国家以及自己生活中体现集体主义价值观的例子。该任务鼓励学生运用所学知识，是培养发现与互动技能的跨文化教学任务。

任务4：在“跨文化视野”模块的Critical thinking部分，学生成对讨论“Suppose one of your college roommates is from the US. What cultural conflict might happen between you and him/her? How would you deal with it?”（刘沫潇、饶巧颖 2022：67）。学生们运用所学的文化知识，设想跨文化互动过程中的冲突并且设想可能的解决方案，构成训练发现与互动技能的跨文化教学任务。与此同时，学生们基于已有的数据、原理等信息，对未知情况进行推测，以及思考解决问题的若干途径，构成了推断技能的训练。

任务5：在“西方媒体视角”模块的Case study部分，学生独立阅读教材提供的西方媒体涉华报道，然后辨析报道存在的问题以及问题形成的原因。在该单元，西方媒体将中国的抗疫斗争描述得非常糟糕，片面强调个人和社会所付出的代价，但是在讲述意大利罗马的类似疫情管控措施时，却将其称为“the most sweeping effort outside China to stop the spread of the coronavirus, and is tantamount to sacrificing the Italian economy in the short term to save it from the ravages of the virus in the long term”（刘沫潇、饶巧颖 2022：69），带有高度认同甚至赞同的意味。面对相同的公共卫生危机，两个国家的相关部门采取了相同的政策，却被同一西方媒体以完全不同的态度进行报道。学生要评价该西方媒体涉华报道的可信度，这构成了评价类思辨教学任务。

任务6：在“西方媒体视角”模块的Understanding部分，学生先阅读关于双重标准的讲解，在线完成理解任务，认识一些西方媒体在报道中国和西方国家抗疫政策时如何选用双重标准，进而抹黑中国。该教学任务要求学生思考如何识别此类双重标准以及西方媒体为何使用这类手段。这个任务要求学生有意识地研究自己的认知过程，反思自己的思考过程，属于自我调节的认知技能。与此同时，当学生认识到跨文化表征会受到意识形态的影响时，会进一步认识到必须与之进行斗争才能让自身文化群体得到公正的呈现，如此，他们的批判性文化意识得到了提高，跨文化能力得到了培养。

任务7：在“西方媒体视角”模块的Language in use部分，学生识别西方媒体在报道中国抗疫情况时所用的偏见词汇。相关西方媒体既有《纽约时报》和英国广播公司新闻网页，也包括《科学》期刊。在日常生活中，学生们可能对散布于西方媒体报道的偏见语言习焉不察，但是集中呈现可给学生带来认知和情感方面的冲击，有可能使学生不再将跨文化交际视为价值中立的活动。这个任务从跨文化态度方面培养学生的跨文化能力。

任务8：在“西方媒体视角”模块的Online tutorial部分，学生先通过在线讲座学习媒体报道中的双重标准知识，然后在课堂活动中讨论西方媒体使用双重标准的后果。他们要根据已有的数据、原理、证据等信息，推测可能发生的后果。这构成了推断认知技能的思辨教学任务。

任务9：在“西方媒体视角”模块的Critical thinking部分，学生根据在线讲座所学习的内容以及所给的情景，发挥想象，构思自己作为中国外交官如何反击西方指责中国进行所谓的“口罩外交”（mask diplomacy）。这个任务具有跨文化教学的色彩，但是很难将其归入现有的类别，因此这一任务将在讨论部分予以处理。

任务10：在“真实中国”模块中Chinese media insights栏目下的Discussion部分，学生先观看友华外籍人士制作的视频节目，然后分组讨论视频中提到的the whole nation fights as one（刘沫潇、饶巧颖 2022：76）的意思，并讨论该视频在何种程度上有助于在国际上讲述中国故事。学生需要讨论相关例子、证据的证明力。这构成了训练评价能力的思辨教学任务。与此同时，学生也在学习怎样有效运用所学知识与其他文化群体的人进行互动，这构成了培养发现与互动技能的跨文化教学任务。

任务11：在“真实中国”模块的Understanding部分，学生先阅读中国政府抗疫经验与成就的相关报道，完成相应的理解任务，然后概括新闻报道，说明为何中国是疫情大流行期间世界上最安全的国家以及中国人民为何可以做到万众一心。学生需要概括、转换表述等，将隐藏在长篇报道里的核心内容抽取出来，这构成了批判性思维的解读技能训练。

任务12：在“真实中国”模块的Language in use部分，学生在线学习相关词汇，开展翻译训练，并从UNIPUS平台得到即时的反馈。

任务13：在“真实中国”模块的Online tutorial部分，学生先观看一段从跨文化交际角度分析中国抗疫成就的相关讲座视频，然后回答“中国政府如何将人民群众生命健康放在首位”的问题。表面上看，学生只是对视频内容进行概括，是批判性思维的“解读”技能训练，但是仔细分析会发现这道题目的英文表述“What did the Chinese government do to ensure that people's lives and health are made the first priority?”（刘沫潇、饶巧颖 2022：79）是要求学生提供有效的证据来支持其核心论点“中国政府将人民群众的生命健康放在首位”。学生必须反复比较自己所知的证据，从中选择最有力的证据，这个任务更加凸显了训练评价技能的色彩。

任务14：在“真实中国”模块的Critical thinking部分，学生组对进行活动，讨论中国人民万众一心抗疫的例子，并且讨论该例子如何体现中国的集体主义文化价值观。这个任务进一步强化学生对“集体主义”的认知，属于培养文化知识的跨文化教学任务。与此同时，它和任务13一样，要求学生评价自己的证据的证明力，评价它与论点的相关度，这属于培养评价技能的思辨教学活动。

任务15：在“讲述中国故事”模块，学生基于三个模块的知识积累，草拟反驳“疫苗外交”（vaccine diplomacy）指控的讲稿，学生需要找到该指控形成的内在原因并依据找到的事实证据逐条反驳，完成讲稿，向班级做演讲，并且运用UNIPUS提供的语音转写功能进行实时分享。该任务要求学生不仅要评价对方的证据，而且要评价己方的论据，属于培养评价技能的思辨教学活动。与此同时，该任务也具有明显的跨文化色彩，但是难以归入现有的类别，这一问题将在讨论部分处理。

4.3 讨论与启示

4.3.1 任务的多重目标属性

如4.2小节所述，教材的教学任务多数带有多重目标或者具有多重教育价值和潜力。例如第四单元的任务1和任务2鼓励学生在对比中学习文化知识，体现了思辨性，实现了跨文化和思辨的结合。

这种结合有三重意义。第一，从文化知识教学的角度看，如果没有相应的训练，即使拥有国外居住经历，学生也并不能自动学会跨文化教育中的比较和对比等技能。例如Schweisfurth（2012）发现，人们通常认为如果学生有除自己国家的教育体系之外的学习经历，在比较视角方面可能有很多优势，但是实证研究表明，这些学生在讨论他们的经历时虽然明显采用了比较性的话语，但这些比较往往缺乏有效性和深度。可见，文化知识的学习需要系统的学习方法。思辨技能的训练会加深对比的深度，提高文化知识学习的针对性和系统性。

第二，若干年前已有学者呼吁，外语教育应当将跨文化和思辨结合，因为思辨能力可以通过跨文化问题的探究得到有效提升，两者相互促进，相得益彰（孙有中 2015）。沈鞠明、高永晨（2015）将二者的关系描述为思与行的互动，认为思辨能力是跨文化交际能力不可或缺的核心因素之一。然而，关于如何在外语教学活动中结合二者的后续讨论并不多，而且讨论往往过于抽象，缺乏操作性。本教材在设置跨文化任务时，体现了较高层次的思辨学习；在设置思辨训练时，选用了跨文化素材，并通过在线平台呈现。

第三，在跨文化交际过程中，人们往往不加审视地谈论文化，将其视为固定的知识模块，可以不假思索地运用（Halualani 2011）。这种文化观未能将文化视为意义博弈的场域，导致了错误的跨文化交际观，以为跨文化交际是价值中立的，看不到其中存在的冲突的价值观、不公正现象、冲突的利益和竞争性关系。现实中，跨文化交际体现利益的冲突，是说服与反驳，是立场的陈述，是如何赢得受众。面对竞争性的跨文化交际对谈者/对象，我们不仅要勇于竞争，善于斗争，还要取得优势。这不仅关系到直接参与跨文化交际的各方，还关系到旁观者。例如西方媒体抹黑中国伟大抗疫斗争，如果我们不及时、有理有利有节地予以回应，这些偏见和误解将不仅在西方各国内部流传，而且会随着西方媒体的技术优势和英语的强势地位向更大范围溢出，造成更恶劣的影响，损害中国的国际声誉。第四单元的任务 9 和任务 15 分别要求学生对西方媒体所说的“口罩外交”和“疫苗外交”进行反驳。这里与思辨技能训练相结合的是一种政治性、博弈性的能力（文秋芳 2022），在跨文化能力框架中没有与之直接对应的子技能。为了培养这种技能，在设计思辨训练和跨文化教学结合的任务时，我们还应该培养：1）质疑的态度，即质疑那些被人们熟视无睹的不公正；2）探究的精神，即将眼前所见和现实联系起来，认识到种种不公背后的原因；3）理解能力，即认识到目前的不公正状态未必不可改变；4）决心和领导力，即改变现状的决心和领导力（Halualani 2011）。

4.3.2 在线数字平台的作用

纵观全书，在每个单元，除了扮演纸质教材的数字孪生（李永智 2022），在线数字平台还发挥着三个独特的作用，之所以称“独特”，是因为这三个作用是新形态教材的在线数字平台有别于以往信息化、多媒体教材之处。

第一，以小型讲座形式为主的语言和知识输入及相关的考查理解的问题提供了师生互动的机会，例如任务 3、任务 6、任务 7、任务 8、任务 11、任务 12 和任务 13。在线数字平台模糊了传统的“线上”和“课堂”的边界，它可以被用在课堂上，教师可以根据学生在数字平台的实时答题表现做出反馈，进行进一步的个性化指导，实现因材施教（李永智 2022）。

第二，提供多人在线同伴互动的机会。任务15构成了典型的多人在线同伴互动。实证数据显示，此类互动总体上可产生较高的满意度、积极的态度和良好的学习体验（曾罡、高洋 2022），表明新形态教材可促成跨文化思辨活动。在类似任务15的教学活动中，数字平台会产生大量的用户生成数据（User-Generated Data，简称UGD），其概念的外延远远超过传统上说的用户生成内容（User-Generated Content，简称UGC），因为同样的内容产出可能有不同的产出情境，也可能基于不同的刺激材料或者不同的互动模式。这些数据都是数字化时代教育者和教材开发者需要掌握的宝贵资源（李永智 2022）。

第三，服务知识的构建。在任务9和任务15中，学生都要从现有的信息、原理出发，组织相应的素材，运用思辨技能反驳指控，从而完成讲述中国故事的任务。何为中国故事，相应的中国故事包含哪些内容，中国故事体现了哪些中华传统美德或价值观，这些都需要学生积极地在对话和协商中构建。虽然教育过程包含自发性的元素，但是教学活动必须有规划、有控制。只有当学生开始构建知识结构，将所学的材料连接起来，他们才开始真正的学习过程（Pingel 2010：52），而在线数字平台正好发挥连接和整合的作用，这就要求新形态教材的编写者加强顶层设计，统筹各类学习资源，充分利用教育数据，优化知识图谱和知识呈现方式等（李永智 2022）。

5. 总结

新形态教材将传统纸质教材与数字技术或在线数字平台结合，是未来的发展趋势，是教学模式发展的必然结果。新形态教材的研究也应该更新思路，体现数字时代的特点。

新形态教材的研究在外语教学领域具有独特的意义。一方面，新形态教材是应新形态的教学要求而生。另一方面，新形态教材怎样实现新时代的育人目标以及如何发掘新形态教材的教学潜力是外语教材开发者和使用者关注的问题。本研究的研究结果表明，新形态外语教材可促成多个教学目标在同一个教学任务中融合，扩增了教学任务的教学潜力，增进了教材使用者对跨文化博弈的认识，丰富了跨文化能力概念的外延。

参考文献

Bläsi, C. 2018. Educational publishers and educational publishing. In E. Fuchs & A. Bock (eds.). *The Palgrave Handbook of Textbook Studies*. New York: Palgrave Macmillan. 73-93.

Byram, M. 1997. *Teaching and Assessing Intercultural Communicative Competence*. Clevedon: Multilingual Matters.

Facione, P. A. 1990. *Critical Thinking: A Statement of Expert Consensus for Purposes of Educational Assessment and Instruction*. Millbrae: The California Academic Press.

Facione, P. A. 2000. The disposition toward critical thinking: Its character, measurement, and relationship to critical thinking skill. *Informal Logic 20*: 61-84.

Facione, P. A., C. A. Sánchez, N. C. Facione & J. Gainen. 1995. The disposition toward critical thinking. *The Journal of General Education 44*: 1-25.

Fey, C.-C. & E. Matthes. 2018. Textbook quality criteria and evaluation. In E. Fuchs & A. Bock (eds.). *The Palgrave Handbook of Textbook Studies*. New York: Palgrave Macmillan. 157-167.

Fuchs, E. & A. Bock. 2018. Introduction. In E. Fuchs & A. Bock (eds.). *The Palgrave Handbook of Textbook Studies*. New York: Palgrave Macmillan. 1-9.

Fuchs, E. & K. Henne. 2018. History of textbook research. In E. Fuchs & A. Bock (eds.). *The Palgrave Handbook of Textbook Studies*. New York: Palgrave Macmillan. 25-56.

Halualani, R. T. 2011. In/visible dimensions: Framing the intercultural communication course through a critical intercultural communication framework. *Intercultural Education 22*: 43-54.

Harwood, N. 2010. Issues in materials development and design. In N. Harwood (ed.). *English Language Teaching Materials: Theory and Practice*. Cambridge: Cambridge University Press. 3-30.

Ide, T. 2018. The environment. In E. Fuchs & A. Bock (eds.). *The Palgrave Handbook of Textbook Studies*. New York: Palgrave Macmillan. 357-366.

Kolbeck, G. & T. Röhl. 2018. Textbook practices: Reading texts, touching books. In E. Fuchs & A. Bock (eds.). *The Palgrave Handbook of Textbook Studies*. New York: Palgrave Macmillan. 399-410.

Niehaus, I. 2018. How diverse are our textbooks? Research findings in international perspective. In E. Fuchs & A. Bock (eds.). *The Palgrave Handbook of Textbook Studies*. New York: Palgrave Macmillan. 329-343.

Nunan, D. 2004. *Task-Based Language Teaching: A Comprehensively Revised Edition of Designing Tasks for the Communicative Classroom*. Cambridge: Cambridge University Press.

Pingel, F. 2010. *UNESCO Guidebook on Textbook Research and Textbook Revision* (2nd revised and updated ed.). Braunschweig: Georg Eckert Institute for International Textbook Research.

Richards, J. C. 2006. Materials development and research — Making the connection. *RELC Journal 37*: 5-26.

Schweisfurth, M. 2012. Are sojourners natural comparativists? Critical perspectives on the learning experiences of international students. *Research in Comparative and International Education 7*: 81-89.

蔡基刚，2019，以项目驱动的学术英语混合式教学模式建构，《解放军外国语学院学报》（3）：39–47。

胡畔、柳泉波，2018，“教育云服务+云终端”模式下的数字教材研究，《现代教育技术》（3）：85–91。

黄天娥、李兰皋，2014，基于Blackboard网络教学平台的大学英语混合式教学模式探究，《教育理论与实践》（6）：55–57。

教育部高等学校教学指导委员会，2018，《普通高等学校本科专业类教学质量国家标准》。北京：高等教育出版社。

教育部高等学校外国语言文学专业教学指导委员会，2020，《普通高等学校本科外国语言文学类专业教学指南》。上海：上海外语教育出版社。

李荫华、张传根，2018，“全新版大学进阶英语”的编写理念与特色，《外语界》（2）：87–92。

李永智，2022，教育数字化转型的构想与实践探索，《人民教育》（7）：13–21。

刘沫潇、饶巧颖（主编），2022，《跨文化国际传播英语教程》。北京：外语教学与研究出版社。

饶国慧，2020，基于混合式学习的教材出版融合创新之路——以上海外语教育出版社“新目标大学英语系列教材”为例，《出版广角》（5）：53–55。

沈鞠明、高永晨，2015，思与行的互动：思辨能力与跨文化交际能力，《苏州大学学报（哲学社会科学版）》（3）：149–154。

石鸥、牟艳娜、孙建辉，2020，重新认识数字教科书的本质、价值与关键特征，《中小学数字化教学》（7）：5–8。

史兴松、万文菁，2021，中外商务英语教材跨文化元素对比分析，《外语教育研究前沿》（2）：50–56。

孙有中，2015，外语教育与思辨能力培养，《中国外语》（2）：1+23。

孙有中，2019，思辨英语教学原则，《外语教学与研究》（6）：825–837。

谭祎哲，2021，基于VR/AR的高校英语教材数字化建设探索，《出版广角》（16）：83–85。

王立非、任杰，2021，新中国70年商务英语教材发展和研究现状分析（1949—2019），《外语教育研究前沿》（2）：43–49。

王强，2019，跨文化视角下英语教材评价研究综述，《跨文化研究论丛》（1）：71–79。

王润，2021，数字教材与纸质教材关系演进：历程、逻辑与展望，《教育学报》（5）：111–122。

王素、袁野，2022，国际教育数字化转型经验与策略分析，《人民教育》（Z3）：50–53。

文秋芳，2022，国际传播能力、国家话语能力和国家语言能力——兼述国际传播人才培养“双轮驱动”策略，《河北大学学报（哲学社会科学版）》（3）：17–23。

杨港，2019，“立体化教材+互联网资源”驱动的大学英语教学设计研究，《外语电化教学》（1）：23–29。

杨港、陈坚林，2013，2000年以来高校英语教材研究的现状与思考，《外语与外语教学》（2）：16–19。

杨现民、赵鑫硕，2016，“互联网+”时代学习资源再认识及其发展趋势，《电化教育研究》（10）：88–96。

杨宗凯、王俊、王美倩，2022，数字化转型推动外语教学创新发展，《外语电化教学》（5）：3–5。

俞丽艳、许齐良，2022，基于“慕课+新形态教材”的德语立体化教学模式的设计和应用，《宁波工程学院学报》(1)：120–126。
曾罡、高洋，2022，在线多元互动环境下不同水平三人组互动投入研究——以一项协作写作任务为例，《外语与外语教学》(5)：53–65。
张传根，2021，混合式外语教材出版路径研究，《编辑学刊》(5)：87–92。
张虹、于睿，2020，大学英语教材中华文化呈现研究，《外语教育研究前沿》(3)：42–48。
张欢瑞、杨芳、张文霞，2018，基于MOOC的混合式教学设计与实践——以"基础英语听说"课程为例，《现代教育技术》(12)：62–67。
郑咏滟，2019，SPOC混合式教学在英语学术写作课堂中的促学效果研究，《外语电化教学》(5)：50–55。

第三部分　教材使用研究

5 语言社会化视角下新形态外语教材使用个案研究

苏 芳

西安外国语大学

提 要：本章以语言社会化理论为指导，对一名新形态外语教材使用者在大一学年的教材使用体验进行了跟踪研究。通过对访谈、课堂观察及实物资料等多种来源数据的分析，本研究发现该个案学习者在使用新形态外语教材时经历了不适应、按部就班使用，复杂纠结的情绪体验后，最终又重新回归到以纸版教材为主的使用惯习。学习者新形态外语教材的使用体验受多种因素的共同影响，本研究主要体现在情境因素（如疫情环境、课堂环境），教材特点（如纸版教材与数字教材的结合）以及学习者能动性三个方面。

关键词：语言社会化；新形态教材使用；个案研究

1. 引言

2018年教育部发布了《教育课程教材改革与质量标准工作专项资金管理办法》，提出开展数字教材等新形态教材的研发、试点和推广。近年来，新形态教材的开发、编写得到了一定的发展，但其使用过程、使用效果仍需更多关注。教材是国家意志的文本表达，其作用不言而喻。教材不仅是“实现培养目标的基本手段，是教学、考试的重要依据”（石鸥、张文 2018：18），也是新思想、新观念的重要载体（《大学英语教学指南（2020版）》）。现代信息技术的不断发展极大地推动了教材形态的变化，发生了从单一纸质形态，到静态数字化，再到动态、交互数字化的新形态的转变。目前教材呈现出纸质与动态交互数字化相结合的新形态。随着信息技术、大数据、人工智能等的不断开发应用，新形态教材还将发生新的变革，呈现出动态发展的样态。因此，对新形态教材的研究“应从静态的文本分析向动态使用研究过渡”（曾家延、崔允漷 2019：71）。

教材使用是教材开发与建设的终极目标（Graves 2019），是教材开发、建设与评估的重要一环。目前，已有教材使用研究主要从教师视角展开（Li & Xu 2020；林娟、战菊 2015；徐锦芬、范玉梅 2017；张虹等 2021a，

2021b），学生视角的教材使用研究明显不足（Kohnke 2019；苏芳等 2023；徐锦芬、刘文波 2023）。由于新形态教材的相关研究尚处于起步阶段，其使用研究尤其缺乏。教材使用直接影响着教材功能的实现（左群英、汪隆友 2021），对新形态教材使用的深入探究有利于新形态外语教材的建设、开发与评估，具有十分重要的意义。

2. 文献综述

教材作为一种教学媒介具有明显的受众倾向（Knecht & Najvarová 2010），即教材始终面向特定的使用群体，因此教材使用是教材研究的主要内容之一。然而，目前教材研究主要聚焦教材建设开发以及教材内容分析与评价，教材使用研究相对比较薄弱（Garton & Graves 2014；陶伟、古海波 2020；徐锦芬 2021；杨港 2020；张虹等 2021a，2021b），对学习者的教材使用关注尤其不足。教材使用最早由 Hutchinson（1996：ii）界定，即教师、学生与教材间互相影响的一种动态复杂互动过程。此后，不同学者提出了各自的理解（Matsumoto 2021），至今关于教材使用尚无统一界定。Guerrettaz *et al.*（2021）指出这是由于学界对语言教材存在不同理解，并从社会唯物主义（sociomaterialism）视角界定了语言教材使用。他们指出教材使用是相互关联的实体或个体，如教师、学生、教材内部所涌现的相互影响的行动（intra-actions），这些内部行动由使用者促发，通过使用者的能动性实现（Guerrettaz *et al*. 2021：16）。也即教材使用是在教与学的过程中，教师、学生与教学材料间互动的过程，其根本是与教材相关且受教材影响的行为（Guerrettaz *et al.* 2021；Guerrettaz *et al.* 2018；Hansen 2018）。Sørensen（2009）强调教材使用研究应关注使用过程中到底发生了什么。师生在使用教材过程中，都带着自己的生活体验与使用期待去接受、解读或建构教材文本的意义。因此，在具体情境（即学习者使用教材的微观环境）下，更能把握学习者教材使用的真实情况与体验。而在教材使用的课堂环境中，在师生人际互动过程中，在与教材的视界融合中，才能把握教材之于学习者的真正意义。

教材研究由来已久，并取得了丰硕的成效。近些年，我国教材研究主要涉及教材的开发、内容和使用三大主题。具体而言，在教材开发方面，研究者们主要聚焦开发原则与理论基础以及教材本地化编写等（常小玲 2017；顾敏、邹为诚 2021）。例如，常小玲（2017）基于产出导向法探讨了教材编写过中理论与实践的互动关系。该研究表明，以产出导向法为指导的双轮驱动模式能促进教材的持续更新与理论的不断完善。在教材内容方面，研究视角更加丰富多元，主要包括语言知识（例如词汇、语法）和非语言知识（例如文化、价值观或国家形象等）两大方面（刘新芳 2018；刘新芳、欧阳护华 2017；徐锦芬 2021等）。邹为诚（2015）根据英语教材研究的理论，通过三个案例说明英语教材可以在思想内容、语言特点、文化知识和语言学习观四个方面对使用教材的师生产生显性和隐性的影响，其中隐性的影响作用最大。徐锦芬（2021）的研究基于课程思政内涵探讨了高校英语课程教学素材的思政内容建设，指出以学生发展为中心、以学科属性为引导、以学校特色为依托的总体原则和具体策略。张虹、李晓楠（2022）依据外语教材文化呈现分析框架，对2019年出版的一套高中英语教材中的文化呈现进行了量化统计及质性分析。研究发现不同地域文化呈现比例恰当，呈现强度不同，形式多样，在呈现方式上目标语国家文化和其他国家文化更重视文化理解，中华文化呈现更重视文化表达。在教材使用方面，研究主要聚焦教师的教材使用，如在教师的教材使用过程（如Li & Xu 2020等）、使用策略（如Grammatosi & Harwood 2014；McDonough & Shaw 2003；徐锦芬、刘文波2023等）、影响因素（如Hutchinson 1996；Menkabu & Harwood 2014；张虹等 2021b等）及教师角色（如Shawer 2010a，2010b；林娟、战菊 2015；徐锦芬、范玉梅 2017；张虹等 2021b等）等方面进行了深入探究，为理解教师的教材使用行为提供了充足的参考。研究表明，教师的教材使用过程包括辨识、评估、改编、调整、反思与再认识六大阶段（Li & Xu 2020），在与教材的互动过程中采取选择、阐释、协调、适应、增加、修改或删减等策略（Grammatosi & Harwood 2014；McDonough & Shaw 2003）。而教师的教学理念、教学资源的充裕程度、学生的实际需求、学院的课程设置等因素会影响教师的教材使用，在此过程中，能动性发挥着重要的中介作用（Grammatosi & Harwood 2014；Tasseron 2017；林娟、战菊 2015）。张虹等（2021b）调查了3,967名高校教师外语教材使用的情况及影响因素。研究发现，高校教师对于教材使用态度积极，使用教材的能动性较强。在使用教材过程中最倾向于增加材料这一策略，而较少使用改写这一策略，而影响教师教材使用的因素多元，包括教师、学生、教学环境、教学效果及考试等。

然而，作为教材的主要使用者，学习者的教材使用研究尚未引起足够重视，国内外聚焦学习者教材使用的研究较少。上文提到的张虹等（2021b）的研究中提到了学生因素，但仅作为影响教师教材使用的因素之一进行探讨。此外，虽也有研究探讨学习者使用真实语言教材对交际能力的影响（Gilmore 2011），教师和学生如何使用各类教材资源开展互动（Matsumoto 2019），但这些研究主要聚焦学习效果及二语课堂互动，学生的教材使用行为并未被置于研究中心地位。仅有少量的研究专门从学习者视角探讨教材使用。

换言之，教材使用研究中的学生处于“失声”状态（徐锦芬、刘文波 2023），仅有少量研究探究教材与身份建构的关系，如Guerrettaz *et al.*（2018）介绍了Siwon关于语言课堂中的双语移民学习者在使用单语教材时的身份建构与交际资源的研究。Chun（2016）的研究表明课程材料和课堂互动共同建构了学习者的种族化多元文化者身份。国内针对学习者的教材使用研究也相对较少。刘传江、焦培慧（2021）采用隐喻分析法调查了大学生对某医学英语教材的认识，发现学生在认知、审美和情感三个维度存在个体差异，英语水平、学习动机以及专业知识熟悉度是造成差异的主要原因。但细读该文献可发现作者主要聚焦学习者的教材观，根据隐喻“《医学英语视听说教材》像/是____________，因为____________”这一句式的引导能否较好地说明学习者的教材使用体验还有待商榷。上述研究对学生的教材观、教材使用结果关注较多，较少涉猎学生的教材使用行为。

目前对于学生在实际学习过程中如何使用教材仍有较大的研究空间。郭燕、徐锦芬（2013）分析了非英语专业大学生教材使用中存在自主学习意识和能力薄弱以及以考试为导向等问题。苏芳等（2023）以语言社会化理论为指导，采用民族志个案研究方法探究了六名外语专业本科生的教材接受行为，从教材理解、策略使用和情感体验三个维度说明了外语专业本科生在专业教材使用过程中的行为表现。该研究进一步指出学生的个体能动性及学生与教师、教材的互动对学生的教材接受行为产生影响，并提出了学生教材接受行为模型，为理解学习者教材使用过程提供了重要参考。

整体而言，教材使用研究仍明显不足，理论化程度不高，对其理解仍有较大提升空间（Guerrettaz *et al.* 2021；Tomlinson & Masuhara 2017），对学生的教材使用过程研究尤其不足。Guerrettaz *et al.*（2018：42）强调学生的经验和能动性在教材使用与开发研究中应受到重视，应将学生置于教材使用研究的中心。教材研究应“从以教师为研究主体过渡到以学生为主体或教师与学生主体并存的状态”（曾家延、崔允漷 2019：71）。学生教材使用对教师、教材开发与建设及出版单位等诸多利益相关者有着重要影响，对其深入探究，将有利于教材的进一步开发、建设与评估，是教材实现育人目的的必要一环。

新形态教材作为新时代教材建设的重要内容，其使用研究尤其值得关注。新形态教材是“高校高质量人才培养体系建设的重要组成部分和支撑，是高等教育数字化转型和推动出版深度融合发展的需要”（谭文芳 2022：86）。目前关于新形态教材的研究尚处于起步阶段，研究主要聚焦新形态教材的内涵、特征、发展态势、建设等方面（如蔡雪峰、赵湘慧 2009；黄明东等 2022；谭文芳 2022 等）。蔡雪峰、赵湘慧（2009）探讨了数字化教材的研究与应用，指出数字化教材应包括多媒体教材和在线教学辅助模式，目前发展迅速，建设核心是解决课程教学内容的优化组合，通过不同模态向学习者表达课程内容。黄明东等（2022）对高校新形态教材的特征、发展态势与建设路径进行了分析，指出高校新形态教材具有知识更新的及时性、内容的丰富性和环境的可交互性等特征，在相当长的时期内其概念内涵将处于动态变化中。谭文芳（2022）指出目前新形态教材建设面临各种问题和困难，提出在建设过程中应确定新形态教材建设领域、开展课程研究、分享新形态教材建设成果进而实现教材迭代。然而，目前针对新形态外语教材的研究尚没有形成研究成果，是这一领域亟待努力的方向。

在理论视角方面，不同理论视角的代入可为教材使用研究注入更多活力（Harwood 2021）。目前教材研究多从生态视角、活动理论视角展开探究教师的教材使用（Guerrettaz & Johnston 2013；林娟、战菊 2015）。学生视角的教材使用研究因尚未引起足够关注，可供参考的理论视角较为有限。通过研读文献，本研究发现语言社会化理论为探究学习者的教材使用过程提供了新的视角。

语言社会化理论为教材使用研究提供了理论基础。语言社会化理论强调语言在个人与环境互动过程中的重要中介作用（Ochs & Schieffelin 2012；苏芳、杨鲁新 2021）。语言社会化理论包含两个方面：通过使用语言实现社会化（socialization through the use of language）和以语言使用为结果的社会化（socialization to use the language）（Ochs & Schieffelin 2017）。语言社会化理论视角下的外语教材使用主要关注语言在学习者与教材互动过程中的重要中介作用，既包含通过使用语言来学习教材内容，还包括掌握教材所呈现的话语体系，如专业术语、概念等。

语言社会化理论对于理解新形态外语教材如何帮助大学生通过语言来学

习语言具有较强的解释力，对于理解大学生新形态教材的使用过程具有较强的指导作用。鉴于此，本研究在语言社会化理论的指导下，深描大学生新形态教材的使用体验，分析影响其教材使用的社会情境与个体因素，探索大学生新形态教材的使用过程。为此，提出以下两个研究问题：

1）学习者在使用新形态教材时有哪些体验？

2）学习者使用新形态教材的体验受哪些因素的影响？

3. 研究设计

根据研究目的与研究问题，本研究设计采用质性研究中的案例研究方法。质性研究是人文社会科学领域的主导研究范式，其研究目的是在自然情境中探究人类行为，对研究参与者的个人经验和意义建构作出解释性理解（Creswell 2007）。案例研究是对研究对象发展变化的过程进行深度描述与分析，具有特定性、描述性、整体性和启示性（Merriam 1998），强调通过自然情境收集多种来源数据，对特定群体的行为进行深描（thick description），从而揭示其发展过程与模式（Yin 2018），以达到对个体与其所处社会文化环境之间互动关系的理解（陈向明 2000）。案例研究能提供更丰富、生动、细腻且复杂的描述，客观地体现了社会情境的真实性，因此需要研究者高度融入研究情境，以便获取更丰富的资料，进而为读者提供进一步诠释的可能（Johnson 2005）。

3.1 研究场域与研究参与者

本研究历时一年，以我国西部某高校本科一年级大学英语课程为研究场域。该课程第一学年总课时为128课时，其中平台自学32课时，面授课96课时，共24周，每周4课时。平台自学部分由学生自主安排学习时间完成（在规定时间内学完即可），面授课则是在教师的指导下进行互动学习。受疫情影响，在本研究开展之际，该校大学英语的面授课主要通过学校的教学平台，以在线课堂形式进行。该校大学英语课程所使用的教材为国内某出版社出版的新形态综合教程，由纸质教材、多模态数字资料、在线学习云平台构成。该教材面向普通高等院校，尤其是中西部高校，突出线上线下混合式教学设计，融入课程思政教学理念，以落实立德树人根本任务、服务国家应用型人才培养需求和坚持信息技术与外语教育融合创新为理念，注重提升学生的家国情怀与国际视野、英语综合运用能力以及跨文化沟通力，具有智能化、数据化和交互性等新形态特征。

通过朋友介绍，研究者结识了该课程的任课教师小静老师。在小静老师的推荐下，研究者又认识了担任该课程班长的阿豪。本研究的参与者主要是通过班长阿豪以“滚雪球”的方式招募，最终有五位学生自愿参与本研究。研究者先与这五位参与者通过微信建立联系，并在班级钉钉群关注参与者的动态以及朋友圈动态，以进一步了解他们。通过不间断的联系与沟通，逐渐建立友好、信任的关系。但由于疫情原因及参与者们的个人因素，坚持到最后的只有一位学习者小映。本节将主要报告小映的新形态外语教材使用过程体验。

小映来自重庆，19岁，高考英语成绩106分。小映从小就开始接触英语，至今已有11年的英语学习经历，期间她的英语学习经历了开始因有成就感而比较感兴趣，慢慢发展为由于成绩越来越差，产生一种挫败感而逐渐失去信心的过程。受疫情影响，小映上大学后无法进入校园，第一学期一直在家中上网课。她觉得网课虽提供了便利，但网课的学习效果没有在学校学习好，而且自己也没有上大学的感觉。

该校根据高考英语成绩及分班考试成绩，将大一新生分为A、B两个级别。一般情况下，B班的学生英语成绩整体都比较低，高考成绩在35分至90分之间。小映因分班考试成绩不理想，被分到了由小静老师所带的B15班。小映在大学英语课堂上很活跃，是小静老师眼中“表现很不错”的学生。但小映自认为对英语学习兴趣并不大，主要还是“为了成绩而学习英语”。小映在大学所学专业为食品质量与安全，因为专业课程比较多，对英语学习的时间投入不足，所以无法保证英语学习的效果。在与研究者交流过程中，小映表现得非常积极、诚恳，为研究者提供了大量的可靠数据。

3.2 数据收集与分析

依据研究目的与研究问题，本研究采用多种方式收集数据，以弥补每种方法的不足（Creswell & Poth 2018；Yin 2018），进而为三角验证提供便利，也为保证数据的可信度提供了可能。本研究收集了包括访谈、课堂观察及实物资料等在内的多种来源数据。

访谈是质性研究中重要的资料获取方式之一。本研究采取的是正式访谈与非正式访谈相结合的方式以及多次深入的个人半结构式访谈（Hammersley & Atkinson 2007）。半结构式访谈一般在简要访谈提纲的指导下进行。访谈提纲既可以使访谈有所聚焦，还可为研究者提供随机应变的空间，从而为获得更多、更深入的信息提供保障。深度访谈为研究者进入研究参与者的内心世界，成为“局内人”，并了解其内心世界及背后的意义提供了可能。本研究按照Hammersley & Atkinson（2007）以及Yin（2018）所建议的访谈程序开展，在每一次访谈前均制定了简要的访谈提纲。此外，在第一次访谈开始前，研究者向小映再次详细介绍了本研究参与者的权利与义务。随后，研究者向小映发放并请小映签署了知情同意书。

对小映的访谈有四次，分别在第一个学期的学期中与学期末和第二个学期的学期初与学期中开展。受疫情影响，同时也为方便受访者，第一次和第三次访谈是以书面形式开展的结构式访谈，第二次和第四次为通过腾讯会议面对面开展的半结构式访谈，平均时长约45分钟。第一次访谈主要针对小映的学习经历、对新形态教材的认识及初步使用体验。研究者通过微信发送访谈问题，小映于一周后返回，并附了相关图片以及平台使用情况。第二次访谈聚焦小映使用新形态教材的具体过程。经与小映协商确定了访谈时间，研究者基于第一次的访谈内容，结合小映的具体学习情境展开半结构式访谈。第三次访谈与第四次访谈分别基于前次基础进行补充，从整体上进一步了解小映在不同阶段对新形态教材的使用体验。四次访谈共整理文本15,496字。本研究还在学期末对任课教师小静老师进行了书面访谈，主要聚焦小静老师的教材编写观、使用观及课堂实践，整理文本4,836字。课堂录像由小静老师提供，共四次，约400分钟，主要用来理解课堂师生互动对小映使用教材的影响。此外，本研究还收集了课程大纲、小映的作业和课程群的聊天记录等资料。这些不同来源的数据，未必会在本研究中全部呈现，但为研究者更深入地了解小映的新形态外语教材使用过程提供了多方位的资料。

数据收集与数据分析是同时进行的（陈向明 2000）。本研究主要运用内容与主题分析方法，以获知受众小映的教材使用体验，并结合当前社会、学校及个体情境，从不同层面考查小映的新形态教材使用过程，明确其教材使用的影响因素。具体而言，研究者保持开放心态，首先对初步整理好的数据进行反复阅读与思考，琢磨数据的意义，进行语块标注，形成开放式的编码。此阶段主要使用参与者本人的语言进行编码（Saldaña 2009）。其次，在此基础上，对数据进行进一步归类与分析，将不同来源的数据进行结合，形成主题。最后，运用相关理论对主题进行意义阐释。这一阶段是对数据与理论和文献进行分析的过程，形成本研究特定情境下对学习者教材使用的独特理解。

3.3 伦理道德与可信度

质性研究中的伦理道德与可信度是不可回避的重要问题，是研究顺利开展的重要影响因素，也是研究质量的重要衡量指标（陈向明 2000；杨鲁新等 2012）。本研究主要遵循的伦理原则有：自愿公开、隐私保密以及公平回报。在整个研究过程中，研究者努力做到一个好的倾听者，在保护小映隐私的基础上，鼓励她分享问题并及时给予帮助。研究者始终怀着一颗感恩的心，在小映需要帮助的任何时候，都会努力回报她。此外，质性研究中的效度问题旨在准确地反映研究内容的真实情况，本研究通过详细描述、三角验证以及成员检测（member check）来保证研究的可信度。

4. 研究发现

4.1 新形态教材使用体验

4.1.1 “不适应”

小映的新形态教材使用体验，首先体现在她对该教材的适应方面。小映在大学之前所使用的教材主要以传统的纸质教材为主，在大学阶段初次接触新形态英语教材时，小映表示“不适应”。由于疫情原因，小映未能到学校领取配套纸质教材。在上英语课时，由于手中没有“实体”课本，小映有些“不知所措”，因此总期待老师分享纸质书的电子版，然而“老师只在第一次发了一篇课文的电子版，我也是打印出来看，但我更喜欢看纸质书”。小映喜欢将电子版打印出来学习，她觉得“纸质的教材已经把单词放在课文的旁边，可以随时与课文结合，很方便。不像平台上，单词和课文是分开的，因为大多数是在手机上学习，屏幕小，操作起来不是很方便”。此外，与小静老师的访谈也表明学生对于初次使用新形态教材会有不适应。小静老师指出“起初学生们不习惯课文、练习题都在平台上，所以向我要电子版教材，后来经我解释，大家发现平台上内容很全，慢慢地也就适应了”。

由上可知，在特定环境下，新的教材媒介形式给学习者的使用体验带来了一定的影响，令其“不适应”，但不同媒介下的内容呈现方式因与学习者所熟悉的方式不同，也给学习者带来了不同的体验。受原有习惯的影响，学习者需要一段时间来适应。正如小映在访谈中指出的“本来学英语就挺难的，还要同时去适应平台上各种资源，反正觉得更难了”。她同时也发现

"大学与高中相比还需要更多的适应，前期会在调整学习方式上多花一点时间，摸索教材平台资源怎么用，都有些什么，还需要更多地自己去下功夫"。换言之，小映在学习语言时还要学习语言的承载媒介，可见在新形态教材使用过程中，学习者除学习教材的语言内容本身外，还要学会适应、使用媒介，这也体现出新形态教材对使用者的数字素养有一定的要求。

总之，在受疫情影响而缺少配套纸质教材的情况下，学习者在使用新形态教材时会有不适应的体验，而给学习者带来这种不适应体验的主要原因在于新形态语言教材的内容呈现方式。这也是学习者需要适应的主要方面。已有研究表明从高中到大学的过渡中，大学新生在学业与生活等方面的适应与融入面临着巨大挑战（Terenzini *et al.* 1994），需要经历一定的适应期。本研究表明，小映在初次面对新形态教材时，由于在接受与理解教材知识内容的同时，还要习惯技术赋能的新形态教材的使用方式，经历了"不适应"的体验，需要一段适应期。正如语言社会化理论所强调的学习者通过语言实现社会化，语言的呈现方式对其社会化过程会产生一定影响。

4.1.2 "按部就班"

经过一段适应期后，小映说她开始"跟着老师的步伐，按部就班地学"。具体体现在小映会抽时间完成老师每周所布置的作业，按老师的要求与安排进行。她指出"一般会计划两三个左右时间段去学习，不会每天都学""基本是根据老师在平台上布置的内容，主要还是课文中的单词、语法。其他的就是关于中国文化那部分内容，觉得还挺有意思，对四级也有用"。可见，小映在使用新形态教材过程中对教材内容的理解主要集中在以词汇、语法为主的语言知识内容方面。此时，新形态外语教材是主要的语言知识提供者。

此外，老师还会布置教材中的"探索中国智慧"板块的视听题。该板块主要选取与单元主题相关的思政视频素材，从文化、价值等层面拓展单元主题。视频素材选自国内权威媒体，选材突出中国优秀传统文化、社会主义先进文化、中国建设成就、中国发展大势等，引导学生领悟中国智慧，培养文化自信，讲好中国故事。小映在学习这部分内容时收获很大，她认为"这部分内容为她了解中国传统文化的英语表达提供了非常好的资源"，是学会用英语表达中国文化的主要渠道。

此外，小映指出自己在完成老师布置的任务时，会"由于时间很赶，想着快点学完，让平台上有记录就行，不会太注重效果"。在整个过程中"主要就是背背单词，只是看一遍意思，浅过一下脑子，其实这样记忆不深。Global reading时就简单浏览一下文章，Close reading会细一点点，但会花很多时间，也基本是粗略过一下，完成平台上的练习题，题不难。中英互译部分是互动形式，也会学习到很多其他同学在翻译中用到的新词、短语，就比较喜欢”。

由以上数据可以看出，小映在接受教材内容时主要使用低阶阅读策略，对教材内容进行表层处理，正如她讲的只是“背背单词”“简单浏览一下文章”或“粗略过一下”，而她自己也意识到这样做记忆不深，这说明小映的教材使用认识与其实际行动之间存在张力。而在学习英汉互译部分时，由于属于“互动形式”，小映会“学习到”同伴所用到的“新词、短语”，因此对这部分内容“比较喜欢”。这也体现出新形态教材的交互性特征，在为学习者提供更丰富多元的知识与内容资源的同时，也提供了更多的学习机会，更受学生喜欢。语言社会化理论关注个体在与环境的互动过程中，具体情境对个体社会化的影响，上述内容表明互动性强的情境更有利于小映的语言学习。

总之，小映在使用新形态教材时，主要关注新形态教材所提供的知识内容与资源，这反映出新形态教材的基本功能与传统教材的功能类似，都是以知识传授与资源提供为主（赵占良 2021）。小映在使用新形态教材时主要学习语言知识，了解语言使用，尤其会关注如何用语言表达中国传统文化，也恰是语言社会化所要达到的会使用语言（socialize to use the language），尤其是用英语表达中国文化。新形态教材的交互性，可为学习者提供更多的资源与学习机会，而学习者个体的实际使用行为会影响其学习效果，比如小映的“记忆不深”。

4.1.3 “复杂纠结”

虽然渐渐适应了新形态教材，也跟着老师按部就班地学习，但在教学不断推进的过程中，小映并未感觉越来越轻松，而是经历了复杂纠结的情绪变化。小映在课前完成老师布置的任务时很受打击，有着烦躁的情绪体验。她指出尤其是“听力很受打击，因为自己基础比较差，需要听好多遍，有时候单词听出来了，又卡着写不出来，时间就会花很长，就会变得烦躁，但不做又担心自己得不到提升”。在自学单词时，因为可以复习以前学过的内容，自己会在本子上做一些笔记，让她很有“成就感”。在课堂上，因为老师讲解很细致，速度很慢，让小映觉得“跟着老师走就觉得那两小时很充实”，也因为“喜欢每单元的课文，知识点很赞。每一次学习这一块，老师讲解文章的时候会很认真跟老师节奏走，不想错过”。下课后，小映则又会有种应付的心理，会有“在Reviewing & Checking部分基本就是花一分钟时间划过去，左眼进，右眼出”的情况。此外，因为每单元的题型基本一样，小映觉得“每次都吃一样的饭，重复式的学习，总是类似的题型，会逐渐失去耐心”。

可见，在一个小周期内，例如一个单元的学习过程中，小映的情绪体验受教材内容与学习形式的影响较大。具体而言，在课上有老师讲解时，小映可以很享受，有“不想错过”的体验。然而，当遇到自己的弱项或不感兴趣的部分时，小映会觉得烦躁纠结，也会产生应付的心态。这说明教师在小映新形态教材使用过程中的重要中介作用，但同时也表明在本研究开展之际，小映还没有完全适应新形态教材的使用，或者说还没有完全适应大学阶段的生活，其学习态度需要进一步端正，调整应付心态。此外，教材所呈现的高度类似题型影响了小映教材使用体验，会让小映失去耐心。这些均在一定程度上证实了语言社会化理论所强调的个体与环境互动（如小映与教材的互动）的具体情境对其教材使用体验有着重要的影响，说明学生教材使用具有一定的情境性，与语言社会化理论所强调的情境在个体语言社会化过程中具有重要作用（苏芳、杨鲁新 2021）的观点不谋而合。关于教材使用体验的影响因素，将在4.2节进一步解读。

4.1.4 “重新回归”

在第二个学期，疫情高峰过后，小映回到了久违的校园，也拿到了纸质版的教材。小映指出这学期最大的变化就是“线下面对面的交流与互动明显增加了很多”“我又重新可以使用纸质教材学习，但同时也会结合线上U校园智慧教学云平台完成老师布置的作业”。小映强调“纸质教材对我来说还是主要的学习材料，我比较喜欢动笔写，在旁边扩展积累，而U校园平台上的不少内容如果是书上有的，我会使用纸质书，U校园平台上面最吸引我的是翻译、录音与视听部分，主要是纸质教材上没有的东西”。可以看出，小映在拿到纸质教材后，又重新回归了原来的使用惯习。在使用过程中，小映会使用不同颜色的笔做不同的记录，学习的内容主要以词汇的扩充与语法知识为主。小映指出“黑笔是课堂预习用，是对单词的补充或其他知识点的积累，红笔是针对老师课上讲的重点内容的记录，铅笔是对课上一些吸引我的词汇、短语、表达方法的记录，比较随机”。

惯习是人们通过内化外在社会条件形成的性情倾向（转引自高一虹等 2023）。本研究中的小映在使用新形态教材过程中，原有惯习受到外在社会条件（如疫情等）的影响，不断发生变化。在没有纸质教材时，她会将电子版打印出来，努力适应新的“场域”，在拿到纸质教材后，她又回归了以使用纸质教材为主的惯习。然而，由于教材形态的丰富，她还会结合U校园平台上的内容进行拓展学习，对“线上+线下”资源进行有效补充。可以说小映新形态教材使用的惯习整体保持稳定，但会随着情境的不同进行调整与改变，这也正是语言社会化理论所强调的情境对个体行为的影响。

4.2 新形态教材使用体验的影响因素

学生教材使用体验受一定社会文化环境下多种因素的共同影响，本研究数据表明情境因素、教材特点以及个体能动性因素是影响学生新形态教材使用体验的三个主要因素。

情境因素是影响小映新形态教材使用体验的首要因素。在本研究开展过程中，正值疫情期间，小映未能返校，无法领到配套纸质教材，只能通过U校园智慧教学云平台进行学习，这给小映的教材使用带来了一些困惑与负面体验，让她感觉“不适应”。而在第二个学期返校，拿到纸质教材后，小映能够更加“得心应手”地使用纸质教材，将U校园智慧教学云平台作为补充，使用体验更加轻松自如。可见，这种客观的社会环境对学习者的新形态教材使用体验产生了影响。

除此之外，影响小映新形态教材使用体验的主要是一些具体的使用情境。小映在课前、课中与课后会有不一样的体验。例如，在课上，老师的讲解，会让小映很享受课堂进程中对课本内容的学习，使她不愿意错过。但在课后，由于是自主学习，以完成老师的作业为主，处于自我探索阶段，小映会产生一定的烦躁体验及应付心态。

总之，小映在使用新形态教材过程中，受时间情境（如课前、课中、课后）、空间情境（如课堂内外、线上与线下、U校园智慧教学云平台与纸质教材等）和内容情境（如教材的不同部分）等具体情境的影响。这说明新形态教材使用具有情境性，课堂是学生与教材互动的最主要场所，教材使用是教师、学生、教材间不断互动进而建构意义的过程。在课后阶段，由于教材呈现方式的差异，小映在接触教材不同部分时会有不同的体验。在词汇部分，高度类似的题型会让她有“每天都吃一样的饭”的无聊感。小映对新形态教材中互动性较强的英汉互译、viewing部分的感觉是“有学到东西”，收获感更强。

除上述的情境因素外，教材特点也是影响学生教材使用体验的重要因素。小映所使用的教材是新形态教材，具有纸质与动态交互数字化相结合的特点，是多种模态共同发挥作用的一种新形态。不同模态不仅具有装饰功能和阐释文本内容的表征功能，还有描述文本内部关系的组织功能（陈风华、刘春华 2016），为学习者的教材使用的具身体验提供了丰富的资源与机会，但同时也会带来一些困惑。在本研究中，小映一方面认为这套新形态教材为其语言学习提供了丰富资源，另一方面在使用过程中发现自己需要一定的适应时间去了解智慧教学云平台，在不断探索中掌握该平台所提供资源的具体使用方法。小映不仅会因为该平台内容的不同呈现方式产生不同的情绪，也会因为自己对教材功能探索不到位而有些许的懊悔，从而认识到自己之前的学习有些肤浅。可见，新形态教材在发挥其不同功能的同时对学习者的使用体验会产生一定的影响。新形态教材的交互性对学习者的使用体验影响较为明显。如上文提到的，小映在完成互动性较强的练习时会有更强的收获感。

然而，不论是情境因素，还是教材性质，要对学习者的教材使用过程产生影响还离不开学习者能动性这一引擎。学习者能动性是指学习者在特定的社会情景或实践活动中，根据特定目的采取身体、认知、情感和动机行动做出选择并采取行动的能力（Ahearn 2001；van Lier 2008；Teng 2019）。学习者能动性在个体发展目标与社会活动实践的持续协商过程中动态发展（Wedin 2020）。在本研究中，小映的新形态教材使用情况不论是在开始的适应阶段，还是在接下来的按部就班学习阶段，都充分体现了小映做出选择、采取行动的能力。正如4.1所介绍的，在适应阶段小映认识到在大学阶段的外语学习更难了，学习方式不一样了，需要“自己不断摸索，慢慢适应”。在不同的学习阶段，小映会根据具体情境做出相应的选择。例如，在每节课前，小映会选择安排一定的时间集中完成老师所布置的任务，这是小映主动为之的具体表现。但由于时间问题，小映也会选择“只完成老师布置的内容，其他内容基本不做，也不注重效果”。在课上会“跟着老师的节奏”“不想错过”，从而享受语言学习。而到了课下，小映又会经历消极体验，进而产生不想做的想法，“但又担心不做得不到提升”进而选择继续坚持完成任务。

由此可见，在不同阶段和不同情境下，小映总会根据自己的身体、认知、情感和动机做出选择，并采取行动（Teng 2019）。小映的整个新形态教材使用过程就是其不断发挥能动性与教材、教师在不同情境下互动的结果。正如Duff & Doherty（2015：66）所指出的“语言社会化通过学习者能动性实现”，学习者新形态教材的使用也是通过学习能动性实现的。换言之，小映在新形态教材使用过程中的能动性是其能够“干预这个世界，或者是摆脱这种干预，同时产生影响事件的特定过程或事态的效果”，是其“实施一系列具有因果竞争力的权力”的结果（吉登斯 2016：13）。

5. 结论与启示

本研究通过对西部某高校一名学生小映的新形态外语教材使用情况进行深入分析，收集了深度访谈、课堂录像、实物资料等多种来源数据，运用内容分析与情境分析方法对所收集的数据进行分析。研究发现，小映的新形态外语教材使用体验经历了“不适应”“按部就班”与“复杂”的情绪体验。在进入大学后，小映初次使用新形态外语教材时需要经历一段适应期。适应期之后，小映主要跟着教师的节奏与安排进行“按部就班”的学习。在整个过程中，小映经历了复杂纠结的情绪体验。本研究表明新形态外语教材使用具有明显的情境性。

本研究发现影响小映新形态外语教材使用的因素主要包括情境因素、教材性质与个体能动性三个维度。情境因素不仅包括大的社会情境（如疫情影响下的学习），也包括时间情境（如课前、课中、课后）、空间情境（如课堂内外、线上与线下、平台与纸质教材等）和内容情境（如教材的不同部分）等具体情境。其中，课堂的教师中介会直接影响小映的教材使用体验，课下的自主学习受个人经历、教材内容的呈现方式和平台等影响，其使用体验也有所不同。新形态教材的互动性、数字性等特征为小映的语言学习提供了多种资源，也为其带来了一定的困扰。在整个教材使用过程中，小映的能动性是驱动其根据具体情境，不断做出选择、采取行动的主要动力。

本研究的发现对于理解大学新生的新形态教材使用过程提供了参考，对未来研究具有一定的启示，主要体现在以下三个方面：

首先，在教学方面，虽然目前大学生的信息技术能力都相对较强，但在面对作为公共课程的大学外语来说，由于学生投入的时间有限，因此在初次使用新形态教材时，学校（院）和教师都会为学习者提供相应的辅导，以帮助甫入校门的大一新生的适应性转换，并为激发学生能动性提供脚手架。在教学过程中，教师可以更加关注课堂教学互动过程，注重教师的教材使用示范与引领作用。

其次，在研究内容方面，目前关于教材使用的研究主要集中在教师这一使用主体，学生的使用体验尚没有引起足够的重视。本研究结果表明学生的新形态教材使用具有情境性，其使用体验受多种因素影响。教材建设的根本在于服务学生，因此未来研究应更深入地探究不同情境下学生新形态教材的具体使用过程。课堂是一个动态、复杂的环境，可以为学习者接受教材提供语言、交流实践和文化活动等多种重要的中介资源，未来教材研究可加大对课堂教学互动过程的关注，尝试从不同理论视角，对师生课堂教材使用的互动话语展开深入剖析，尤其对教师教材使用与学生教材使用的关系的研究需进一步深入，从而获取更多促学、促教、促研的成果，进一步为教材建设、开发与研究提供更多依据。

最后，本研究发现新形态教材使用过程是通过学习者的能动性实现的，然而能动性不仅仅表现在“有为”，还应包括一些“未为”或“难为”的情况。本研究数据虽对此也有所显示，但仍需进一步展开系统探索。外语教学中的能动性相关研究目前主要聚焦师生的“积极”方面，体现出“能动”的一方面，而忽视了那些看似“消极”的表现。正如情绪有正向与负向，能动性应同样是一个“全面体”。未来研究可针对新形态教材使用中的学习者能动性展开深入探究，为新形态教材使用研究拓展更广的主题领域。

参考文献

Ahearn, L. M. 2001. Language and agency. *Annual Review of Anthropology 30*: 109-137.

Chun, C. W. 2016. Addressing racialized multicultural discourses in an EAP textbook: Working toward a critical pedagogies approach. *TESOL Quarterly 50*: 109-131.

Creswell, J. W. 2007. *Qualitative Inquiry and Research Design: Choosing Among Five Approaches.* Thousand Oaks: SAGE Publications.

Creswell, J. W. & C. N. Poth. 2018. *Qualitative Inquiry and Research Design: Choosing Among Five Approaches* (4th ed.). Thousand Oaks: SAGE Publications.

Duff, P. A. & L. Doherty. 2015. Examining agency in (second) language socialization research. In P. Deters, X. S. Gao, E. R. Miller & G. Vitanova (eds.). *Theorizing and Analyzing Agency in Second Language Learning: Interdisciplinary Approaches*. Bristol: Multilingual Matters. 54-72.

Garton, S. & K. Graves. 2014. Materials in ELT: Current Issues. In S. Garton & K. Graves (eds.). *International Perspectives on Materials in ELT*. London: Palgrave Macmillan. 1-15.

Gilmore, A. 2011. "I prefer not text": Developing Japanese learners' communicative competence with authentic materials. *Language Learning 61*: 786-819.

Grammatosi, F. & N. Harwood. 2014. An experienced teacher's use of the textbook on an academic English course: A case study. In N. Harwood (ed.). *English Language Teaching Textbooks: Content, Consumption, Production*. New York: Palgrave Macmillan. 178-204.

Graves, K. 2019. Recent books on language materials development and analysis. *ELT Journal 73*: 337-354.

Guerrettaz, A. M. & B. Johnston. 2013. Materials in the classroom ecology. *The Modern Language Journal 97*: 779-796.

Guerrettaz, A. M., M. M. Engman & Y. Matsumoto. 2021. Empirically defining language learning and teaching materials in use through sociomaterial perspectives. *The Modern Language Journal 105*: 3-20.

Guerrettaz, A. M., M. Grandon, S. Lee, C. Mathieu, A. Berwick, A. Murray & M. Pourhaji. 2018. Materials use and development: Synergetic processes and research prospects. *Folio 18*: 37-44.

Hammersley, M. & P. Atkinson. 2007. *Ethnography: Principles in Practice* (3rd ed.). London: Routledge.

Hansen, T. I. 2018. Textbook Use. In E. Fuchs & A. Bock (eds.). *The Palgrave Handbook of Textbook Studies*. New York: Palgrave Macmillan. 369-381.

Harwood, N. 2021. *English Language Teaching Textbooks: Content, Consumption, Production*. Beijing: Foreign Language Teaching and Research Press.

Hutchinson, E. G. 1996. What Do Teachers and Learners Actually Do with Textbooks?: Teacher and Leaner Use of a Fisheries-Based ELT Textbook in the Philippines. Ph. D. Dissertation. Lancaster: Lancaster University.

Johnson, K. 2005. Introduction. In K. Johnson (ed.). *Expertise in Second Language Learning and Teaching*. New York: Palgrave Macmillan. 1-7.

Knecht, P. & V. Najvarová. 2010. How do students rate textbooks? A review of research and ongoing challenges for textbook research and textbook production. *Journal of Educational Media, Memory, and Society* 2: 1-16.

Kohnke, L. 2019. Exploring critical pedagogy and choice in EAP material development: A case study. *The Journal of ASIA TEFL 16*: 1219-1231.

Li, Z. & Y. T. Xu. 2020. Unpacking the processes of materials use: An interdisciplinary perspective of language teachers' use of materials in China. *SAGE Open 10*: 1-13.

Matsumoto, Y. 2019. Material moments: Teacher and student use of materials in multilingual writing classroom interactions. *The Modern Language Journal 103*: 179-204.

Matsumoto, Y. 2021. Student self-initiated use of smartphones in multilingual writing classrooms: Making learner agency and multiple involvements visible. *The Modern Language Journal S1*: 142-174.

McDonough, J. & C. Shaw. 2003. *Materials and Methods in ELT: A Teacher's Guide* (2nd ed.). Oxford: Blackwell.

Menkabu, A. & N. Harwood. 2014. Teachers' conceptualization and use of the textbook on a medical English course. In N. Harwood (ed.). *English Language Teaching Textbooks: Content, Consumption, Production*. New York: Palgrave Macmillan. 145-177.

Merriam, S. 1998. *Qualitative Research and Case Study Applications in Education* (Rev. & Exp. ed.). San Francisco: Jossey-Bass Publishers.

Ochs, E. & B. B. Schieffelin. 2012. The theory of language socialization. In A. Duranti, E. Ochs & B. B. Schieffelin (eds.). *The Handbook of Language Socialization*. Oxford: Blackwell. 1-21.

Ochs, E. & B. B. Schieffelin. 2017. Language socialization: An historical overview. In P. A. Duff & S. May (eds.). *Language Socialization* (3rd ed.). Switzerland: Springer. 3-16.

Saldaña, J. 2009. *The Coding Manual for Qualitative Researchers*. London:

SAGE Publications.

Shawer, S. 2010a. Classroom-level teacher professional development and satisfaction: Teachers learn in the context of classroom-level curriculum development. *Professional Development in Education 36*: 597-620.

Shawer, S. 2010b. Classroom-level curriculum development: EFL teachers as curriculum-developers, curriculum-makers and curriculum-transmitters. *Teaching and Teacher Education 26*: 173-184.

Sørensen, E. 2009. *The Materiality of Learning: Technology and Knowledge in Educational Practice*. New York: Cambridge University Press.

Tasseron, M. 2017. How teachers use the global ELT coursebook. In H. Masuhara, F. Mishan & B. Tomlinson (eds.). *Practice and Theory for Materials Development in L2 Learning*. Cabmridge: Cambridge Scholars Publishing. 290-311.

Teng, F. 2019. *Autonomy, Agency, and Identity in Teaching and Learning English as a Foreign Language*. Singapore: Springer.

Terenzini, P. T., *et al*. 1994. The transition to college: Diverse students, diverse stories. *Research in Higher Education 35*: 57 -73.

Tomlinson, B. & H. Masuhara. 2017. *The Complete Guide to the Theory and Practice of Materials Development for Language Learning*. Hoboken: John Wiley & Sons.

van Lier, L. 2008. Agency in the classroom. In J. Lantolf & M. Poehner (eds.). *Sociocultural Theory and the Teaching of Second Languages*. London: Equinox. 163-186.

Wedin, A. 2020. Literacy and agency: The case of young adults who came to Sweden as unaccompanied asylum-seeking minors. *Scandinavian Journal of Educational Research 64*: 522-534.

Yin, R. K. 2018. *Case Study Research and Applications: Design and Methods* (6th ed.). Thousand Oaks: SAGE Publications.

蔡雪峰、赵湘慧，2009，数字化教材研究与应用，《中国大学教学》（1）：95–96。

常小玲，2017，“产出导向法”的教材编写研究，《现代外语》（3）：359–368。

陈风华、刘春华，2016，基于多模态英语教材大学生视觉素养建构研究，《广东外语外贸大学学报》（6）：126–134。
陈向明，2000，《质的研究方法与社会科学研究》。北京：教育科学出版社。
高一虹、白露、秦苑，2023，大查房、生命回顾仪式——安宁疗护新语类探索，《现代外语》（2）：174–186。
郭燕、徐锦芬，2013，我国大学英语教材使用情况调查研究，《外语学刊》（6）：102–108。
顾敏、邹为诚，2021，英语作为外语（EFL）教材本地化过程中的问题与研究，《外语教育研究前沿》（1）：54–60。
黄明东、蔺全丽、李晓锋，2022，高校新形态教材的特征、发展态势与建设路径，《出版科学》（2）：32–39。
吉登斯，2016，《社会的构成——结构化理论纲要》（*The Constitution of Society Outline of the Theory of Structuration*），李康、李猛译。北京：中国人民大学出版社。
林娟、战菊，2015，"活动"中的英语写作教材评估与使用——来自高校英语教师的声音，《现代外语》（6）：790–801。
刘传江、焦培慧，2021，基于隐喻分析的ESP教材使用体验研究，《外语教育研究前沿》（4）：70–76。
刘新芳，2018，基于美国英语写作教材的语篇类型共生关系形成过程研究，《外语学刊》（5）：107–114。
刘新芳、欧阳护华，2017，21世纪美国大一英语写作教材特点分析，《外语教学理论与实践》（2）：62–68。
石鸥、张文，2018，改革开放40年我国中小学教材建设的成就、问题与应对，《课程·教材·教法》（2）：18–24。
苏芳、杨鲁新，2021，语言社会化理论视角下的外语课堂研究，《外语教学》（5）：37–42。
苏芳、李琛、侯俊霞，2023，语言社会化视域下外语专业教材的接受行为研究，《现代外语》（4）：514–526。
谭文芳，2022，高校新形态教材建设浅谈，《科技与出版》（9）：86–92。
陶伟、古海波，2020，我国外语教材研究综述（2010—2019），《浙江外国语学院学报》（3）：77–82。
徐锦芬，2021，高校英语课程教学素材的思政内容建设研究，《外语界》（2）：

18–24。
徐锦芬、范玉梅，2017，大学英语教师使用教材任务的策略与动机，《现代外语》（1）：91–101。
徐锦芬、刘文波，2023，外语教材使用：分析框架与研究主题，《现代外语》（1）：132–142。
杨港，2020，《大学英语立体化教材研究：理论与实践》。北京：中国社会科学出版社。
杨鲁新、王素娥、常海潮、盛静，2012，《应用语言学中的质性研究与分析》。北京：外语教学与研究出版社。
曾家延、崔允漷，2019，学生使用教科书研究：教材研究的新取向，《课程·教材·教法》（11）：67–74。
张虹、李晓楠，2022，英语教材文化呈现分析框架研制，《中国外语》（2）：78–84。
张虹、李会钦、何晓燕，2021a，我国高校本科英语教材存在的问题调查，《外语与外语教学》（1）：65–75。
张虹、李会钦、何晓燕，2021b，高校英语教材使用及其影响因素调查研究，《外语教学》（4）：64–69。
赵占良，2021，试论教材的功能定位，《课程·教材·教法》（12）：4–10。
左群英、汪隆友，2021，从认知到体验：中小学教材使用的具身转向，《中国教育学刊》（3）：66–70。
邹为诚，2015，对我国部分高中英语教材内容的分析性研究，《基础外语教育》（5）：3–11。

6 基于新形态外语教材的教师培训设计与实践研究

徐一洁 陆 爽 陈 静
北京外研在线数字科技有限公司

提 要： 新形态教材突破了传统教材的局限，推动了教师教学的变革，但同时也为教师带来了巨大的挑战。基于新形态教材的教师培训的实施意义重大，既为教师专业发展提供了有力支持，又有助于总结经验，促进新形态教材的更新迭代和相关教师培训的开展。本章报告了基于新形态教材的教师培训设计与实践，通过问卷调研探究教师培训效果，对未来基于新形态教材的教师培训设计和实践进行展望并提出建议。

关键词： 新形态教材；教师培训；教学改革

1. 引言

教材作为教师教学的核心课程资源，是教学活动的媒介与载体，是教师组织教学活动的主要依据。近年来，全国各类出版机构围绕新形态教材建设进行了积极的探索与实践，外语教学与研究出版社（以下简称“外研社”）和北京外研在线数字科技有限公司（以下简称“外研在线”）于2021年推出了以《新探索研究生英语》（以下简称《新探索》）为代表的第一套新形态、立体化系列教材。新形态教材顺应新时代对教材建设的要求，融合互联网、人工智能等信息技术，认识和使用新形态教材也成为教师开展教学以及专业能力提升过程中的全新课题。

教师培训是教师培养教学能力、提升专业水平的重要途径。中共中央、国务院印发的《关于全面深化新时代教师队伍建设改革的意见》（以下简称《意见》）中明确提出“大力振兴教师教育，不断提升教师专业素质能力”“着力提高教师专业能力，推进高等教育内涵式发展”，从国家层面给予教师专业能力发展高度重视。同时，教师培训要求被进一步细化，《意见》在培训方式上提出“推动信息技术与教师培训的有机融合，实行线上线下相结合的混合式研修”，同时要求培训内容“紧密结合教育教学一线实际，组织高质量培训，使教师静心钻研教学，切实提升教学水平”，推动教师培训不断向信息化、精准化方向发展。

现阶段对教师培训的研究大多数是围绕培训有效性、项目要素的探讨，基于教材的教师培训研究非常匮乏，对基于新形态教材的教师培训设计过程进行深入分析的研究则更为少见。若能对基于新形态教材的教师培训设计与实施过程进行研究，将有助于提升后续教师培训的有效性和科学性。本研究将以基于《新探索》这一新形态教材开展的教师培训为研究对象，尝试将教师培训过程理论化、系统化，旨在探索国内基于新形态教材的教师培训设计模式与实施路径，促进后续教师培训的有效开展。

2. 文献综述

我国新形态教材建设仍处于发展阶段，在概念定义、内涵解读、研发应用等方面仍面临多重挑战，但基于高等教育数字化转型和推动出版深度融合发展的需要（谭文芳 2022），新形态教材的出现无疑将推动教师教学的变革。在与人工智能、大数据等信息技术结合的背景下，新形态教材具有知识更新的及时性、学习内容的丰富性和学习环境的可交互性特征（黄明东等 2022），可有效实现混合式教学、探究式学习等教学方法的创新，有利于高校人才的培养（高景祥等 2022）。新形态教材的应用让教师的教学重点由讲授知识向培养学生自主学习能力转变，然而，理解新形态教材、用好新形态教材并非易事。因此，想要有效发挥新形态教材的优势和积极作用，需要教师尽快转变思维、提升专业能力，需要通过开展基于新形态教材的教师培训，一方面帮助一线教师提高教学水平和人才培养能力，另一方面为新形态教材的改进收集建议，继而推动教材的迭代革新（谭文芳 2022）。

郭婉瑢、冯晓英（2021）认为培训设计是教师培训项目成效最显著的变量，因此，教师培训应当以培训设计为着力点，通过不断迭代优化培训设计，促进教师培训改革与发展。其研究中进一步指出培训设计应当包含的三个方面，即培训目标设计、培训内容设计、培训活动设计。其中，培训目标设计要满足培训真实需求，教师培训不能脱离教学实践，要精准分类；培训内容设计要注重实用性，解决真实问题；培训活动设计要互联共享，依托互联网，促进专家智慧、个人经验的流通。该研究对教师培训设计的开展有着理论指导意义，也有助于提升教师培训设计的科学性和有效性。

现阶段，基于新形态教材的研究主要集中在对新形态教材特点、建设原则与实践应用上（高景祥等 2022），围绕的主题多是新形态教材本身，而基于新形态教材的教师培训设计与实践研究尚属空白。因此，基于现有研究空白以及教师培训设计改进的实践意义，笔者从教师培训设计者视角出发，对基于《新探索》这一新形态教材的教师培训进行质性分析，并尝试回答以下研究问题：

1）基于新形态教材的教师培训如何设计？

2）基于新形态教材的教师培训实施有效性如何？

3. 培训设计与实施

3.1 综述

对教材本身的深度理解与研究是教师培训设计者开展教师培训工作的基础。在进行教师培训整体设计前，笔者对《新探索》系列教材进行了全面学习，包括教材定位、编写理念、教材特色、教材构成、配套资源等，并对教材的定位与特色进行了梳理与分析。

《新探索》系列教材是外研社、外研在线出版的第一套应用于高校研究生公共英语教学、面向全体硕士研究生的新形态、立体化教材。在教学目标上，该教材旨在实现研究生的通用学术素养能力培养，体现对研究生的多元能力培养。在价值培养上，该教材旨在实现思政育人、立德树人以及提升学生国际视野。在教材模式上，该教材打破传统纸质教材的静态、单一形态，由U校园智慧教学云平台（以下简称“U校园平台”）数字课程、纸质课堂手册、拓展学习资源（如学术词汇、学术写作数字课程等）、配套数字资源（如混合式教学指导手册、助教课件、试题库等）等构成，具备教材内容多模态呈现、学习环境线上线下交互、教学流程线上线下融合、数字资源即时更新迭代等特色，充分体现了信息技术与语言教学的融合创新，全流程支持教师实施混合式教学与学生个性化、自主化学习。在教学方法和手段上，该教材充分体现线上线下融合的混合式教学模式，参考“布鲁姆－安德森认知能力模型”，在U校园平台的支持下，帮助教师厘清线上、线下功能，明晰课前、课中、课后的目标、任务和实施手段，开展智慧式教学流程。

为帮助教师理解新形态教材以及切实提升教师基于新形态教材开展混合式教学的实际效果，基于上述对《新探索》系列教材的认识与学习，笔者及其团队启动了基于《新探索》系列教材的教师培训方案。该方案从教材本身的定位与特色出发，从培训对象、培训目标以及培训方案三个方面进行整体设计，拟从2022年2月至11月期间实施专题一研修班、专题二虚拟教研这两个阶段的教师培训。通过对U校园平台使用数据的分析、对目标院校教师的访谈调研、设计者内部的反复讨论以及对教师切实需求的深度分析，笔者及其团队对两个阶段的培训方案进行了多次优化，也在此基础上不断地调整培训目标、培训日程和培训模块的设计与安排，旨在帮助教师理解《新探索》系列教材、助力教师提升研究生英语教学能力。经过反复斟酌，笔者及其团队设计出了能最大程度上满足教师现阶段需求的培训方案。尽管两个阶段的培训方案在真实的实施过程中根据实际情况有细微变动，但最后的呈现效果在很大程度上达到了预期，取得了良好的成效，收获了大多数教师的满意反馈和宝贵建议。

3.1.1 培训对象

作为面向高校研究生公共英语教学、面向全体硕士研究生的系列教材，《新探索》的核心使用者——负责研究生英语教学的高校教师，是培训的核心对象。对培训对象培训需求的分析是教师培训系统运行不可或缺的重要组成部分，这既是确定培训目标、设计培训课程和实施培训方案的前提，又是进行培训效果评估的基础，还是影响培训实效性最直接和最根本的原因（赵德成等 2010）。在《新探索》系列教材策划前期，教材编写团队就于2020年4月针对研究生英语教学现状进行了系列的调研和总结，调研内容包括课程开设情况、教学目标与重点以及目前在教材使用中存在的问题与需求。基于该调研信息，笔者及其团队对研究生英语教师的基本情况及其教学环境有了初步的了解和判断：1）全国硕士研究生招生规模逐年递增，整体招生趋势向好，这也意味着负责研究生英语教学的教师将面对来自全国更大量的学生，而由于地域、本科院校水平等方面的差异，学生的英语学习水平也参差不齐，如何兼顾不同学情的学生，成为教师教学的一大挑战。2）研究生英语教学时间安排普遍为一学期，教学课时时常面临着缩减；同时由于教材老旧、选择性少，教师没有合适的、符合时代特色、适合专业学习的教学资源；也由于以往的教学只囿于纸质教材的使用，教师没有开展混合式教学设计的经验。3）研究生英语课程往往需要体现院校办学特色，以服务院校整体人才培养目标为主，但不论普通院校还是211、985等院校，均在进行或基本已经实现学术英语转型，教师现阶段的需求更多地聚焦在对学生学术英语技能的培养与提升上。

笔者在掌握上述信息后，思考了两个问题:《新探索》系列教材的出现能否对上述需求有所回应；教材使用过程中是否出现了其他问题。基于该思考，笔者及其团队在2022年2月开展了研究生英语教师深度访谈调研，以进一步明确作为培训对象的研究生英语教师的教学实际情况，挖掘教学痛点，了解研修需求。

在本次教师培训开始前，《新探索》系列教材的基础级已经使用了一个学期（2021年秋季学期），因此依托数字教程所在的U校园平台使用数据，笔者选择访谈对象时对《新探索》系列教材的基础级使用院校进行了筛选。在筛选标准上，选取了使用读写教程、视听说教程的院校，借助U校园平台的数据收集功能，筛选出平台上学习人数、学习时长、练习题数量、作文智能评阅次数排名前五的院校，排重后筛选出17所院校。在教材的使用上，17所院校中的所有院校都使用了读写教程，9所院校仅使用了视听说教程，5所院校同时使用了读写教程和视听说教程；从院校类型来看，17所院校中有3所211院校，其余均为普通本科院校。而后，笔者对这17所院校的访谈优先级进行了排序，将院校按其所在区域进行分类，优先确保每个区域至少筛选一所院校，第一轮敲定9所优先访谈的院校。教材销售人员作为院校与出版社之间的桥梁，他们直接面向使用教材的院校教师，能够第一时间收到教师的使用反馈，而教材的编者团队能够从编者视角去考虑访谈哪类院校可获得更多信息，并以此为后续教材的迭代与优化进行铺垫，因此笔者咨询了他们双方的意见，进一步对访谈院校的筛选标准进行了优化。最终，访谈对象敲定了10所院校的10位教师，院校所在区域覆盖西南、西北、华南、华东、华北；院校类型涉及2所211高校以及8所普通本科院校；在课程开设上，10所院校均开设了读写课程，其中有8所院校同时开设了视听说课程。

通过本轮与培训对象的深入访谈交流，笔者将本次以访谈对象为代表的培训对象的特点总结如下：

1）往往面临多重教学任务、学生水平参差不齐的情况。绝大多数院校负责研究生英语课程教学的教师团队由2至8人组成，且大部分教师同时兼顾本科公共外语课程的授课，现阶段面对的学生人数在600至1500人不等，以大班教学为主，每班人数不少于45人，并且学生的水平往往都参差不齐。

2）对新教材基本都能够保持开放、乐于接受的态度。原因有三：一是旧教材理念与内容在一定程度上不再适合现阶段的教学实际；二是受疫情影响，传统纸质教材不再适合课堂教学；三是在课时缩减的情况下，线上资源的出现将满足教师教学、学生学习的需求。混合式教学的开展能很好地解决上述问题。

3）对新形态教材的设计理念并没有真正理解。整体来看，教师对《新探索》系列教材的使用反馈是正面的，例如"内容新""主题好""资源全""难度适中""含思政""实用性强""契合教学目标"等。但教师仍希望将词汇、练习等内容印制在纸质手册上，背后原因是教师还未理解新形态教材的设计理念，还在以既往授课的思维开展混合式教学设计。

4）对教师培训、研修项目都抱有愿意积极参与的态度。受访教师在访谈时都表示他们对基于《新探索》的混合式教学效果比较满意，因为教材在设计上关注学生学术能力的培养，也能够满足教学需求。与此同时，教师也都表示希望且愿意进一步参加基于《新探索》的教师培训，希望教师培训在形式上更偏向示范课和虚拟教研，而在内容上除了关注活动设计外，更要能够结合专业特色。究其原因，一是希望进一步提高混合式教学水平，创新混合式教学设计；二是希望通过对其他院校的观摩，了解同行院校的做法；三是希望能够在研究生英语教学上有所产出。受访教师中有3位教师提及希望能够参加研究生英语教学相关的全国性质的科研项目或大赛。

5）教师对《新探索》内容的难易程度的感受因学生水平的不同而不同。普通院校教师反馈基础级读写教程的难度较为适中，而视听说教程略有难度；211院校的教师则认为基础级读写教程的难度不够大。教师对于教材难度的标准始终与学生水平相关联，而如何针对不同水平的学生开展教学，也一直是教师教学过程中需要不断探索和解决的问题。

3.1.2 培训目标

设计教学的最佳途径是根据所期望的目标来安排教学工作（加涅等 2007），这个观点同样适用于教师培训工作中的目标设定与培训设计。基于上述培训对象的特点以及实际教学中的真实问题，笔者及其团队设定了培训的总体目标。首先，培训要帮助研究生英语教师提升对《新探索》系列教材的认知，这个认知是多层次的，既包括对新形态教材作为一种全新教材形态的概念、内涵的认知，也包括教师对《新探索》系列教材的编写理念、定位目标、设计原则、设计特色、配套资源等的深入理解与认知；其次，培训要帮助教师转变教学理念，从传统的基于单一纸质教材的教学理念，转变为基于数字化教学内容、平台和多模态资源，线上线下结合的混合式教学理念；最后，帮助教师提升基于新形态教材教学的实践应用能力，基于人才培养目标和课程教学目标，充分利用《新探索》的多模态资源和智慧工具，开展基于新形态教材的混合式教学融合设计与教学实践。简而言之，培训的总体目标是帮助研究生英语教师“提升认知，转变理念，掌握方法，促进应用”。

3.1.3 培训方案

信息技术不仅全方位地渗透到了教育领域的各个方面，深刻地影响着教育理念与教育实践，还推动着教师培训发生根本性的改变与革新（彭昊、唐智松 2022）。人工智能、大数据与云计算等新一代信息技术的出现与兴起为教师培训的发展与升级带来全新的机遇，使得大规模、低成本、跨时空的教师培训成为可能（赵鑫、谢小蓉 2022）。

基于网络平台，教师的研修活动变得更为形式多样化、内容丰富化、学习经济化。从支持院校教师开展教材创新使用的角度出发，为完成上述培训目标，本次培训的方案包含两个阶段：专题一研修班和专题二虚拟教研。依托“外研社 · U讲堂社区”，对社区内的研究生英语教师进行筛选，组建专门的研修学习社群，开展直播培训。

笔者及其团队对本次培训设计流程进行了梳理与回顾，具体设计思路如下：

基于对U校园平台使用数据的分析以及对使用院校的访谈调研（上文已详述），完成整体研修方案的策划，在该策划中简要对阶段一的专题研修班和阶段二的虚拟教研进行时间和目标的规划，以明确后续每个阶段活动的展开方向。

阶段一的专题研修班安排在4—5月进行，内容涵盖理念阐释与教材剖析、教学示范与实践分享、学术技能与拓展外延、实操设计与交流分享。研修班邀请《新探索》系列教材主编团队、标杆使用院校教师主讲，围绕《新探索》系列教材，深入剖析新形态教材的设计理念与特色，就教材使用提出指导建议，分享混合式教学实践与授课经验，给出教学活动设计与教学建议，帮助参班教师革新认知，提供全新教学理论视角与设计思路，为进一步提升研究生英语教师的教学实践能力做铺垫。

阶段二的虚拟教研安排在秋季学期（8—11月），紧密结合《新探索》的基础级教材，配合教师教学备课节奏，每期聚焦一个特色主题，从学术技能点切入，贴近研究生英语真实教学情境。虚拟教研邀请一线教师进行说课分享，并请主编团队进行说课点评，开展教学活动设计的直播交流。

两个阶段的设计流程可简要概括为：阶段一的专题研修班设计与实施包括方案优化、活动实施、学后调研；阶段二的虚拟教研设计与实施包括需求分析、专家咨询、原方案优化、活动实施、学后调研。下文将对阶段一、阶段二的设计与实施进行详细阐述。

3.2 阶段一的设计与实施

3.2.1 培训子目标

阶段一的培训设计方案共进行了三轮优化，培训目标也依据培训方案的整体调整而相应变化。第一轮，笔者基于前期与院校的访谈结果，初步拟定了研修班的策划方案。在培训目标上，笔者敲定了“理念引领，教材解读”“教学示范，模式革新”“实践探索，案例分享”三个培训目标，旨在从理念、模式、案例三个维度来开展教师培训。

为了进一步优化第一轮方案，笔者及其团队进行了一轮内部讨论，就策划方案开展首轮优化，形成第二轮的培训目标。笔者及其团队发现第一轮的策划方案存在以下两个问题：1）调研结果并未有效服务于方案策划。在对前期调研结果的分析上，笔者虽然对调研的情况进行了一定程度的分析，但在研修班方案的策划中，两者仍然存在“两张皮”的情况，并没有对问题背后的原因进行分析。2）研修目标不清晰。在对研修目标的分析上，笔者并未考虑侧重点；在主题设计上，虽然设计了多个维度，但未考虑到实际上通过半天的研修，想达成三个不同维度的目标是有难度的，而且多头并行容易导致重点不突出。基于这两个问题，笔者及其团队进一步对前期的调研进行了剖析，一方面对已使用该教材的教师进行了教学痛点的定位，另一方面也基于未使用该教材的教师需求，分析了其使用《新探索》系列教材的可能性。

对于使用了该教材的教师，存在的问题或需求包括：首先，对研究生英语教学的目标和定位理解不深入。研究生英语教学应当重视学术能力的培养，关注培养高层次创新人才，然而部分院校的教师仍然以通用英语阶段重文本解读、重语篇分析的方式来教授研究生英语，认为《新探索》系列教材的词汇量小、语篇短，且有教师认为新形态教材将单词、练习题放在线上会促使学生在词汇和语篇阅读等低阶能力的获取上投入更多时间，而忽视了对研究生所需的高阶能力的关注与培养。再比如有院校认为《新探索》没有针对研究生的英语学习需求去设计，深挖其背后原因，一定程度上是教师未了解到研究生英语和本科生英语在教学目标的侧重点上是有差异的。其次，对《新探索》系列教材理念的理解不深入。《新探索》的教学目标旨在培养通用学术英语能力、为专业学术英语学习打好基础以及提升创新思维能力和学术实践能力。然而部分普通院校并未抓住教材中强调的学术技能和思辨能力这两个核心培养目标，例如，有的院校的教学重点仍然是帮助学生开展语篇分析，而忽略思辨、跨文化等板块内容的学习，究其原因是大部分院校受长期使用传统纸质教材的影响，按照教材本身的内容进行了常规教学，而并没有学会使用新形态教材本身搭建的教学脚手架。但笔者及其团队看到有的院校会更愿意在课堂上使用思辨板块，并认为“开放—互动—创生”（discover-construct-alternation，简称DCA）板块的设计很好，会在课堂上融入思政、跨文化内容。再次，对混合式教学理念的理解不深入。院校教师在对线上线下教学的目标区分度上表现不足，认为线上学习的关键是激发兴趣，铺垫基础，U校园平台练习挑战性过大会适得其反；线下教学是老师的主阵地，需细化教学过程。然而实际的线上线下学习应该是相辅相成、相互补充的，这种对于混合式教学理念的浅层认知，也进一步导致后续的混合式教学实践开展情况不如预期。最后，混合式教学实践中线上线下的融合浮于表面。线上教学与线下教学是剥离的，研究生教学课堂仍然以教师讲授为主，U校园平台线上学习作为课后练习使用，教师没有对线上学习数据或课堂内学习、评价数据进行留存与分析，并未真正做到线上线下“融合”的混合式教学。教师除了希望能够对混合式教学活动设计有进一步的了解外，也对在教学中融入专业特色表现出了极大的兴趣。

尚未使用该教材的老师对新形态教材的主要需求在于：第一，理念新、内容新、难度合适。传统研究生英语教材内容过于老旧且难度偏大，也没有配套资源，而《新探索》理念新、内容难度适中、有配套的资源。第二，新形态教材更适合在疫情之下开展混合式教学。在疫情期间，各地高校延期开学，基于网课的授课方式逐渐成为教师开展教学的最优解。传统纸质教材如何适应新的教学模式成为亟待解决的一大问题，数字教材的富媒体性、交互性和便捷性在教师和学生中受到广泛欢迎和认可，这也为传统纸质教材带来了巨大的挑战，纸质教材的运用面临重重困难。第三，由于研究生英语课时缩减，混合式教学成为必然的发展趋势。为混合式教学模式设计的新形态教材是教学改革的有利工具。

基于上述分析，笔者及其团队进一步细化了阶段一，也就是专题研修班的培训目标，仍然设置三个模块，但目标更加聚焦和切合实际，具体体现为：

1）理念引领，教材解读：专题研修班从研究生学术技能和思辨能力这两大核心培养目标切入，在提升教师对研究生学术英语教学关注度的同时，帮助教师革新教学理念，认识新形态教材，对《新探索》系列教材的定位、设计理念、特色与教学模式有全面的理解。

2）教学示范，模式革新：专题研修班拟邀请《新探索》系列教材编者，结合教材的具体单元教学设计与实践，辅以真实课堂录像，进行教学示范，为参班教师开展线上线下融合的混合式教学实践提供有益借鉴。同时，也将在教学示范中具体展示教材特色，例如如何挖掘思政素材、如何培育思辨能力以及如何借助数字平台或工具实施个性化教学等。

3）实践探索，案例分享：专题研修班拟邀请教材使用院校的教师分别结合各自院校不同的校情与学情，从混合式教学指导手册使用、教材板块选取、活动设计、课堂评估、应用成效等多个方面分享基于《新探索》系列教材开展混合式教学的经验与感悟，助力参班教师进一步了解教材的特色与应用。

在第三轮，也就是最后一轮的培训目标确定过程中，笔者及团队从投入的时间以及效果预期的角度对三个目标进行了最终取舍。首先，"理念引领，教材解读"必须保留，教师需要先转化认知，有输入才能有输出；其次，对于"教学示范，模式革新"和"实践探索，案例分享"这两个目标，考虑到时间排期，最终敲定只保留"实践探索，案例分享"，并决定将"教学示范，模式革新"的目标留在阶段二完成。

最终，阶段一的子目标聚焦在：1）理念引领，教材解读——帮助研究生英语教师构筑教学理念，认识新形态教材；2）实践探索，案例分享——帮助研究生英语教师了解《新探索》的教材特色，使他们愿意尝试开展智慧教学。

3.2.2 设计过程

基于培训目标，笔者及其团队进行了研修日程的设计。在日程上，同样进行了三轮优化，整体思路是拟邀请教材的主编、编者及使用院校教师来进行发言。在第一轮的日程设计上，笔者将研修时长敲定在半天，考虑到要兼顾《新探索》的基础级与提高级，拟定邀请1位基础级主编、1位提高级编者及3位使用院校教师开展教师培训。

在内部第二轮沟通时，首先对时长进行了讨论，半天的研修时间并不能达成既定的目标，故将培训时间延长到了2天，并设计三个模块，分别对应第二轮方案调整时确定的三个培训子目标。其中，模块一共拟定邀请4位专家，除了3位《新探索》主编外，还将邀请能够从整体上把控研究生教育改革创新的专家，发言内容涵盖研究生教育发展现状、研究生教育改革创新

（学科设置、人才培养、课程体系、教材建设）、研究生教育工作展望三部分。三位主编则分别是《新探索》系列教材中的读写教程（基础级）、视听说教程（基础级）和视听说教程（提高级）分册的主编，分别从以下三个维度对教材进行解读：

1）从教材模式和教学模式出发，以《新探索》读写教程（基础级）为例，解析在研究生英语教材设计与教学环节中，如何有效实现线上线下融合的混合式教学，包括新时代背景下的新形态教材建设、系列教材的总体设计与理念、线上线下融合的混合式教学设计与建议。

2）从教学目标出发，以《新探索》视听说教程（基础级）为例，解析该教材如何基于学术技能、思辨能力这两大核心培养目标进行设计与教学策略实施，包括研究生英语人才培养目标与课程定位、教学现状与改革方式、视听说教程中的学术技能和思辨能力培育与教学建议。

3）从"思政育人"的教学理念出发，产出课程思政的内涵与意义，展示系列教材中如何体现课程思政理念、有哪些思政素材（隐性、显性），并以《新探索》视听说教程（提高级）单元内容为例，阐述研究生英语教学中如何落实思政育人，并给出相应的教学设计建议。

模块二聚焦教学示范，通过以具体单位为例的示范课，帮助参班教师更直观地了解标准化的课堂流程设计与实施。由于研修班策划时期，《新探索》的基础级较提高级先推出，因此示范课拟定以基础级的读写教程和视听说教程为例。同时，为了帮助参班教师更快、更好地了解U校园平台的使用方法以及新形态教材的多模态资源，由产品以及教材编辑团队分别从平台功能和教材资源两个方面，为参班教师开展相关内容的培训。

模块三则拟邀请2位将教材投入实际使用的院校教师来进行智慧教学的说课分享，以具体的一个单元教学为例，聚焦课堂活动，帮助参班教师了解在面向处于不同水平、来自不同地域院校的学生群体时，该教材如何支持后续的混合式教学的开展。

第二轮的日程确定后，由于第三轮目标的变化，模块二在本次研修班中不再实施，因此研修时长压缩至1天。在这个过程中，笔者及其团队又对模块三进行了进一步优化，基于对《新探索》这一新形态教材内容的进一步学习并挖掘其特色，笔者发现，如果仅从混合式教学的角度切入，模块三的内容将非常单调，缺乏吸引力，并不能呼应教材特色和前期的调研反馈，如教师对课堂活动、专业发展的关注。因此通过讨论，最终从四个维度确定了模块三拟邀请来自四个院校的4位教师进行发言，其发言主题包括：1）聚焦课堂活动，彰显思政育人；2）融入专业特色，激发学生兴趣；3）创新数据驱动，提升教学效果；4）赋能专业发展，助推教师成长。至此，笔者及其团队也就完成了阶段一的专题研修班培训设计的全部过程。

在研修班的实现形式上，笔者及其团队主要依托“钉钉社区”，通过在预告推文内预留社区二维码的方式，进一步对研究生英语教师的群体进行留存和定位，也为后续教研活动的精准开展进行了一定的铺垫，同时也通过在线社群的形式为研究生教师提供了共同交流的云平台。

3.2.3 实施结果

本次专题研修班最终在5月14日（周六）实施，比预期的时间延迟2周，主要是因为笔者在此期间添加了与说课院校进行磨课的环节，就其发言内容进行了两轮打磨。在阶段一的专题研修班结束后，笔者发布了活动满意度调研问卷，参与调研教师人数达80人。通过对问卷中数据的统计、分析可以得知，参班教师整体满意度为96.88%，其中对于模块一理念引领的满意度是98.25%，对于模块二实践探索的满意度稍低，为95.95%。

在本次专题研修班的满意度调研问卷中，参班教师分别就学后的收获、仍存在的问题以及提出的建议三个方面进行了反馈。笔者对参班教师的反馈进行分析与总结后发现，有高达93.75%的教师都进行了有效的回答。认为自己在研修学习过程中有所收获以及写下自己的收获内容的教师占75%，对本次研修班提出建议的教师占20%，另外，有2.5%的教师表明自己在研修结束后仍然存在问题。

通过分析参班教师的反馈可以看出，教师们的收获主要集中在三个方面。首先，从本次研修班课程设置出发，研修班云集了众多学术界的大咖，授课的嘉宾教师的讲座内容丰富多彩，教学设计的指向性更加精确，案例分享十分细致深入，为教学研究提供了很好的范例，为教师职业发展以及研究生教育指明了方向，对教材的讲授方法进行了明确的指导，因此教师们在研修过程中都取得了很大的收获。其次，从新形态教材的层面来看，有教师认为，在新形态教材中可以看到理论与实践的结合，且该教材有很好的配套资源、内容充实、实例丰富且具有很强的可操作性。另有教师反思到，新形态的混合式研究生英语教材对研究生英语教师提出了新挑战，教师只有在边学习、边教学的过程中，才能教学相长，更好地使新形态教材服务于课堂。最后，从个人层面出发，教师们对教材有了基本的理解，对课程构思有了框架，在教学设计方面获得了很多启示、有了别样的思路，对教学的内容和工具有了更全面的了解，日后会将其应用到自身的教学中，以发掘教材的更多功能。还有教师通过研修了解了《新探索》系列教材的适应性，明确了教材的合理使用对课堂教学会有很大的帮助，并学习到了思政教育与英语教育更好结合的授课方法。更有教师对研究生英语课程线上线下结合的混合教学模式有了新的认识，获得了更加清晰的思路，对混合式教学的实施、教学环节的设计以及教学评价方法等方面都有了更深入的了解。

在收获之余，教师们还针对此次研修班提出了一些中肯的建议，大致可以分为两个层面。第一个层面，从活动本身来说，教师们希望教材出版机构今后能够更多地开展此类活动。他们认为此次的培训交流十分有益，很多教师认识到自身存在的不足，希望能够多接受培训、有更多交流的机会。此外，还有很多教师认为，研究生英语教学层面的专题研修匮乏，希望日后可以在此方面开展更多研修活动和教学比赛。第二个层面，教师们在研修班的内容设计上给出了建议。他们希望可以在研修中增加一些翻译课程，多从学生侧和教师侧进行设计，能够提供更多具有针对性（如针对听说）的教学设计，同时也希望后续可以呈现与试题库相关的内容并分享如何利用平台检验学习成果。教师们也期待在教材投入使用后，出版单位能持续推出基于教材的教学应用培训。还有教师给出了十分细致的反思和建议，认为从本次研修班各个院校的分享中收获颇多，各院校对《新探索》具体教学策略的实施，尤其是在混合式教学和思政育人方面对其所在院校的研究生英语教学具有一定的借鉴意义，但对于普通师范院校，尤其是普通师范院校中英语水平普遍较低的音体美专业学生来说，目前教材设计的难度梯度不够明显，教材内容主题略显单一，希望以后可以请一些师范院校相关的专家、教师来分享教学经验。他们的建议极具建设性与借鉴性，为外研社、外研在线今后的研修班设计提供了方向，为未来更进一步贴近教师切实需求提供了坚实的助力。

本次研修班为参班教师带来不同程度的启发，助力教师开拓视野、学习新思维，让他们看到如何从不同角度出发最终实现共同发展，如何通过多种教学手段实现育人与育才目标。同时，研修班的课程对教师们今后的教学和教研工作都具有很大的指导作用，对教师们日后使用新形态教材进行研究生英语教学极有帮助，他们非常愿意在今后的教学中尝试此次学到的好方法，继续消化所学知识。

3.3 阶段二的设计与实施

3.3.1 培训子目标

基于阶段一的专题研修班，笔者及其团队发现教师在使用新形态教材的过程中，最关注的始终是混合式教学。实际上，基于新形态教材的混合式教学不仅仅在于混合，而在于更深层次的融合。融合不同于混合，是将不同层次教学目标对应的内容配置到不同的教学形式中，实现每一种教学方式的最大效能，有机整合线上模式和线下模式，两者相互承接、相互关联、相互助力，是混合式教学的2.0版本。

依据布鲁姆认知目标层次塔，认知目标需要依次达成，不能跃层而上。通过对不同认知目标的知识分类，将内容配置到不同的教学形式中，从而发挥线上教学和线下教学的最大效能。融合式教学利用网络提供教师讲授的视频，完成低层次认知目标，而后充分珍惜和利用面授的每一分钟，实现更高层次的认知目标。

融合式教学设计的课堂规划与设计分为课前、课中、课后。课前重在达成低层次认知目标，课中重在达成较高层次的认知目标，课后重在巩固前两个阶段的学习成果，并进一步达成更高层次的认知目标。融合式教学设计的要点有三：1）目标分类，系统设计——教师需要关注目标分类与分配，注重探究学习活动的支架设计，提供更多的预设和引导，避免教学过于随意。2）关注线上，及时反馈——及时的反馈能够大幅度提升学生的学习信心、欲望和动力，尤其是要关注课前阶段的在线学习，因为在线学习一般很难获取教师的同步反馈。3）过程绩效，监控促学——教师需要关注学生的多维绩效，以全面了解学生。

因此，笔者及其团队将阶段二的活动主题定为“基于新形态教材的研究生英语混合式教学融合设计”。为进一步了解教师的研修需求，支持后续设计，笔者及其团队又开展了相关的调研数据分析。主要是：第一，重新开展问卷调研；第二，基于编辑团队开展教材使用调研；第三，针对上文提到的用户访谈调研，结合阶段一的反馈，对其进行二次深度分析。

参与针对教师在混合式教学设计、实施与评价环节中感兴趣的教研议题进行调研的教师有78人。经对问卷的总结与分析发现，70%的教师最关注的四个问题是：“如何合理、有效设计线上学习内容？”“如何有效融合线上线下教学内容？”“如何提升学生在课堂上的积极性与参与度（包括提问、发言、互动等）？”以及“如何通过技术实现线上线下教学过程监控和评价？”。60%的教师关注“如何在课堂上进行及时评价与反馈？”以及“如何在课堂活动中指导学生开展互评？”。另外，有50%的老师关注“如何通过技术手段实现学生的个性化发展？”“如何设计、开展和监管课堂小组活动？”“如何组织和开展有效的线上教学活动？”“如何减少学生对于线上教学的倦怠感？”以及“如何通过技术手段开展多样化的课堂活动？”。结合前文提到的融合式教学设计三个要点来看，在整个混合式教学设计、实施与评价的环节中，“目标分类，系统设计”与“过程绩效，监控促学”最受教师关注。

参与《新探索》系列教材使用问卷调研的教师有25人，经总结发现：首先，在使用数字课程的方式上，80%的教师是为学生设定必修模块及通过条件，并且会按照教学进度查看学生学习情况。其次，在使用U校园平台功能的情况方面，30%的教师没有使用U校园平台的功能；30%的教师使用写作智能评阅；20%的教师使用签到、投票功能；10%的教师使用随堂测试；另有1位教师表示未使用U校园平台功能的原因是不知道其使用方法。再次，在对于低层次知识放在线上学习的认同度方面，50%的教师表示认同，理由是学生自学更容易、学习更加个性化、利于教师监督以及能减少学生买二手教材的情况；10%的教师认为其有一定合理性，但还是希望教材上有单词表，理由是学生会更加适应单词表在课本上，放在线上后使用不是很方便。最后，从教师对数字课程设计的满意情况来看，40%的教师表示满意且无其他意见；其余教师提出了一些意见，包括客观题目较少、操作不够便捷、没有单词点读功能、字体小、目录没有序号、学生答案不能被保留等。通过对调研的总结与分析，不难看到教师在教材使用过程中存在的问题。教师会通过平台数据查看学生线上学习的进度和完成情况，但在整个线上学习过程中缺乏足够的指导和干预；教师对于产品的使用频率不高，不了解而且不会使用产品的核心功能；半数教师对低阶、高阶学习目标的学习如何在新形态教材中设计以及这样设计的原因认知不足；教师对线上数字教程的内容并不熟悉，或者说没有完全掌握线上线下内容；另外，教师虽重视技术应用，但忽略教学创新。他们可以对产品功能提出较为明确的意见，但忽视了技术在教学中应该发挥的关键作用，例如如何通过对线上学习数据的分析更有效地设计线下教学内容等。

参与《新探索》系列教材教师教学情况调研访谈的教师有10人，分别来自10所不同的院校。10位受访教师分别就学生维度、教材维度以及教学维度进行了反馈。在学生维度得到的反馈结果是，研究生的课堂活动参与度不高、自律性不强；学生认为线上学习作业多。在教材维度得到的反馈结果是，教师认为教材词汇量小、语篇简单。教师希望语法、词汇印到纸质教材中，原因有二：一是更习惯以前的教材风格；二是在课堂上发现学生在语法上仍存在较大的问题。教师还希望U校园平台能够有更多的操作空间。在教学维度得到的反馈结果是，教师在授课过程中将线上、线下剥离，对混合式教学的认知不够，对于低阶、高阶认知目标的设定仍然有问题，不会合理设计线上线下教学内容，或者说并不会真正使用新形态教材开展混合式教学。经总结分析可以发现，教师在使用《新探索》进行教学的过程中存在一些问题，包括教师不知道如何搭建正确、有效的教学支架，让学生积极参与课堂活动；教师忽视了在学生线上自主学习时进行干预和指导，导致学生在学习时容易感到困难、疲惫、没有成就感等；教师仍需要一个认识、理解和接受新形态教材的过程。

综上所述，笔者针对教师基于《新探索》开展的混合式教学融合设计过程中的典型问题进行了归类和梳理，从认知、能力和资源三个维度切入，发现：1）在认知维度上，教师对新形态教材的理念、内容设计逻辑认知不够和对线上学习的关注度不够；2）在能力维度上，教师对混合式教学支架搭建设计能力不足和不会基于大数据开展教学评价与优化；3）在资源维度上，教师不了解产品的功能有什么以及如何用。

基于上述问题，阶段二的活动目标也从这三个维度入手，包括：1）帮助教师理解新形态教材的理念与设计原则，理解《新探索》线上线下内容设计逻辑；2）帮助教师合理设定教学目标、优化教学活动设计、量化教学评价，用好《新探索》，提升研究生的学术力、思辨力、创新力、实践力；3）帮助教师使用、挖掘《新探索》系列教材中的多模态资源以及配套的智慧工具，开展教学创新，做好混合式教学融合设计。

3.3.2 设计过程

基于上述培训目标，阶段二的培训将更加落地并聚焦实际的教学问题，因此阶段二采用了虚拟教研的方式，由“说课分享 + 专家点评”两个核心环节构成。院校通过说课分享，具体展示教材内容与设计特色，同时加入专家点评环节，能够更切实地帮助教师解决实际教学痛点。在专家构成上，编者将作为点评专家，从教学设计的角度为说课院校进行点评；同时，也包括教育技术领域的专家，从智慧教学的理论和实践出发，指导教师更好地开展混合式教学设计。在日程上，虚拟教研活动拟在8月开展，总共开展3期，将跟随实际的院校秋季教学计划，每月安排一期，每一期聚焦两个单元的教学，基于一个教研主题进行讨论和分享，包括：1）聚焦混合式教学融合设计中的目标分类与系统设计，共同探讨教师如何理解新形态教材、如何设定有效的教学目标、如何搭建合适的学习支架等问题；2）围绕混合式教学融合设计中教师如何有效开展线上学习，例如研究生英语线上学习的组织和监管、多模态资源和智慧工具在教学中的应用与效果验证等问题；3）围绕混合式教学融合设计中教师如何激发研究生的学习动机，例如研究生线上线下自主学习能力的培养，课堂活动的有效设计、开展和评价，提升学生课堂参与度、积极性等问题。同时，笔者及其团队考虑到除了使用《新探索》系列教材后对该教研活动感兴趣的教师外，是否有尚未使用该教材的教师会对该活动感兴趣，因此，在第一期活动中除了虚拟教研部分，笔者及其团队额外设置了教材解读部分，从理念上先领教师入门，而后再进行基于实际教学的实践分享。

3.3.3 实施结果

三期活动均为线上直播，观看教师累计6,000人次，就每期活动结束后收集的数据来看，三期活动共有244人完成了调研反馈。参与第一期《新探索》虚拟教研问卷调研的教师共有56人，对本期虚拟教研的整体满意度达98.21%。在对问卷中教师们的反馈信息进行总结和分析后，笔者将参训教师对收获与反思的反馈划分为两大层面，一个层面是参训教师对内容的反馈，另一个层面则是参训教师对笔者及其团队制定的阶段二的三个子目标完成情况的反馈。

从第一个层面来看，参训教师对整体内容安排和设计比较满意。他们表示从各位专家的讲座中收获良多。反馈高频词集中在“收获满满”“收获颇丰”“受益匪浅”“对自己的实际教学工作起到了指导作用”“思路得到启发”“获得教学启发”“希望有机会多多交流”等，同时有教师提出“老师们结合前期的使用经历，对教材的使用有了更加深入的了解和感受，会在以后教学中结合院校实际情况，继续深挖该套教材的使用方法、摸索适合学生的教学方法”“学校从今年9月份新学期开始将使用《新探索》这套教材，在假期备课过程中，有一些困惑和疑虑，在今天的讲座中得到了各位老师以及专家的指导，茅塞顿开。大概了解了该套教材的特点、设计理念以及具体的课堂设计，收获非常多”“研修的两部分安排，自上而下，前有教材编写老师的教材编写理念的介绍，后有三位教学实践老师的说课。这样的安排让一线教师既获得理论指导、加深对教材编写初衷内容的理解，又让理论指导不落于空洞、结合教学实践，方便在实际中落实”。可见培训内容受到了参训教师的好评，且阶段二进一步推动了教师认知转变目标的实现。

从第二个层面来看，参训教师基本实现笔者及其团队为阶段二制定的活动目标。首先，在对教材的理解和使用上，结合反馈来看，许多教师表示通过本次学习，自己对教材的理解和使用已经有了更深入的了解。诸如对于“优秀的研究生英语教材应该具备的特点”“研究生教材的选择，要注重学术主题牵引，兼顾教材的工具性和人文性；注重技术赋能，能够促成学生有效自主学习；以能力提升为导向，有助于培养学生全面发展”等问题都有了非常清晰的认知。对于如何使用《新探索》，教师们也有了进一步的反思，如“可以更好地利用各单元的主题，更好地融入思政教育”“通过要求学生画思维导图来强化并检测其对课文内容以及结构的掌握、用阅读课上的思维导图来衔接写作课上的头脑风暴，从阅读中学习写作”等。

其次，第二个活动目标——帮助教师制定教学目标、优化教学设计、量化教学评价，用好《新探索》，提升研究生的学术力、思辨力、创新力、实践力，已在一定程度得到了实现。教师们纷纷表示，会尝试将在本次培训中学到的新方法和新理念运用到今后的教学工作中，并对自己的教学工作有了新的展望和规划，如“通过线上线下融合，推动教与学的无缝衔接”“基于课上课下、线上线下的混合式教学，与纯粹的网络教学和传统教学相比，有利于提高研究生英语教学效果和学生的学习效率，对改善教学效果具有重要的现实意义”“要注意提高学生的学习兴趣、做好单元教学反思、不断巩固扎实学生的基础”。

最后，帮助教师使用、挖掘《新探索》系列教材中的多模态资源以及配套的智慧工具，开展教学创新，做好混合式教学融合设计的这一目标也同样收获了成效。混合式研究生英语教学设计和课堂实践打破了原来封闭的教学环境，为补充和完善大学英语教学提供了充分的理论和实践支持。这一过程既使学生的自主学习能力和探究实践能力得到进一步提升，又为传统教学注入活力，有效地丰富了课堂教学模式，提高了教学效果。教师们表示愿意在今后的教学工作中不断挖掘智慧工具的拓展功能，以进一步实现线上线下融合的教学，进而开拓课堂的更多可能性。同时，在使用智慧工具进行教学的过程中，教师们也做了相应的反思：认为混合式教学需要教师不断调整和积极干预，而且教学是一个发现并解决问题的过程；学生对于混合式学习的态度经历了从不适应到适应并主动接受的变化过程；在线写作平台与课堂教学相结合，使学生获得更多写作训练的机会，学生们可以通过自主修改提升写作水平。

通过第一期的问卷调研反馈情况可以看出，参训教师都学有所获，笔者及其团队制定的阶段二的目标均在不同程度上得到了实现，同时参训教师的收获和反思也为后续教师培训活动的目标制定、内容设计等方面带来一定启发。

参与第二期《新探索》虚拟教研问卷调研的教师共有80人，他们对虚拟教研的整体满意度达98.75%。经对调研结果的总结分析得知，教师在使用《新探索》进行教学的过程中，仍存在亟待解决的问题，例如，如何合理分配学生线上、线下学习的时间以提高学生线上学习的有效性，以及如何丰富教学内容并在其中加入更多思政元素等。对于研究生英语混合式教学，教师希望解决的问题有：如何将研究生英语与学生学术写作和发表相结合、如何找到线上素材选择渠道、如何提升学生综合能力以及如何进行线上教学与测试等。问卷还对教师最希望参加或获取的混合式教学活动与资源进行了调研，在教师们的反馈中，85%的教师表示对课堂教学示范课例与评析感兴趣；73%的教师希望能够参与线上观摩真实课堂；56%的教师倾向于单元说课分享与点评；43%的教师对教师教学设计比赛感兴趣；35%的教师选择了教学课件资源；33%的教师选择了教学设计教案；25%的教师对说课视频学习感兴趣；15%的教师对新形态教材编写与设计感兴趣。

参与第三期《新探索》虚拟教研问卷调研的教师共有108人，他们的整体满意度达98.14%。在本期问卷中，除了一些基本信息外，笔者还收集了“教师对教程的意见或建议”。从反馈中可以看到，教师们的建议和意见主要集中在：“建议再补充一些中国文化相关的内容”“希望iWrite和U校园平台能够进行进一步的升级，以提升师生互动效果”“建议增加读写教程中文化思政的活动设计，从易到难逐步递进地安排批判性思维能力养成”“希望教程中能有更多创新性的教学案例分析”等。从中能够看出教师逐渐从对教材形态、研修内容的关注上，开始转向对教材内容、实践方向的关注与思考，将培训内容与自身实际教学情况进行了结合，并提出了问题与建议，这也为笔者及其团队进行后续的培训设计提供了支撑。

4. 讨论

从参训教师满意度反馈来看,《新探索》的教师培训探索相对而言是一次成功的探索。从基于新形态教材的教师培训设计的核心要素来看，首先是需要立足于新形态教材本身的特色，尤其是充分发挥其区别于传统教材的特色，并能够借助智慧教学平台的使用数据作为客观筛选依据。如果没有数据的支撑，在选择说课案例分享院校上就会存在一定难度，学习数据同时也可为后续深度访谈中进一步细化教师在使用新形态教材过程中的教学需求与痛点进行铺垫，通过对比学习数据与实际访谈情况，进一步客观分析教师的教学痛点，规避设计者在教师培训中的主观判断。其次，解决实际教学痛点是教师培训的出发点，只有从教师的需求出发，才能让教师培训更切合实际。培训设计需要从多维度切入，例如基于《新探索》的教师培训，笔者及其团队便从认知、能力和资源三个维度入手。与此同时，设计者也应该认识到不同形式的研修能够实现不同的培训目标，不同维度在每一次培训设计中的占比应该根据实际的情况进行调整。对于新形态教材使用来说，先要从认知上帮助教师转变基于传统教材的观念，因此在最开始设计时，需要重点对新形态教材的设计理念、编写原则等内容进行剖析。然而这一思维的转变并不是通过一次培训就能实现的，认知的转变需要持续的输入，因此在培训设计中，即便后期侧重点更多是在实践上，也需要有一定量的认知理论内容输入。

在基于新形态教材的教师培训实施有效性上，笔者发现，设计者对新形态教材的理解、参训教师群体的精准性、时间安排的适切性都是影响教师培训有效性的关键因素。教师培训设计者对新形态教材的理解对基于新形态教材的教师培训实施的有效性起着决定性的作用，是教师培训顺利开展的基石。在开展教师培训之前，设计者需要对新形态教材有全面的了解以及整体的把握。设计者只有提前打好基础，对新形态教材进行全方位的学习，对教材定位、编写理念、教材特色、教材构成以及配套资源等内容都有深刻的把握，才能更好地传达新形态教材的理念框架，帮助受训教师提升对新形态教材的认知，以切实提升教师培训的有效性。

参训教师群体的精准性是关乎教师培训能否有效开展的另一关键因素。《新探索》系列教材是面向高校研究生公共英语教学的新形态教材，这就表明，在本次培训对象的选择上必须聚焦该教材的使用者，也就是负责研究生英语教学的高校教师。教师培训目标的设定、内容的设计需要明确指向培训对象的需求、切实反映实际教学中出现的问题，因此，只有先精准定位培训对象，才能使后续针对研究生英语教学现状以及教师使用新形态教材时出现的问题和需求的调研有效地反哺培训目标设定和内容设计。对培训对象的精准定位有助于笔者和团队对培训对象进行筛选，选择能体现不同地域特色、反映不同院校类型特点的培训对象进行深度的调研访谈，进一步明确负责研究生英语教学的高校教师在实际教学中的情况以及对新形态教材的反馈结果，以此来优化培训内容的设计，促进教师培训的有效开展。对培训对象进行精准定位可以使教师培训的实施落到实处，最终达到预期的培训效果。

时间安排的适切性同样在很大程度上影响着教师培训的有效开展。在培训方案策划的过程中，时间安排是非常重要的一环，为每个阶段活动的顺利推动提供了保障。阶段一的专题研修班安排在4—5月开展，基于互联网时代信息技术的便利，专题研修班可依托网络平台开展，这也为时间安排提供了更多便利。然而适切的时间安排并非易事，需要经过反复的调整与尝试才能使之适配于培训目标和实际情况。对于第一阶段的日程，笔者及其团队为了适应培训目标的变化进行了三轮优化，将日程从半天更改为2天，最终再压缩至1天；阶段二的虚拟教研活动跟随院校秋季教学计划开展，从8月开始每月一期，共三期。对时间安排的精心打磨可极大程度地推动培训的有效实施，取得预期的最佳效果。

5. 总结与展望

教材作为教师教学的核心课程资源，是教师组织教学活动的依据。以《新探索》为代表的第一套新形态、立体化系列教材，融合了多种信息技术，为教师教学中的痛点和需求提供了新的解决途径，为教师开展教学以及提升专业能力提供了强有力的助力。负责研究生英语教学的高校教师作为新形态教材的核心使用者（包括尚未使用该教材的目标使用者以及已投入使用该教材的使用者），影响着新形态教材在实际投入使用中的整体成效。本研究在对培训对象进行深入访谈调研的前提下，深挖教师的教学痛点和需求，确定了基于新形态教材的教师培训目标，设计了培训内容，经过不断打磨以及团队内部的反复沟通最终优化、敲定并实施了整体培训方案。此外，本研究通过问卷调研的形式收集了参训教师的反馈，检验了培训的有效性。本研究对于如何有效实施以教材为依托的教师培训进行了极具意义的探索，因此，整个研究对基于新形态教材的教师培训的开展起到了一定的借鉴作用。

然而，由于笔者能力有限以及其他条件限制，研究过程仍存在一些不足之处，如在效果评价方面只采用了问卷调查法，未能涉及更多的测量方法以获得更加准确的效果评价等。笔者期望接下来通过长期的培训实践，进一步完善和丰富基于新形态教材的教师培训的培训目标和培训内容体系，设计出一套科学有效的培训方案，为基于新形态教材的教师培训提供有价值的参考，从而推动培训的有效开展，切实提升研究生英语教师的教学能力。

参考文献

高景祥、袁硕、张建英、续永超，2022，我国高校新形态教材建设与应用研究综述，《内江科技》（2）：75–77。

郭婉璐、冯晓英，2021，教师培训项目要素对培训成效的影响研究，《中国电化教育》（12）：87–94。

黄明东、蔺全丽、李晓锋，2022，高校新形态教材的特征、发展态势与建设路径，《出版科学》（2）：32–39。

加涅等，2007，《教学设计原理（第五版）》（*Principles of Instructional Design*, 5th ed.），王小明等译。上海：华东师范大学出版社。

彭昊、唐智松，2022，我国教师培训研究热点、前沿方向与未来展望，《教师教育学报》（6）：155–164。

谭文芳，2022，高校新形态教材建设浅谈，《科技与出版》（9）：86–92。

赵德成、梁永正、朱玉玲，2010，教师培训需求分析研究的回顾与思考，《教育科学》（5）：64–68。

赵鑫、谢小蓉，2022，从技术化到智慧化：我国教师远程培训的研究进展与发展走向，《教师教育学报》（2）：29–38。

人民政协网，2018，中共中央 国务院关于全面深化新时代教师队伍建设改革的意见，http://www.rmzxb.com.cn/c/2018-01-31/1949683.shtml（2023年6月18日读取）。

7　研究生公共外语教师的新形态教材使用研究

李　琛
对外经济贸易大学

提　要：本章在活动理论的指导下，采用质性个案研究方法，以教师的新形态教材使用行为为切入点，探讨我国研究生公共外语教师的新形态教材使用情况。研究发现，教师在课堂内外对新形态教材的使用主要体现在新形态教材作为教学工具和教学客体两个方面。研究结果表明，新形态教材会以一种新“工具”元素的形式进入教师的授课活动系统，刺激活动系统各要素间矛盾的发生，从而诱发教师课堂教学改革动机的萌芽，并以实践先于理念的方式促生教学改革的发生。

关键词：新形态教材使用；活动理论；研究生公共英语

1. 引言

随着经济社会的发展，我国对于建设高质量教育体系的需求也日渐提升。为聚焦我国教育发展的突出问题和薄弱环节，《中国教育现代化2035》[1]中部署的十大战略任务之一是加快我国的信息化时代教育变革，这对利用现代技术加快推进人才培养模式变革提出了更高的要求。混合式教学具备形式丰富、设计多元和适应学习的特点，作为教育信息化的先行者，已然吸引了众多研究者的关注。近年来，有学者尝试推出混合式教学2.0版本的教学理念，认为混合式教学不应该仅是“线上”和“线下”教学形式的机械叠加，而应该是不同教学目标对应的知识在不同形式教学活动中的有机整合，即教师应该注意“线上”和“线下”活动的承接与关联，让“混合”式教学向“融合”式教学转变（沈欣忆等 2022）。尤其是在2020年的新冠疫情后，随着线上教学的普遍推行以及线上线下混合式教学模式在全国课堂教学中的大规模出现，人们对混合式教学的接受度也越来越高。相应地，一些融合了互联网、人工智能等信息技术的多介质教材越来越受到广大学生、教师以及研

1. http://www.moe.gov.cn/jyb_xwfb/s6052/moe_838/201902/t20190223_370857.html（2023年2月12日读取）。

究者的关注（黎宇珍等 2022；李晨、梁茜露 2022；梁文花等 2022）。

为了更好地达成融合式教学的目的，当下已经有一大批纸质与数字化资源结合的教学材料，即“新形态教材”，进入大众视野，并在全国各大高校中投入使用。根据2020年12月24日教育部关于“十三五”期间高校教材建设的描述，新形态教材可以被理解为一种由“传统纸质教材+数字化资源”构成的教材，其中“数字资源是融合人工智能、虚拟现实和增强现实等新一代信息技术、以互联网和移动互联网等方式（介质）呈现”（谭文芳 2022：87）。目前，虽然国内外学者对容纳多媒体数字化技术与资源的教学材料早有关注与探讨（如钟启泉 2019等），然而其在开发研制方面仍然处于起步阶段（冯朝军 2022；黄明东等 2022）。国内学者目前对新形态教材的研究多出现在职业教育领域（如罗海林 2021等），而较少应用于外语教材领域（张敬源等 2017），在课堂应用方面的实证研究甚少。因此，本研究尝试以外语教师对新形态教材的使用为着眼点，探索新形态教材的应用价值，从而深化对新形态教材以及新形态教学模式本质与内涵的认识，为新形态教材的编审提供新的视角和思路。

2. 文献综述

英语教材的开发与推行是实现我国外语教育目标、落实外语课程核心素养的重要途径和主要手段。教材的质量越高，其潜在教育优势越大。教材作为一种在某一学科领域中系统编撰的教学用书，能够反映国家的意识形态、教育思想（钟启泉 2001a，2001b），是教师与学生开展课堂教与学目标与活动的主要依据，具备循序渐进促学、潜移默化促思的特征。于2020年9月发布的《关于加快新时代研究生教育改革发展的意见》[2]中就明确提到了“加强课程教材建设，提升研究生课程教学质量”的要求。研究生教育作为高等教育体系中的重要一环，肩负着高层次人才培养和创新创造的重要使命。外语是沟通中外的重要桥梁，重视外语教育将为建设研究生教育强国，推动研究生教育的内涵式发展，提高高层次人才的文化自信、国际传播力、创新思维以及学术实践能力贡献重要力量。然而，已有英语教材研究却鲜少关注研究生学段的教材开发与使用，无论是从教师视角还是从学生视角展开的研究，大多将研究聚焦于中小学学段或本科学段（如林娟、战菊 2015；徐锦芬、

2. http://www.moe.gov.cn/srcsite/A22/s7065/202009/t20200921_489271.html（2023年2月12日读取）。

范玉梅 2017；张虹等 2021a，2021b）。

当下，学界对教材的概念界定有狭义与广义之分。从狭义上讲，教材一般指代课堂中教师使用的教科书。而从广义上讲，教材指代的是任何能够促进学习与语言使用的工具（Guerrettaz & Johnston 2013；Tomlinson & Masuhara 2018）。就其功能而言，教材是对课程标准的细化与投射，能够规定课程的内容、进度、难度等（Oelkers 2004，转引自 Gautschi 2018），既构成了课程资源的核心，也是编者与使用者在知识、目标与价值方面的接口（Brown 2009；Gautschi 2018；林娟、战菊 2015）。教材种类不同，其潜在的教育效应也各有千秋。Richards（2001）曾将英语语言教学材料按照消费市场地域、目标读者年龄段、语言技能、语言使用目标等标准进行分类，旨在具象化教材内容与目标受用者之间的关系，从而发挥教材的最大效用。

新形态教材的出现打破了纸质教材的局限，其概念意义也有所拓展。教师可利用教材中内置的电子化资源与信息技术支持工具，根据学生个性化发展需求拓展教学内容，从而更有效地服务于线上教学、混合式教学等新型教学模式。虽然现在国内外学者对于新形态教材的定义并未形成一致意见，但现有学者却已经对新形态教材的特征进行了较为深入的讨论，并给未来研究提供了宝贵的意见。Frydenberg & Matkin（2007）认为，新形态教材具有开放、连续的特征，在基础配套技术设施的影响下，教材会在传统与新式之间来回摆动。黄明东等（2022：34）将高校新形态教材的特征总结为“知识更新的及时性、学习内容的丰富性和学习环境的可交互性”，并进而肯定了新形态教材建设在提升高校课程建设质量、刺激课堂教学改革和推进高等教育现代化建设方面的重要意义。另外，新形态教材同时也具备了智慧化教材的特征，具有以基础性学习资源与差异化学习资源为基础的共性价值和个性价值，以临时化学习场域与具身化参与为核心的交互价值和体验价值，以全程化检测与立体化评价为依据的过程价值和结果价值（王天平、闫君子 2020；闫君子、张家军 2021，2022）。然而，新形态教材的开发与设计不等于其价值在教学中的完全实现，只有将教材投入教学活动，在教材使用中才能实现对教材潜在教育意义的考量与评价（安桂清 2019；安桂清、李磊 2020）。

教材使用研究是教材研究的重要内容，主要关注教学活动中发生在教师、学生和实体或非实体材料之间的互动行为（Guerrettaz *et al.* 2021）、方式（Matsumoto 2019）和相关影响因素（Menkabu & Harwood 2014；张虹等 2021b）。徐锦芬、刘文波（2023）将现有的教材使用研究划分为三大领域，分别是教材使用取向研究、教材使用策略及行为研究和教材使用影响因素研究。其中，教材使用取向研究主要关注教师在课程教学中的角色与自我定位（林娟、战菊 2015；徐锦芬、范玉梅 2017；张虹等 2021b），比较具有代表性的是 Shawer（2010）对教师的课程传播者、开发者和创造者三种角色的划分，这也分别与安桂清（2019）提出的教师“教教材”“用教材教”和“不用教材教”行为相对应。在大多数情况下，教材的改编与适应是必然而非偶然（Tomlinson & Masuhara 2018）。因而，也有不少研究者关注教师的教材使用过程，分析教师对教材的选择、删减、解读与调节等行为（Grammatosi & Harwood 2014；McDonough & Shaw 2003），从而达到评估教材及其教学实效的研究目的。

教材的使用与具体社会文化情境，与使用者的理解、解读及使用息息相关（Kim & Canagarajah 2021）。例如，在教师对教材的二次开发行为（Tomlinson 2011）或改编活动（adaptation，McDonough *et al.* 2012）中，学生需求和教学背景（如课程标准、教学改革）是教学者进行教材实景开发的主要考虑因素（沈健美、林正范 2012；俞红珍 2005）。Tomlinson & Masuhara（2018）提出的教材二次开发流程，也将这两项排在首位，分别是与学习者相关的本土化因素、与时代需求相关的现代化因素。当然，与学习风格相关的个性化因素、与学习经验相关的个人因素、与全人发展相关的人文因素、与成长发展相关的适应性因素也是影响教学者二次开发教材的重要内容。当学习者的知识与技能水平不能与课本内容匹配（Prabhu 1990）或课程设计忽视了学习者因素（Allwright 1981）时，均会引发教师的教材二次开发行为。需注意的是，改编、调整教材的能力也是教师实现专业发展的重要内容（Richards 2001）。教材本身并不能实现育人功能，只有当教材被教师带入课堂，并通过教师的讲授进入学生学习生活的时候，其价值功能才得以彰显。

然而，当下有关教材使用的研究虽然广泛，但在新形态教材使用研究方面仍存在较大的缺口。因此，本研究拟尝试从教师视角，即教师的教材使用，探究新形态教材的育人价值以及对未来教材建设与开发的启示。

3. 理论框架

活动理论以包含主体、客体、中介工具、共同体、规则和分工等要素的“活动系统”为分析单位，既关注活动参与者与实体或非实体中介工具的互动与沟通，又致力于探究在集体层面发生的个体与共同体等要素之间的对话与协商（Engeström 2001），可以为探究复杂社会文化活动的构成和发展变化提供系统、清晰的分析框架。该理论已经在二语习得、外语教育领域得到了广泛应用，用于厘清活动中主体与活动中各社会文化历史要素之间的动态交互关系，并根据关系分析结果，给出对应的干预措施或问题解决方案（如李东莹、张莲 2022；张琳涛、杨鲁新 2022）。然而，活动理论在教材研究领域的应用相对来说仍存在局限。教材使用是教育活动中发生在师生与教学材料之间的互动，具有明显的动态化、情景化和关系化的特征（Harwood 2010），利用活动系统分析可为教材使用研究提供新的理论视角和行动参考。例如，林娟、战菊（2015）曾在活动理论的框架下探究了二语写作教师对教材的评估和使用，发现教师主体的教学信念及反思、中介工具的丰富度和学生的外语水平及学习需求是影响教师教材使用的主要因素，而教师主体的能动性在教材从静态文本向动态课堂互动转化的过程中起着关键作用。该研究的推进虽然为活动理论与教材研究的结合奠定了基础，从微观、动态的角度揭示了教师与教材的关系，并涉及少部分电子教学资源的使用，但其关注的主体教材仍然为传统教材，并未谈论技术赋能背景下的教材使用情况。

综上，本研究尝试在活动理论的指导下，从教师在本土化教学活动中对新形态教材的取用状况入手开展研究，强调新形态教材内含的混合式课堂教学本质，关注新形态教材的应用对教师现有课堂教学带来的变化，旨在从教师对新形态教材的取用过程中窥探其对新形态教学模式的看法、应用现状及教师发展潜力等关系到课堂教学实效的根本性内容，从而反哺于新形态教材的本土化应用与发展，为其他教材评估研究提供必要的经验视角。

基于此，本研究的研究问题是：教师的新形态教材使用行为有哪些表现？受到了哪些因素的影响？

4. 研究方法

4.1 新形态教材简介

本研究涉及的新形态教材为外语教学与研究出版社出版的《新探索研究生英语》（以下简称《新探索》），该系列教材从研究生的所思和所需出发，结合教师教学的发展需求，尝试构建了融合学术语言能力、批判思维能力、跨文化能力、学术研究能力为一体的线上线下混合式教学模式，在教材设计与开发中全面落实多元能力发展观，融合外语教育与全人教育，落实思政育人的根本目标，从而达成提高学生学术素养的培养目标。具体而言，《新探索》内容的编写与安排遵循了线上线下混合式教学的逻辑，并通过划分U校园智慧教学云平台（以下简称“U校园平台”）数字课程模块以及课堂教学模块，将线上线下的师生教学有机融合，从而为教师与学生开展课堂教与学目标与活动提供了重要参照。《新探索》也属于一种智慧化的教材，通过融合多介质资源，以促进学生的自主发展与差异化学习为主要目标，有助于实现学习场域与学习者的深入交互，从而提升教师教学、学生学习的过程价值与结果价值。

4.2 研究资料收集与分析

在研究课题组的支持下，研究者共获取了来自国内各个地区高校教师的9个优秀教学说课录像作为本研究的主要研究资料，包括7个《新探索》（基础级）读写教程的课例和2个《新探索》（基础级）视听说教程的课例（如表1所示）。每个说课活动均包括教师对所在院校研究生培养概况及专业特色的介绍、《新探索》教材内容与特色的分析、课程设计的呈现和教学反思的分享四方面内容。

表1　研究课例概览

序号	院校地域	授课教师职称	说课课例
1	西北地区	副教授	《新探索》（基础级）读写教程
2	华北地区	副教授	《新探索》（基础级）读写教程
3	华北地区	副教授	《新探索》（基础级）视听说教程
4	华北地区	副教授	《新探索》（基础级）读写教程
5	东北地区	讲师	《新探索》（基础级）读写教程
6	西南地区	讲师	《新探索》（基础级）读写教程
7	西南地区	讲师	《新探索》（基础级）视听说教程
8	东北地区	教授	《新探索》（基础级）读写教程
9	华中地区	副教授	《新探索》（基础级）读写教程

新形态教材使用带来的新形态教学模式的变化不同于传统的英语课堂教学。从教师的经验性数据中归纳总结并凝练新形态教材的取用方法、特征及影响因素，将其与传统教材取用的相关内容进行对比是本研究的难点。因此，为了解教师的新形态教材使用情况、感受与体验，研究者采用了方便抽样的原则，在与教师3、教师5和教师6沟通后，建立了更加紧密的研究关系，进而通过语音沟通的方式对三位教师进行了访谈（每人1次，每次约60分钟）。访谈内容包括：1）针对说课内容展开的刺激性回忆访谈；2）新形态教材的使用缘由、方式、感受与体验；3）教师对新形态教材使用常态教学活动的描述；4）教师的教学信念、教育背景、教学经历等。此外，本研究还收集了《新探索》的课本、线上备课资源包、教师使用培训手册等多种实物资料作为理解研究生公共英语教师教材使用行为的参考与补充。

本研究采用反复阅读、恒常比较（Strauss & Corbin 1998）的方式对收集到的研究资料进行分析解读。具体而言，在活动理论的指导下，研究者首先对收集的说课课例和访谈转写文本进行了主题分析（Braun & Clarke 2006），并给相应的数据片段标注主体、客体、工具、共同体、规则、分工、结果和其他等8种编码。其次，研究者结合其他实物材料的内容，对上述编码片段与内容进行调整与修改，尝试构建新形态教材使用的活动系统，并给予各个要素在本研究中的操作化定义。如图1所示，活动系统中的主体为研究生公共外语教师，他们需要根据所在院校的学生培养方案与课时分配等规则和分工要求承担相应的教学任务，并开展具体的课堂教学活动；客体是这些教师为学生设定的课程教学目标；主要中介工具是《新探索》教材，包括课堂手册、U校园平台、辅助教学资料包等内容。需注意的是，本研究虽然尝试构建了教师的新形态教材使用活动系统，但该系统的本质仍然是研究生公共外语教师的教学活动，新形态教材仅作为其教学活动系统中的一个重要中介工具，该教材的出现会对教师完成教学目标的过程产生影响。

为进一步探究教师的新形态教材使用行为及其影响因素，研究者在活动系统的基础上，尤其考查了工具要素与主体、客体和共同体等要素之间的互动，并最终形成了“作为教学工具的新形态教材”和“作为教学客体的新形态教材”两大主题编码。前者探究新形态教材作为活动系统中的工具要素在教师教材使用行为中的体现及其特征；后者则关注新形态教材在进入教师教学活动系统后，与其他要素之间发生的相互影响。

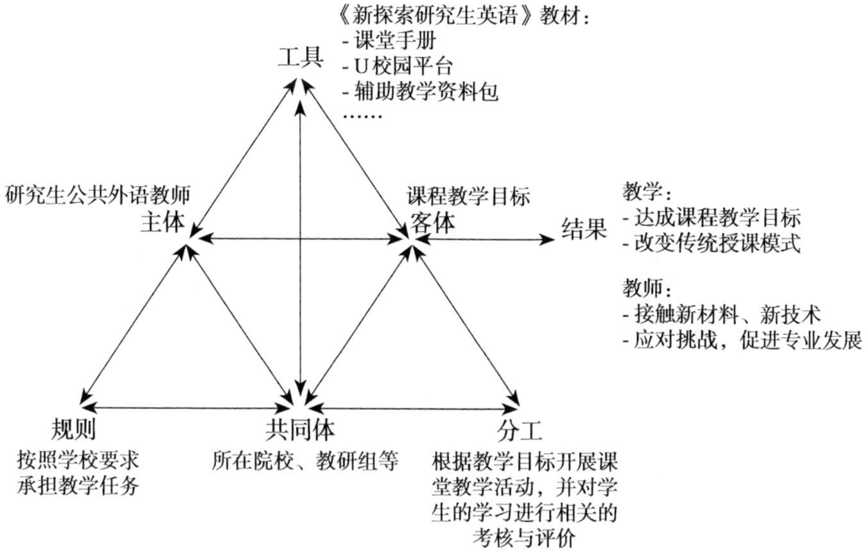

图1　研究生公共外语教师的新形态教材使用活动系统

5. 研究发现与讨论

5.1 作为教学工具的新形态教材

研究对象对新形态教材的使用总体呈现“工具隐性”的特征，即他们会因新形态教材中的数字资源便捷、操作使用简单等特点，在课堂教学过程中给予相关资源较为广泛的应用。其中，U校园平台、iWrite英语写作教学与评阅系统等数字化平台（以下简称“iWrite平台”）在教材中的呈现对课前预习和课后测评活动影响较大，能够辅助教师动态监控学生的学习过程，了解学生的学习需求，精准定位授课的重点与难点，从而达成分层、个性化教学的目的。例如，教师4在课前预习环节会要求学生完成U校园平台上的预习内容，在系统中设定必做和选做题项，并提供补充阅览材料；其使用目的是将低阶学习内容前置，为高阶学习目标预留课堂对话空间。教师3使用U校园平台的目的也与教师4类似，她提到：

> 我觉得有U校园还是很好的。因为有些内容就不一定非得在课上去做了，比如像听力，我就留作作业。我说你们今天去把这个听完，然

后下节课我去在U校园里边儿去看学生的这个成功率，看哪个题有问题。然后带着问题再学，带着学生再去听，去解决这个问题。如果在课上再去放，因为每一个听力大概都得是五六分钟很长，那么学生就会觉得太浪费时间了。

从中可知，在U校园平台介入后，教师的课堂教学内容有了变化，他们会根据学生的课前学习情况，尽可能地呈现符合学生个性化学习需求的英语课堂，促进教材作为基础性资源和差异化教育功能的交互发展。教师1曾在说课分享中提到：

如果教师直接在课堂中询问学生学习困难的话，因面子问题学生可能不太愿意回答，但有了U校园平台的数据辅助后，对学生困难的把握就方便多了。

这也表明，在新形态教材以适合学生个性化学习的"姿态"进入教学活动后，教师对教学目标的把握程度、课堂活动的设计改善以及教学结果的反馈评估也得到了提升。在教师2的教学活动中，每当涉及观点分享类活动时，她就会有意地在U校园平台中开放网络答题空间，从而"给不够自信的学生留下思考空间和答题机会"。如表2所示，考虑到学生的英语水平及口头表达能力，教师2在进行课堂讨论活动A2和A3时，就已然设计了课前自主学习活动，在U校园平台上布置阅读任务和思考题，为后续的课堂活动搭好支架。

表2　教师2说课教案节选

阶段	学习目标	教学目标	课堂活动
2nd课堂（2课时）	分析	2. 课前任务检查 Sharing your opinions Q1	A2——以本组为例讨论：When people meet for the first time, they try to find something in common with others. Do you think so? Why?
	辩证思维	3. 课前任务检查 Making connections Q2	A3——According to the text, a shared identity is a major reason why people form groups. Do you believe so, and do you believe your groups will last long?

使用U校园平台可以在帮助教师监控学生学习结果的同时，在潜移默化中改变教师的作业讲评方式。例如，教师6在课程结束后，会要求学生在iWrite平台中进行多稿写作，从而达到机器辅助教师定位学生写作难点，动态监控学习过程的目的。在此过程中，教师繁重的工作量得以缓解，工作效率得以提升，教师的工作幸福感也由此而生。正如教师5在访谈中所说：

> 就登录教师端之后哪个学生做的进度你很清楚，就是学生完成了多少，还是很容易去监控的，然后做得不好的你就可以提醒他一下，然后抓紧时间完成。我觉得还挺好的，这总比我们收纸质作业，说实在的，要轻松很多，要不然的话那一堆看起来也是很痛苦的一件事情。而且这还能自动评判，非常好。就它能自动判断答错了，就这样出来一个，要不然这么多作业，我天呐，要挨个判的话。就是我们可以去把那分高的挑出来，然后可以去作为榜样，然后去让大家去共同学习。老师再看一看我觉得就已经头很大了。使用 U 校园是降低了这个工作量了，也还是很好的。

新形态教材的使用也改变了教师原有的课程评价方式。在使用过程中，新形态教材中内置的线上教学活动也自然而然地成了教师考核学生成绩的重要指标。例如，在教师1的教学设计中，U校园平台的线上作业在学生的平时成绩中占比为20%，与课堂出勤（30%）、课堂表现（20%）和课堂展示（30%）一同形成了教师对学生平时表现考核的重要指标。在布置U校园平台线上作业时，该教师会留给学生一定的选择余地，让其自由选择视听说和读写版本教材中相同数量的课文进行学习与测评，只要保证学习成绩过关率大于等于60%即可。这样的平时成绩考核方式体现了该教师的教学灵活性，更加贴合研究生的学习特点，在提升学习内容丰富度的同时，也赋予了研究生较大的学习自主性，实现了个性化教学的目的。

然而，研究对象对新形态教材的使用也会呈现“工具凸显”的特征，即教师对新形态教材中数字化平台的使用方法仍然不太熟悉，在课堂教学中的应用形式与范围仍然较为局限。“工具凸显”与“工具隐性”的最大区别在于，后者已经作为常规内容内隐为常态化教学的一部分，而前者只是流于形式，仅作为一种工具“侵入”课堂空间，并未真正落实到课堂操作层面上。具体而言，一些教师虽然会在课堂上呈现一些U校园平台中提供的学生学习结果统计数字，但是他们并未对这些“数字”背后的含义进行深入解读，其作为教学工具在课堂实时互动中的应用较为局限。

在使用新形态教材的过程中，教师与学生的互动方式也变得更加多元化。《新探索》系列教材在前期设计阶段就已经将多模态教学资源与纸质版课堂手册进行了深度融合，丰富了学生、教师与文本的对话方式，教师在备课和授课过程中对多模态资源的使用就变得更加便捷，从源头上为提升课堂趣味性以及多模态互动度提供了可能。例如，教师6在访谈中提到：

> 课本中有很多二维码，只需要用手机扫描一下就能看到与课文主题相关的视频资源，在讲课时使用很方便，有了这些资源，我备课时就可以减少一些在网上搜索视频资源的时间。

研究对象多数都在“教教材”或者是“用教材教”（安桂清 2019），在新形态教材的使用取向上主要表现为课程传播者和课程开发者的角色（Shawer 2010）。由此可以看出，新形态教材在应用过程中，至少在多模态教学资源的呈现方面以及知识呈现的新颖程度方面能够基本满足教师的教学需求。教师1在说课中曾提及，在引入新形态教材之前，他也遇到了一些教学困境。如学生在使用传统教材进行课堂学习时，存在听课不认真的现象，且在自主拓展学习资源方面存在一些困难；对于教师而言，所在院校研究生公共英语课堂的班级容量大，教学上存有诸多管理困难，加之旧教材内容与时代脱节，备课资源单一，也较难调动学生的积极性。而新形态教材的出现为学生提供了相对自主的学习方式和个性化的学习资源，能够以其新颖的内容、现代化的形式、多元化的交互特征引起学生的学习兴趣，改进学生、教师与环境的交互方式。

5.2 作为教学客体的新形态教材

上述工具隐性特征一方面体现了教师在课堂教学中使用新形态教材的深度与广度，另一方面也反映了教师的新形态教材使用目的，这与教师设定的教学目标一同构成了教师新形态教材使用活动中的客体。

课程规划和单元设计是教学目标设定的重要内容（Remillard 2005）。本研究中，研究对象基本能够参考教材中内设的知识思维、语言技能、思政文化等内容，并结合院校特色与学情，设定具体的课程教学目标与单元教学目标，但是不同教师对教材教学目标的本土化应用程度有所差异。例如，在教师3的课例中，她将该课的教学目标设定为知识目标、能力目标、素质目标和政治素养目标（如图2所示）。其中，知识目标侧重学生对“设计”“AR &

VR”和一些“中外建筑设计特色”等通识性知识的理解与认识，而非单纯掌握词汇、语法知识；能力目标除了要聚焦于学生的英语听说技能外，还关注学生在“评价”方面的思辨技能发展，与知识目标紧密关联；素质目标和政治素养目标分别是培养批判性思维和增强文化自信，回应知识目标中提及的辨别明代家具与巴洛克家具设计特色的差异，并在此基础上进行拓展和延伸。需注意的是，教师3设定的知识目标和能力目标沿用了《新探索》中内置的教学目标。一方面，体现了《新探索》涉及的教学内容和目标与现实中非英语专业研究生英语水平的适切度；另一方面，教师能够在知识目标与能力目标的基础上，加入融合个人经验化知识且符合时代特色的教育目标，这在一定程度上也体现了《新探索》在激发教师对教材进行二次开发的能动性方面所拥有的资源可供性和自由包容度。

Knowledge 知识目标	1. understand the principles of good design 2. understand the application of AR and VR 3. recognize the differences between the Ming-style furniture and the Baroque furniture
Skill 能力目标	1. listening skill (infer from context; listen for key terms) 2. speaking skill (identify problems; provide solutions) 3. critical thinking skill (develop and apply evaluation standards)
Quality 素质目标	1. critical thinking
Political quality 政治素养目标	1. enhance the cultural confidence.

图2 教师3说课课例“教学目标”节选

具体而言，在谈及知识目标3“辨别明代风格家具与巴洛克风格家具的差异”时，教师3在访谈中提到她在此部分的教学上投入了较多的时间与精力，在网上检索了较多阅读材料和图片共享到U校园平台上，而且也设计了课堂汇报展示活动，让学生就二者的差异展开了深入讨论。对此，教师3的解释是，首先就阅读材料而言，她认为此部分内容是非常有趣而且能够吸引学生的；此外，她认为在研究生英语教学中，教师应当尽可能在有限的教材中帮助学生挖掘更多的信息、拓展人文知识，在英语课堂中落实通识教育的目标。

> 如果你自己不去挖掘更多的信息的话。我觉得是比较单薄的，因为我觉得研究生不像本科生，从更多的角度来说，就要注重对一个孩子的通识教育，课文内容应该更全面一点，比如人文历史艺术之类的，我觉得都是要涉及一些的。

另外，教师3之所以在访谈中特别强调英语课堂中通识教育的重要性，其原因有二。一方面，教师3的授课对象均为理工科学生，考虑到学生的专业教育背景，教师3认为英语课堂中呈现的这些文化信息恰好是学生在过往教育经历中所欠缺的。另一方面，教师3在使用《新探索》时，恰好是她从本科公共外语教学转到研究生公共外语教学的第二年。过往十多年的理工科本科生公共外语教学经验成了教师3设定研究生公共外语教学目标的重要依据。

教学目标的设定往往会受到教师主体经验化视角的影响。对于大多数受调查的教师而言，在基于《新探索》设计课程时，他们都对教材内容进行了个性化的筛选。他们往往根据自己过往的教学经验，结合教材内容来设定课堂教学目标和选择授课内容。而在授课过程中，教师设定的目标也会跟教材的设计初衷有差异。就本研究中涉及的9个课例而言，有6位教师在设定教学目标时提到了研究生学术英语能力的发展与提升。而在《新探索》教材的设计中（尤其在读写教材中），编者也强调了培养研究生学术英语能力的内置目标。例如，教师6就有效利用iWrite平台，让学生进行多稿写作，在反复巩固教材学术写作知识的基础上，使写作题材与专业相结合，达到了为学生学术论文写作发表服务的目的。

此外在说课活动中，教师6提到她会有意识地强调《新探索》中提及的学术英语写作知识，并尝试通过文本分析和写作讲习等活动，帮助学生认识到公共外语学习对提升其专业能力的实质性作用。例如，在讲到英文写作中“证据的使用”原则时，教师在课文原主题“疾病（disease）”的基础上，结合当下时效性较强的“新冠病毒”话题，拓展教学内容，并引导学生借助iWrite平台进行多稿修改写作活动，让学生在实际的写作活动中学习选用可靠、相关且充分的证据的重要性，并将其付诸实践。如表3所示，在二稿习作中，学生所撰写文段的主题句（S1）内容更加聚焦，细化了新冠病毒毒株所属的家族体系及其形成缘由；其余拓展句中涉及的症状也更加全面、具体，在增加其可信度的同时，也为最后一句论述病毒的严重性做好了铺垫。

表3 学生多稿写作节选

学生写作文本1稿	学生写作文本2稿
（S1）Covid-19 is a contagious disease.（S2）It was quite popular on the earth.（S3）Doctors and scientists tried their best to find treatments and pills.（S4）It needed time to know effective treatments, so a lot of people died from it.	（S1）Coronavirus is one member of the Coronaviridae family, causing respiratory infection in mammals, such as bats, camels and masted palm civets, and in avian species.（S2）*Symptoms and tissue tropism of coronavirus infection can vary across different host species.*（S3）*For humans, coronavirus infections may be asymptomatic or accompanied by fever, cough, shortness of breath and gastrointestinal irritation.*（S4）In certain cases, particularly in elderly and immunocompromised individuals, coronavirus infections may lead to severe pneumonia and subsequently, the death of the patient.

在“新形态”外观包装下的课堂教材使用活动，其本质仍然是要通过改善学生、教师与知识三者之间的交互模式，达到优化三者交流及沟通效率、提升教师教学质量和学生学习效果的目的。在教师6设计的写作活动中，学生创作的2稿写作文本使用了较为具体的例证，就1稿主题句中较为抽象的contagious disease展开解释与说明，使文段传达的意义更加真实可信。换言之，在新形态教材内嵌的写作评改系统影响下，学生、教师与知识之间的互动得到了改善且效果良好。

教师教学目标的设定会受到所在院校专业特色、生源情况、课时设置、考评体系和院系支持的影响。例如，教师1在教授“社会身份”单元时，结合院校特征，引导学生反思并讨论农民的身份问题，让学生在学习语言的同时进行了有意义的思想性沟通活动。教师6在使用新形态教材时，会结合学生对于论文发表的具体需求，聚焦与学术英语写作相关的知识，调整教学目标，并尝试利用新形态教材中提供的教学评改工具，优化师生互动方式，从而在最大程度上提升学生的英语学习效果。

在访谈中，当被问及在教学中启用新形态教材的缘由时，三位教师的回答类似，大都是“学校通知我们换教材，我们就换了”。由此可知，教材的选择与启用在很大程度上是院系或者教研组集体决策的结果。对于个体教师而言，他们或许参与了决策的过程，或许只是被动地接受。但是从本研究的结果来看，在或主动或被动的新形态教材使用过程中，这些教师的课堂教学都或多或少地发生了变化。在结构与个体的对立张力中，在新形态教材这一中介工具的调节下，外部要求先于内部需求发生，而教师的教学表现改变也先于其教学内在能力转变出现，即新形态教材在启用时，其内置的教学工具、活动、内容、目标及设计理念会首先以外部影响的方式让教师的教学活动发生转变（如让低阶教育目标前置、高阶教育目标后置），进而从行为上拉动教师教学理念的转变，让课堂教学时间得到更加充分的利用，从而更好地服务于学生的个性化学习需求。

而在谈及初次使用新形态教材的感受时，教师们却有不一样的回答。教师3对新形态教材的使用总体而言持比较积极的态度，因为她本身就喜欢尝试新事物，愿意使用新颖的教学工具与方法开展教学。此外，教师3在使用新形态教材前，就有使用智慧版教材（如U校园平台）开展课堂教学活动的经验，所以她在启用《新探索》时，并未遇到较多技术障碍，而是能够迅速将教学工具应用到课堂中。而教师5则提到，虽然U校园平台能够有效帮助教师实现对学生的过程化监控，但是在刚接触时还是遇到了较大的操作困难。由于对新形态教材不熟悉，在技术攻关和熟悉教材内容方面花费了较多的时间，并向出版社寻求过帮助。例如，在备课时，由于对教材不熟悉，教师5发现教材内嵌的视频材料在一定程度上变成了她的备课负担：

> 就是那个视频哈，我就发现它没有字幕，我每次都要花很多的精力先听，我自己要大概写一写，知道视频里面大概都说了些什么，这个备课的工作会给我带来很大的负担，讲课我得先听明白了之后才能讲，所以我就得写出来，就像 dictation 一样，所以对于我来说，这个压力是比较大的。

综上所述，使用中的新形态教材既是教师的教学工具，又是教师的教学客体，但从其生效过程以及使用结果来看，前者对教师教学行为的改变更为直接，而后者的影响较为间接和隐蔽。

6. 结论与启示

本研究以活动理论为指导，采用质性个案研究方法，探究了研究生公共外语教师在使用新形态教材时的表现及其影响因素。本研究表明，新形态教材的编写与出版是新时代背景下线上线下混合式教学发展的知识凝练与物化呈现，而教师在课堂情境中对新形态教材的取用则是教学者在更大范围上、更扎根于实际课堂教学本土特色的教学改革与创新的体现。

本研究发现，在教师的教材使用行为中，新形态教材能够以一种教学“工具”的身份出现在课堂场域中，且在整体上具备工具隐性的特点。相较于以往的混合式教学或翻转课堂教学模式，在新形态教材内嵌工具特性的加持下，教师的技术使用目的能够更加贴合其教学目标，从而达到更好地服务学生学习的目的。换言之，新形态教材的使用能够帮助教师实现教学活动形式的创新，在此推动下，教师的课堂教学机制也在慢慢从混合式教学向融合式教学转变，这也在很大程度上帮助教师达成了提质增效的目标。

然而，技术的融入在提升课堂效率的同时，也存在一定的局限。作为教学工具的新形态教材也同时出现了工具凸显的特征，这表明虽然通过前期的教材规划与设计，新形态教材的技术属性已经能够在很大程度上贴合教学目标（即编者视角），然而在使用过程中，这些设计仍然不能完全隐藏新形态教材的工具特色，以至于仍然会遗留为了使用工具而使用工具的教学问题。当然，新形态教材的使用问题也不能完全归咎于技术的难度挑战。正如在使用传统教材授课的课堂中一般，许多教师在授课中仍然会存在为了开展小组活动而组织学生进行小组活动的问题。

这也启示我们，一方面，在大力推进教育现代化的背景下，新形态教材作为一种媒介进入课堂后，有助于推动教师进行教学改革，以一种更便捷且更隐晦的方式推动教学互动方式的转变，未来可以在新形态教材使用的培训方面做足准备。另一方面，应当转变教师的观念，教师应该认识到新形态教材中内嵌的技术元素，认识到教学设计只是一种类似于传统教材中课文阅读、小组互动、选词填空等司空见惯的教学活动，而非剥离于传统教学课堂以外的、颇具神秘色彩的网络时代产物。观念的改变可在一定程度上消除使用行为发生时的心理障碍。因而，让新形态教材常态化，也不失为一种“把数字资源的静态势能转化为教育改革的动能，推动实现教育数字化转型”（谭文芳 2022：88）的好方法。

教学工具是教师主体视角下“活”化的教材，而教学客体则是能够映射教师主体与课程、与工具、与其所在共同体等相关要素之间复杂关系的核心指标。在教学过程中，教师对教材的二次开发往往是一个必然选项，但很难考量其开发的结果能否在大体上匹配教材设计的初衷。本研究的教学案例分析结果显示，虽然大部分教师在使用新形态教材时会参考教材中内置的教学目标设计教学活动，但是对于一小部分教师而言，他们会根据自己过往的教学经历以及学生的英语水平调整教学活动，从而形成操作化的教学目标与教材内置教学参考目标不太匹配的情况。通常而言，教材往往是对课程标准的细化，但教师设定的教学目标与教材设定的能力培养目标可能会形成偏差，进而导致与国家课程标准偏移的情况，本研究难以对此形成确切的结论。未来可以以国家课程标准、教材的能力培养目标和教师理解的教学目标这三者的关系为研究内容开展大规模调研，从而更好地为调整课标、了解教师教育教学能力以及评估教材质量服务。另外，未来的新形态教材研究仍需关注更多个案，从微观的课堂教学实践和动态的教材使用过程入手，探究新形态教材的育人价值及其对教师专业发展的启示。

参考文献

Allwright, R. L. 1981. What do we want teaching materials for? *ELT Journal 36*: 5-18.

Braun, V. & V. Clarke. 2006. Using thematic analysis in psychology. *Qualitative Research in Psychology 3*: 77-101.

Brown, M. 2009. The teacher-tool relationship: Theorizing the design and use of curriculum materials. In J. T. Remillard, B. A. Herbel-Eisenmann & G. M. Lloyd (eds.). *Mathematics Teachers at Work: Connecting Curriculum Materials and Classroom Instruction*. New York: Routledge. 17-36.

Engeström, Y. 2001. Expansive learning at work: Toward an activity theoretical reconceptualization. *Journal of Education and Work 14*: 133-156.

Frydenberg, J. & G. Matkin. 2007. *Open Textbooks: Why? What? How?*

When? California: The William and Flora Hewlett Foundation.

Gautschi, P. 2018. Ideas and concepts for using textbooks in the context of teaching and learning in the social sciences and humanities. In E. Fuchs & A. Bock (eds.). *The Palgrave Handbook of Textbook Studies*. Basingstoke: Palgrave Macmillan. 127-139.

Grammatosi, F. & N. Harwood. 2014. An experienced teacher's use of the textbook on an academic English course: A case study. In N. Harwood (ed.). *English Language Teaching Textbooks: Content, Consumption, Production*. New York: Palgrave Macmillan. 178-204.

Guerrettaz, A. M. & B. Johnston. 2013. Materials in the classroom ecology. *The Modern Language Journal 97*: 779-796.

Guerrettaz, A. M., M. M. Engman & Y. Matsumoto. 2021. Empirically defining language learning and teaching materials in use through sociomaterial perspectives. *The Modern Language Journal 105*: 3-20.

Harwood, N. 2010. *English Language Teaching Materials: Theory and Practice*. Cambridge: Cambridge University Press.

Kim, M. & S. Canagarajah. 2021. Student artifacts as language learning materials: A new materialist analysis of South Korean job seekers' student-generated materials use. *The Modern Language Journal 105*: 21-38.

Matsumoto, Y. 2019. Material moments: Teacher and student use of materials in multilingual writing classroom interactions. *The Modern Language Journal 103*: 179-204.

McDonough, J. & C. Shaw. 2003. *Materials and Methods in ELT: A Teacher's Guide* (2nd ed.). Oxford: Blackwell.

McDonough, J., C. Shaw & H. Masuhara. 2012. *Materials and Methods in ELT: A Teacher's Guide* (3rd ed.). New Jersey: Wiley Blackwell.

Menkabu, A. & N. Harwood. 2014. Teachers' conceptualization and use of the textbook on a medical English course. In N. Harwood (ed.). *English Language Teaching Textbooks: Content, Consumption, Production*. New York: Palgrave Macmillan. 145-177.

Prabhu, N. 1990. There is no best method – why? *TESOL Quarterly 24*: 161-176.

Remillard, J. T. 2005. Examining key concepts in research on teachers' use of mathematics curricula. *Review of Educational Research 75*: 211-246.

Richards, J. C. 2001. The role of textbooks in a language program. *RELC Guidelines 23*: 12-16.

Shawer, S. 2010. Classroom-level curriculum development: EFL teachers as curriculum-developers, curriculum-makers and curriculum-transmitters. *Teaching and Teacher Education 26*: 173-184.

Strauss, A. & J. Corbin. 1998. *Basics of Qualitative Research: Techniques and Procedures for Developing Grounded Theory* (2nd ed.). Thousand Oaks: SAGE.

Tomlinson, B. (ed.). 2011. *Materials Development in Language Teaching* (2nd ed.). Cambridge: Cambridge University Press.

Tomlinson, B. & H. Masuhara. 2018. *The Complete Guide to the Theory and Practice of Materials Development for Language Learning*. Hoboken: John Wiley & Sons.

安桂清，2019，教材使用的研究视角与基本逻辑，《课程·教材·教法》(6)：69–74。

安桂清、李磊，2020，论教师的教材观及其对教材使用的影响，《教师教育论坛》(6)：25–28。

冯朝军，2022，关于新时期我国高职教育新形态教材出版的思考，《出版科学》(2)：40–46。

黄明东、蔺全丽、李晓锋，2022，高校新形态教材的特征、发展态势与建设路径，《出版科学》(2)：32–39。

黎宇珍、贾积有、蒋学清，2022，国内大学英语混合式教学研究述评与展望(2001—2021)，《外语电化教学》(3)：58–63。

李晨、梁茜露，2022，混合式教学环境对大学生二语交际意愿影响的实证研究，《西安外国语大学学报》(4)：64–68。

李东莹、张莲，2022，活动理论视域下英语专业本科生学术写作学习的矛盾与张力研究，《解放军外国语学院学报》(5)：77–84。

梁文花、相孟薇、张超，2022，我国大学英语混合式教学研究的历时与共时特征，《外语电化教学》(2)：32–38。

林娟、战菊，2015，“活动”中的英语写作教材评估与使用——来自高校英语教师的声音，《现代外语》(6)：790–801。

罗海林，2021，职业教育新形态教材研发策略探析，《科技与出版》（6）：78–82。
沈健美、林正范，2012，教师基于课程标准和学生需要的“教材二次开发”，《课程·教材·教法》（9）：10–14。
沈欣忆、苑大勇、陈晖，2022，从“混合”走向“融合”：融合式教学的设计与实践，《现代教育技术》（4）：40–49。
谭文芳，2022，高校新形态教材建设浅谈，《科技与出版》（9）：86–92。
王天平、闫君子，2020，数字时代的教材特征与开发新探，《课程·教材·教法》（9）：11–18。
徐锦芬、范玉梅，2017，大学英语教师使用教材任务的策略与动机，《现代外语》（1）：91–101。
徐锦芬、刘文波，2023，外语教材使用：分析框架与研究主题，《现代外语》（1）：132–142。
闫君子、张家军，2021，智慧教材的功能模型建构及实现路径，《开放教育研究》（6）：80–89。
闫君子、张家军，2022，数字教材的概念诠释与功能剖析，《教育科学研究》（4）：47–52。
俞红珍，2005，教材的“二次开发”：涵义与本质，《课程·教材·教法》（12）：9–13。
张虹、李会钦、何晓燕，2021a，高校英语教材使用及其影响因素调查研究，《外语教学》（4）：64–69。
张虹、李会钦、何晓燕，2021b，我国高校本科英语教材存在的问题调查，《外语与外语教学》（1）：65–75。
张敬源、王娜、曹红晖，2017，大学英语新形态一体化教材建设探索与实践——兼析《通用学术英语》的编写理念与特色，《中国外语》（2）：81–85。
张琳涛、杨鲁新，2022，活动理论视角下非通用语种职前教师海外语言学习个案研究，《山东外语教学》（3）：40–49。
钟启泉，2001a，教材概念的界定与教材编制的原则及技术（一），《上海教育》（8）：51–53。
钟启泉，2001b，教材编制的原则及技术过程（二），《上海教育》（9）：38–39。
钟启泉，2019，从“纸质教材”到“数字教材”——网络时代教材研究的课题与展望，《教育发展研究》（6）：1–7。

8 基于使用活动的高校新形态外语教材评估研究

陈文婷
西安外国语大学

提　要：本章通过对师生使用新形态教材活动过程的调查，探索使用活动中多种社会文化要素之间的互动关系及其影响因素，从而尝试构建集评价主体需求及外部环境支撑为一体的新形态外语教材动态评估框架。研究发现，新形态外语教材的使用和评估受到多种因素的制约和影响，包括师生的个体差异、学校环境制度、课时安排及教师所在教学共同体的成员分工等。因此，本研究提出教材评估是教材使用活动中各要素之间互动协商的过程。

关键词：新形态外语教材；教材使用；教材评估；活动理论

1. 引言

教材作为实施国家课程的物质媒介，是一切教学活动的基本源泉。我国政府和各级教育部门历来重视教材工作，2022年党的二十大报告中更是首次提出要加强教材的建设和管理，凸显了教材工作关乎国家事权的重要地位。对于我国外语教育而言，教材是外语课程教学的重要依据和载体，是学习者进行语言输入的主要来源，更是教师传播知识和观念的重要渠道，代表着将教学原理转化为实践的第一步。《大学英语教学指南（2020版）》指出，教材是传播新知识、新思想、新观念的重要载体，是教学内容的主要载体，也是实现教学目标的重要保证。21世纪以来，全球信息技术的飞速发展推动着外语教学实现了深刻变革，数字时代的外语教学从规模化、标准化向定制化、个性化方向转变，为学生提供了更加丰富优化的学习资源（杨宗凯等 2022），而教材也由传统静态的纸质教学用书向动态的数字化形态转变。近年来随着高校混合式外语教学的开展与普及，新形态教材取代传统纸质教材成为大势所趋，是推动信息技术与外语教学深度融合的重要工具。

然而目前学界对于新形态教材的相关研究才刚刚起步，已有研究主要关注教材的建设和编写等方面的理论与实践，对于以何种方式进行评估的问题鲜有涉及，亟待解决。正如侯前伟、张增田（2019）等学者指出，在当今互联网时代，我国教育正处在转变和升级的过程中，一大批新形态教材将与师生见面。采用多种路径开发适合我国的教材评价标准，助力新课程目标改革的实现，是一项非常紧要的研究任务。教材评估应依托教材的使用实践，而教材使用是师生在宏观社会文化环境及微观课堂环境中的动态交互行为。鉴于此，本研究文以《新探索研究生英语》（以下简称《新探索》）系列教材为例，采用活动理论分析框架，调查师生在教材使用过程中多种社会文化要素之间的互动关系及其影响因素，从而构建适用于新形态外语教材的动态评估框架，以期为当下新形态教材的编写、使用、评估等实践及相关实证研究提供借鉴和参考。

2. 文献综述

2.1 概念界定

近几年随着科技与教育的不断深度融合，新形态教材成为广泛普及的教学资源，新形态教材概念的讨论也随之展开。Frydenberg & Matkin（2007）指出，新形态教材是一端为物理形态的教材，另一端为集视频、文本、资源、考核于一体的超级开放课程的动态连续体。余胜泉、张泽（2006）指出，新形态教材是在传统印刷教材的基础上，以课程教学为中心，借助现代信息技术和多媒体传播技术，将教学内容、资源等以多种媒介、形态和多个层级进行整合的教学系统。黄明东等（2022）认为，新形态教材是以知识更新的及时性、学习内容的丰富性及学习环境的可交互性为特征，将现行教学内容、教学环节及教学环境和手段高度融合的现代教学资源。综合以上概念，本研究将新形态教材界定为服务于线上线下混合式教学模式、集传统纸质教材与网络多媒体数字化教学资源为一体的教学资源。

外语教学兼具工具性和人文性特征，是培养具有扎实外语知识、开阔国际视野、良好对外交流能力和正确价值观的时代新人的重要依托。《大学英语教学指南（2020版）》强调现代教育技术与外语教学的深度融合，提出要积极推进大学英语新形态教材建设，要求高校英语教师在课堂教学设计和实施过程中注重信息技术元素，充分利用数字资源拓展教学内容，探索基于课堂、在线课程的混合式教学模式，帮助学生朝着主动学习、自主学习和个性化学习的方向发展。正如我国外语教育专家孙有中等学者指出，“AI+教育”的实践模式推动高校外语教师形成“新技术、新观念、新方法、新角色”的教师发展理念，实现人工智能推动教师队伍建设的重要教育实践（孙有中、唐锦兰 2022）。在此数字化转型的情境下，传统的大学外语教学出现了融合、沉浸式的教学环境，智能、便捷的教学工具，丰富、开放的资源供给以及灵活、多样的教学模式等特点，特别是外语教学资源实现了传统纸质教材的快速数字化转型（杨宗凯等 2022）。新形态外语教材作为融合传统外语教材和网络教学材料的数字化教学资源，受到了国内众多高校的青睐。特别是过去三年在全球抗击新冠肺炎疫情期间，新形态教材成为各高校顺利开展教育教学的重要保障。

2.2 研究现状

新形态外语教材的编写与建设实践方兴未艾，而相应的学术研究也引起了学界的关注。国外学者的相关研究主要聚焦新技术在教材建设和编写实践中的应用，验证了基于技术手段的新形态教材更加适用于以信息化为特征的现代语言/外语教学（Frydenberg & Matkin 2007；Kervin & Derewianka 2011；Motteram 2011；Reinders & White 2010）。国内关于新形态教材的研究主要是从编辑的视角探讨新形态教材的建设和开发路径（黄明东等 2022；谭文芳 2022；王友富 2016；魏振水 2016；张晶晶、郭昕宇 2021；张炜 2018），对新形态外语教材使用的研究数量较少，主要集中在对教材编写理念与实践探究方面（张德禄、张淑杰 2010；张敬源等 2017；庄智象、黄卫 2003）。目前国内已有实证研究开始关注新形态外语教材的使用与评估问题。杨港、彭楠（2021）探索性地采用自传式叙事范式，分别从编写者、高校教师和研究人员的视角，对外语教材编、教、研过程中存在的问题进行了讨论，认为处理好教材的编写与使用、教材新形态与教学新常态等之间的对接关系是高效使用新形态外语教材的关键。整体来讲，相对于新形态外语教材的开发、编写和建设等研究，关于其使用和评估方面的研究才开始起步。早在2006年，我国学者庄智象（2006）就提出，多媒体、网络化教材的发展对传统教材产生多大影响和冲击、如何进行有效配置，在课堂上使用不同载体的教学材料和资源是教材研究中的重要问题，特别是外语教师和外语教育研究人员亟须开展外语教材评价体系的研究，供教师和学生在选择和使用教材时作参考依据。

教材评估是教材开发和建设工作中的关键环节，是确定教材意义和价值的主要手段，也是不断完善教材、保障其有效使用的重要依据（McDonough

& Shaw 1993；Tomlinson 2012；贾蕃 2022；张雪梅 2001，2019）。目前国内主要的外语教材评估研究仍以借鉴国外相对成熟的教材评估框架为主，如 Hutchinson & Waters（1987）基于对主观需求和客观对象的分析创建的“教材评估一览表”，Breen & Candlin（1987）结合学习方法、技巧培训和课堂学习提出的“教材评估指南”，McDonough & Shaw（1993）提出的教材外部（封面、目录等）及内部（语言、内容等）评估模型，Cunningsworth（2002）提出的包含教学目标、方法、语言内容等多种因素在内的“教材评估核对清单”等。近年来，我国学者开创了本土化的外语教材评估模型，提出了“基于多元课程目标理念的外语教材评估框架”（龚亚夫 2015）、“基于‘产出导向法’的教材使用和评估体系”（文秋芳 2017）及“大学英语生态化评估模型”（常远 2018）等适合我国国情的外语教材评估框架。

综合分析，目前已有的外语教材评估研究存在以下几个方面的问题。第一，目前的研究以静态的外部视角为主，“多停留于对教科书静态文本的考察、比较、分析与评价，对教科书使用情况的追踪评价却少之又少”（王润、张增田 2018：74），同时缺少师生这一教材使用主体的视角。正如贾蕃（2022：87）指出：“静态的教材评估与使用环境分离，无法解释教材在不同教学情境中的实际作用，也无法客观反映教材使用评估的结果”。很多学者也指出，应当从教材使用者视角对正在使用的教材进行评估，同时根据评估结果进行调整，从而更好地服务于外语教学（Graves 2019；Harwood 2013）。第二，已有的外语教材评估研究主要针对传统的课堂纸质用书，对新形态教材的关注十分匮乏。当前新形态外语教材已进入快速发展时期，为了使其更好地服务于当下的外语教学，结合教材特点和使用情况探索构建基于中国国情、符合我国外语教学实际的新形态外语教材评估体系已迫在眉睫。第三，目前国内关于高校外语教材的研究主要针对本科阶段，对于研究生英语教材的相关研究非常匮乏，仅有的研究主要关注教材的编写理念与原则（白靖宇 2014；马珂 2012），而且以论述性的思辨研究为主，实证研究的数量严重不足，难以推动研究生英语教育教学工作的改革和发展。

综上所述，本研究以《新探索》系列教材为例，以教材的使用主体——教师和学生为视角，依托高校外语课堂教学，探索师生对教材整体的评估实践活动过程，通过揭示其与教材及教学环境之间的中介互动关系，构建集内部主体需求和外部环境支撑为一体的新形态外语教材动态评估框架。本研究具体探究的问题如下：

1）师生主体的教材使用和评估活动受哪些中介因素的影响？

2）外部环境对师生教材使用和评估活动发挥何种调节作用？

3. 理论框架

本研究以活动理论为分析框架。活动理论主要围绕维果斯基（Vygotsky 1978：40）学习理论中的“中介”概念展开，即人类一切活动都是由中介工具进行作用的结果，是一种“复杂的中介行为”，活动过程是活动的主体（行为人）、客体（目标）和中介（工具）三个基本要素之间的互动过程。之后芬兰学者恩格斯托姆（Engeström 1987）进一步发展了活动系统构架，纳入了社会层面的中介体（规则、共同体和劳动分工），提出人类所有的活动系统都是集体性质的，其中若干带着共同目标的个人或群体组成共同体，构成了活动系统的社会基础；主体和共同体由显性或隐性的规则与惯例等调节，用来约束其在活动系统内的行为以及共同体中的社会关系；劳动分工包括成员间横向的任务分工及纵向的权利和地位分配，其中介作用将活动系统中的客体转化为最终成果（见图1）。在活动的任何阶段，学习者可通过物质或符号工具的中介，与他人合作形成社会工作系统，在某种规则的文化制约下去获取成果（Basharina 2007）。活动理论指出，人类认知的发展在根源上包含社会和文化因素，把结构和个人之间的关系拆分成更小的类别元素，把研究人类活动的理论框架发展为一种活动系统分析方法，通过描述各活动系统要素之间紧密交织的互动关系和发展轨迹，揭示在自然情境中复杂的人类活动（Spinuzzi 2019）。

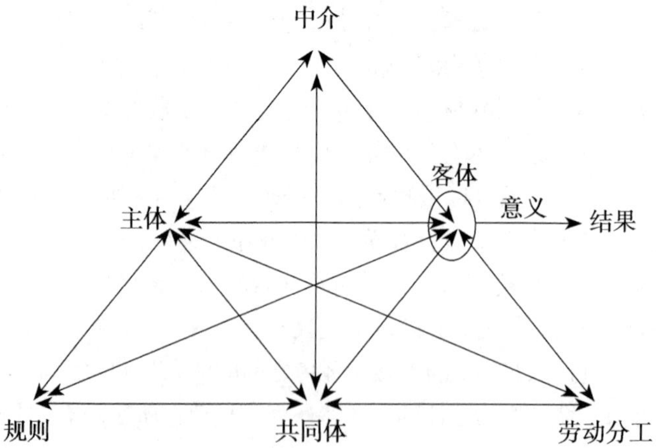

图1　第二代活动理论模型（Engeström 1987）

活动理论在国内外教育教学领域，特别是在外语教学研究领域中具有很大的应用空间。研究者探索教学活动中各社会文化环境因素之间的交互作用，特别是活动系统各要素的构成方式，从而揭示各种教学现象及其发展过程（Tsui & Law 2007；陈文婷、杨鲁新 2020）。而目前鲜有研究从活动理论视角对外语教材相关问题进行探索，其中我国学者林娟、战菊（2015）运用活动理论分析了若干高校英语教师对写作教材的评估和使用，揭示了写作教材的角色及作用在教学活动中的转化过程；徐锦芬、范玉梅（2017）从活动理论视角探究了两名大学教师实施教材任务的策略、动机及其形成原因。国外学者Carabantes & Paran（2022）从活动理论视角分析了教材使用对于教师专业发展的影响过程。

然而，上述研究的评估视角较为单一，将教师作为评价活动的唯一主体，从“教”的角度来评估教材的“教学属性”，忽略了教材的另一使用主体——学生，从而导致教材的评估维度有所欠缺。正如柳叶青（2018：69）所说：“教材评价标准必须反映学生实际使用过程和偏好，以此来判断教材是否能促进学生深度学习，并用以支撑教材和教学的质量改进。”鉴于此，本研究采用活动理论三角分析框架，将师生作为评价活动的主体，基于动态的教学实践活动过程，通过揭示和分析教材使用者与新形态教材、教学环境及活动系统其他各要素之间的动态关系，从社会文化角度对新形态外语教材进行综合评估。

4. 研究方法

本研究采用质性个案研究方法，通过深度访谈，调查研究对象在研究生第一学期期间的教材使用情况，重点在于描述和揭示此过程中多种要素之间的互动关系，以此来获得对于教材的整体性评估。

4.1 研究对象

基于质性研究“目的性抽样”及“同质型抽样”（Yin 2014）的原则，本研究遴选了使用《新探索》系列教材的三所高校作为个案研究学校，在每所学校分别邀请一位授课教师（共计3位）以及各自所教授的研究生（共计15名）作为研究对象。如表1所示，三位教师及其学生分别来自我国西北部、东部和南部地区的三所高校，一定程度上可以反映不同地区的实际情况，以期为本研究提供最大信息量的样本。由于研究生公共英语课程只在研究生第一学年开设，因此本研究所有受访学生均为研一学生。

表1　研究对象基本信息

学校	受访教师		受访学生					
西北部地区某211理工类高校	T1			S1-1	S1-2	S1-3	S1-4	S1-5
	性别	女	性别	男	女	男	男	男
	教龄	20	年龄	25	22	22	23	25
	职称	副教授	英语水平	CET-4	CET-4	CET-4	CET-4	CET-4
	学历	硕士研究生	专业	建筑	土木	建筑	车辆工程	车辆工程
	专业	翻译						
东部地区某985综合类高校	T2			S2-1	S2-2	S2-3	S2-4	S2-5
	性别	男	性别	男	女	女	男	男
	教龄	14	年龄	24	22	22	23	22
	职称	副教授	英语水平	CET-6	CET-6	CET-6	CET-4	CET-6
	学历	博士研究生	专业	对外汉语	对外汉语	汉语言文学	新闻与传播	法学
	专业	语言学						
南部地区某师范类高校	T3			S3-1	S3-2	S3-3	S3-4	S3-5
	性别	女	性别	女	女	女	女	男
	教龄	10	年龄	23	21	22	23	25
	职称	讲师	英语水平	CET-6	CET-4	CET-4	CET-4	CET-6
	学历	硕士研究生	专业	教育技术	数字媒体	数学	远程教育	教育技术
	专业	外语教育						

（*CET：全国大学英语四、六级考试）

4.2 数据收集

本研究的研究数据主要来自对师生的半结构化访谈（由于疫情及距离等原因，访谈均采用腾讯视频会议的方式完成，全程录音、录像）。访谈共计两轮，第一轮在学期中进行（2022年10月），第二轮在学期末进行（2022年12月）。其中，研究者对教师开展了一对一深度访谈（平均时长为1.5小时/次），访谈问题围绕教材内容选取情况、课程设计及活动安排、学生学习情况、教材使用问题等方面，调查教师对教材的评估；对学生进行了焦点团队访谈（同一所学校的受访学生为一个团队，平均时长为3小时），围绕学习兴趣成效、教材使用感受、学习障碍等问题，组织受访学生开展自由讨论，对教材进行评估。

4.3 数据分析

每轮访谈结束后，研究者立即用Microsoft Office Word软件，将所收集的访谈视频数据转写成文本，并以话轮进行标记，以便对文本内容进行追踪或引用。之后，研究者基于扎根理论（Strauss & Corbin 1998），按照质性研究的数据分析原则，采用三级编码，利用质性数据分析软件QSR Nvivo 12.0将所有数据进行逐级概括与归纳，并将形成的类属根据活动系统分析框架进行梳理归类，对其诸多因素之间的关系进行关联性分析，以此来揭示师生与教材及其他环境要素之间的互动关系及其影响因素。

5. 研究发现

本研究基于活动理论对师生使用新形态教材的过程进行了活动系统分析，从师生主体视角关注教材使用者与教材及其他因素之间的关系，使教材评估最终指向教学实践的改进和教学主体的全面发展。如图2所示，本活动系统的主体是使用《新探索》系列教材的师生，客体是师生通过使用教材完成教学活动，最终促进学生学习；教学活动的目标必须借助个体层面的中介（新形态外语教材及其他教学资源）来完成，同时每个环节不能脱离所在学校等其他社会环境，并受环境规则（如课时安排）、共同体（如课程团队）和劳动分工（如师生各自的教与学任务）等其他社会层面中介体的制约或影响。

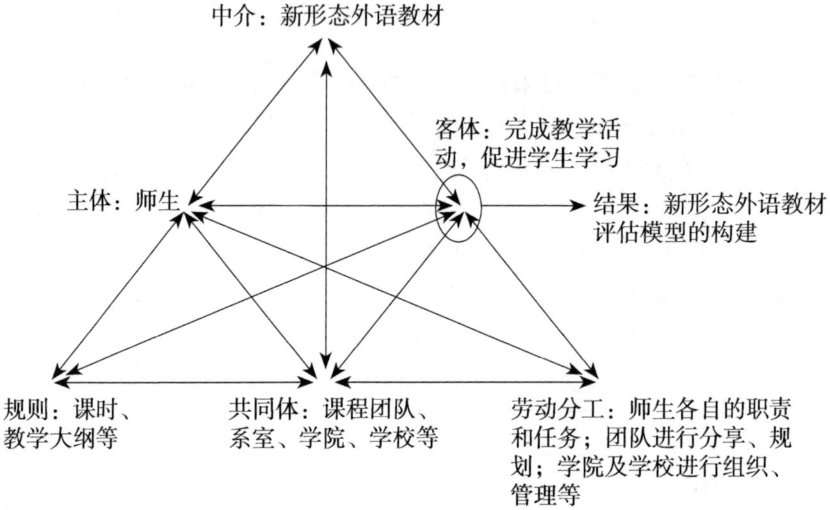

图2 教材中介的教学活动系统模型

如图2所示，在本研究的新形态外语教材中介活动中，师生作为主体，即教学活动中的重要参与者及活动的实施者，以教材为中介工具，参与到以完成教学活动进而促进学生学习为共同客体（目标）的教材中介活动中。而根据活动理论，上述过程既涉及活动主体与教材这一主要中介工具之间的互动关系，也包括活动主体与社会层面的间接中介体（规则、共同体和劳动分工）之间的互动关系。此社会层面的互动关系也影响着教材这一主要中介工具的作用。

5.1 个体层面的教材中介活动

在本研究中，教学主体在实现教学目标的活动过程中首先经历了个体层面的教材中介活动，即师生与教材之间的中介互动关系。

5.1.1 教师的教材中介教学活动

本研究发现，教师与教材之间的互动关系受多重因素的影响。

第一，教学理念决定教材中介作用的程度。通常情况下，师生根据已有理念及经验认识教材，并参与到以教材为载体的教学活动中。本研究中教师T1因为教龄最长，习惯采用传统以教师为主、重输入的教学方法设计课堂教学，由于新形态教材所倡导的推动学生主动学习、自主学习以及个性化学习的理念对自己已有的教学理念产生了冲击，因此更倾向于使用传统的纸质教材。

> 我们毕竟是“老人”了，可能观念比较保守，有些活动啊，平台任务啊，真是眼花缭乱，可能我 out 了，总觉得现在这些花里胡哨的新东西，学生真正能学到多少呢？（访谈教师 T1，2022 年 10 月 3 日）

相比之下，教师T3由于年纪较小，对新事物的接受度较高，加之有外语教育的专业背景，了解最新的外语教学理念与方法，认为新形态教材能充分调动学生的学习积极性，是最适合当下外语教学理念的教材。

> 它（教材）真的挺好的，提供的信息量很大，我感觉学生有这本书都可以自学了，有很多辅助的内容，老师就是起一个引导的作用，这不就是现在所流行的“支架教学”嘛。（访谈教师 T3，2022 年 10 月 10 日）

但同时，她认为学生的英语学习需要与专业相结合，而本教材涉及的话题跟学生的专业不太相关，因此对学生的学习帮助不大。

> 研究生因为也有自己的专业了，对这些领域未必感兴趣。另外，他们的思想也成熟一点，所以他们的需求还是比较高端、比较多样。这本书上的话题还是偏文科一点，和以前的综合英语一样的，就是加了些思政元素，就是想怎么能够更加 academic 一些……跟我学生的专业没有相关的，可能在这方面的作用不大。（访谈教师 T3，2022 年 10 月 10 日）

教师T2是语言学专业，已有自己的研究方向，自述对外语教学理念不够了解，主要根据经验和对外语教学的现有认识进行教学；而博士教育经历又使他能够经常对教育教学以及教材内容进行反思，从而形成自己的教学理念。他认为教材内容丰富，但在写作内容安排上有不足之处。

> 我觉得有些确实挺好，比如那些平台上的微课视频录制的内容很丰富，很适合线上线下混合式教学，但是也有问题，它的注意力比较分散，不能系统地传授语言知识。比方说关于读写的微技能，纵向来看，每个单元之间没有多大关系，从 Organize your brain 到 writing definition，第五单元又是 For and against。我认为写作教材应该是成体系的，这个书叫读写教程，但它主要从读的角度去讲一些技巧和写作技巧，让我感觉有点松散。（访谈教师 T2，2022 年 10 月 10 日）

可见，教材在教学活动中的中介作用很大程度上依赖于教师自身的教学理念。与教师的教学理念越相符，教材所发挥的中介作用越大，反之亦然。

第二，教师知识影响教材中介工具作用的发挥。例如，教师如果不具备广博的科学文化知识，就无法对教材内容和主题进行深入解读和拓展。教师T1认为教材中涵盖的话题过于宽泛，很多内容超出了自己的知识范围，为其增加了备课和教学难度。

> 这本书涉及很多方面（话题），有些话题还是比较日常的，但是有些，比如说工程、医学、法律方面的，我本身了解的就不多，上课没有办法做深入的介绍，备课找资料占用了很多时间。（访谈教师T1，2022年10月3日）

同时，教师T1认为自己缺乏较高的数字技术素养，对网络平台的各种教学手段有抵触情绪，使用新形态教材为自己的教学带来了诸多挑战。

> 可能是年龄大的缘故吧，很害怕那些复杂的操作，比如iWrite，其实设计的挺好，但是很多功能我还没有研究出来，而且最后反馈的数据，不知如何看到详细的分析，应该是技术问题，也没有什么渠道（学习），自己也有惰性，可能对于年轻老师不是问题。（访谈教师T1，2022年11月22日）

教师对于学习者及其特点的认识也决定了教材作用的大小。教师T2认为研究生已经形成了独立思考的学习风格，而教材中很多教学活动需要团队合作完成，且需要很多口头表达任务，不符合该阶段学习者的认知特点和学习习惯。

> 研究生可能需要更系统的专业培训，也不太容易像本科生一样组织课堂活动，很难调动氛围。他们就喜欢安静地读。有学生就曾给我提过意见，希望在课堂上多介绍文献阅读技巧，想学一学如何写英语论文。（访谈教师T2，2022年10月10日）

对学生的认识使得教师T2认为教材未能符合学生的学习特点、满足其学习需求，而教师T3则认为自己所带的学生本身思维很活跃，喜欢尝试新事物，而此教材提供的丰富资源和话题完全符合学生的认知特点及学习兴趣。

> 它给的话题比较general，大家就能够想办法，往往各个学院能（思考）怎么切入一下（学生专业），反正学生对这些话题总体来说还

是比较感兴趣的，还是有兴趣去学，有很多线上的活动、视频什么的，安排很丰富，话题上不是那么沉闷乏味，特别适合学生在平台上自学。（访谈教师 T3，2022 年 10 月 10 日）

由此可见，教师自身的知识，包括一般学科知识、数字技术知识以及对于学习者及其特点的知识等，对于教材所发挥的中介作用有着深远影响。

第三，教学能动性促进教材中介作用的使用和转化。能动性是活动理论的一个重要概念，是指主体在活动中通过选择、控制、自我调节和采取行动等行为，从而实现自身目标的能力，是活动中“积极的能动者”（Lantolf & Pavlenko 2001）。教师作为教材使用的主体之一，其能动性是决定教材能否发挥中介作用的关键。研究发现教师如果能够积极应对使用教材时遇到的问题和困难，充分利用教材提供的多重线上资源拓展知识边界，同时以已有的教学资源弥补教材的不足和局限，教材将会在最大程度上发挥其中介工具作用，促进教学目标的实现。例如在同样遇到技术障碍时，教师 T1 会将技术手段视为教学障碍，使其教学过程充满了焦虑感，阻碍了教材在课堂中的中介工具作用。

毕竟还是费时间的，像以前很简单，学生发来文档，我来改或 peer review，反馈下去，学生一目了然。现在还要转战到平台上，说实话有点畏难情绪，这也正常吧。而且还有很多技术没有用起来，每次给学生布置任务，自己心里在敲鼓，我都还没有吃透呢……反正感觉没有以前那么踏实了，其实就是落伍了，没有自信。（访谈教师 T1，2022 年 11 月 22 日）

而教师 T3 则能够积极面对、主动学习，从而打破技术壁垒，使得技术能够更好地服务于教学，同时增加了自我效能感。

这（技术）确实是个挑战，但也是很好的学习机会，如果真能好好钻研的话，确实能提升技术素养。其实大家都不想跳出舒适圈，人都是逼出来的，不管是自己研究，或者是查资料、请教别人……完了想想，自己收获还挺大的，我会这么多东西了！（访谈教师 T3，2022 年 12 月 3 日）

教师 T2 和 T3 更能主动思考和积极探索使用教材过程中出现的问题，不拘泥于教材本身，而是通过补充、删减等方式对其内容进行调整，使教材的中介作用得到最大程度的发挥。例如教师 T2 会针对教学目标及学生的实际学习情况而有选择性地使用教材内容：

有些我认为不合适的地方会有所调整，不是完全照搬的，比如有些删减啊，或者我可能会换一下顺序，把一些课后的小组任务放在课前预习时完成，这样可能会更好地调动学生的积极性。有时我会把原本安排在平台上的线上任务安排到课堂来做，效果还挺好的。总之我觉得应该灵活处理吧。（访谈教师 T2，2022 年 12 月 3 日）

平台上也是有选择性的，因为它那个量我觉得大于学生（接受度）。我们第一学期也没什么经验，就想着学生能尽可能多地练习，然后基本上平台上的练习想让他们都练到，但是期中教育检查时学生就反映每单元要花好多个小时去完成英语的这个作业，然后有一些（学生）觉得有些练习会有重复或者什么的，他们也进行不完，感觉效果也不是很好，所以第二学期就开始调整成重点地让他们在平台上（练习）。（访谈教师 T2，2022 年 12 月 3 日）

教师 T3 则根据学生需求和兴趣积极拓展和补充教学材料。

我会补充一些写作方面的知识，比如议论文、说明文的写作，还有一些正式文体的写作，因为我知道学生们还是对学术英语写作有需求，会经常补充一些学术性论文写作等技能，这样就可以做教材的辅助。（访谈教师 T3，2022 年 10 月 10 日）

因为课时原因，听说课没有开，所以我会在平时尽量留出一点时间，找些练习听说的视频，这样对学生的训练也就比较平衡了。（访谈教师 T3，2022 年 12 月 10 日）

根据班里同学掌握的难易程度，可能也会补充一些其他的内容。这个就得知道学生是什么水平，接受程度怎么样，还得观察学生的学习兴趣、热情。比如“法律”那个单元，有个关于道德法律的讨论，学生的积极性很高，我就引入了一个哈佛公开课，效果挺好的。（访谈教师 T3，2022 年 12 月 10 日）

可见，教师与教材的互动关系受到教师的教育教学理念、学科及教学知识以及教学能动性等多种因素的影响，而上述因素又成为教学活动主体（教师）与客体（教学目标）之间互动的间接载体，决定着新形态外语教材这一主要中介工具的作用程度。

5.1.2 学生的教材中介学习活动

本研究发现，学生与教材的互动活动也受多重因素的影响，其中最为显著的是学生的学习目标及学习风格和兴趣等几大因素。

第一，学习活动客体差异影响教材的中介作用。本研究中师生作为教学活动的主体，其共同客体（目标）为完成教学活动，促进学生学习。而学生作为重要的主体之一，在参与学习活动的过程中具有动态的、个性化的学习目标，直接影响其对教材的使用和评估。例如学生S1-2的目标为毕业后申请攻读国外博士研究生，认为口语是最需要提升的一项技能，对于英语课的最大期待是“学习地道的口语表达方式”。然而该教材提供的口语交际资料和相关练习较少，未能满足她的学习需求。

> 我因为以后打算要出国，就想好好练习口语，这确实是个短板，这个教材什么都挺好的，但是我觉得对于口语的练习太少，以读写为主。我听说还有配套的视听说（教程），但是我们没有开，所以感觉整体上忽略了听说……如果能加入一些英美国家人们的日常对话，或者电影台词都可以。（访谈学生 S1-2，2022 年 12 月 3 日）

学生S1-1和S3-2也同样认为此教材太注重读写，对听说的关注不够，导致自己依旧延续着十几年养成的“哑巴英语”学习方式。与此相反，学生S1-3与S2-3的目标是在国内攻读博士研究生，认为自己最需要提升的是学术英语读写能力，此学习目标与教材内容一致。

> 我就是想学习怎么写英语文章，毕竟以后要发表，还是要系统学习一下，比如如何组织结构、陈述观点，如何展开 argue 等，思辨性思维……这些在课堂上都有收获。（访谈学生 S1-3，2022 年 12 月 3 日）
>
> 其实能看出（教材）编者的用心良苦，从字、词、句、结构、观点等方面，还有头脑风暴，一步步地教你怎么写英语文章，挺好的，我觉得很有帮助。（访谈学生 S2-3，2022 年 12 月 12 日）

上述研究表明，教材的价值与学习者学习目标（客体）的差异相关，越是能够满足学习者的使用目的，教材的价值就越大，反之亦然。

第二，学生的学习风格和兴趣是教材的重要衡量尺度。

学生S1-2性格开朗活泼，对新鲜事物充满好奇，喜欢主动、探究式地学习，拒绝传统的“填鸭式”教学方式，认为新形态教材内容丰富、学习资源形式多样，因此更加符合自己的学习方式和兴趣。

> 这本书（教材）跟时事联系得很紧密，比较有代表性，内容不像以前那么老套，陈词滥调的。我最喜欢的就是在每篇文章旁边有个扫码看动画视频，能够以这种方式学到知识点，字幕也是可开可关，自己控制，可以锻炼听力，设计挺好的，很有意思。（访谈学生 S1-2，2022 年 10 月 3 日）

而她认为教材中问题的设计也符合教材所提出的培养学生思辨性思维之目标，也与研究生人才培养目标相符。

> 我觉得课后的习题问的也挺好，难度适中，需要独立思考，要有自己的判断和看法，我本身就喜欢安静思考……可能就是想培养我们的思辨性思维能力、创新精神吧，这也应该是研究生必须具备的能力。（访谈学生 S1-2，2022 年 12 月 3 日）

与此相反，学生 S3-1 喜欢钻研自己专业领域的知识，对其他领域的话题不感兴趣，因此认为此教材对自己的帮助不大，希望教材内容能够更多与自己的专业领域相关。

> 我对英语学习也有兴趣，但是对这个教材不感兴趣，感觉这本书目前跟我的专业没啥联系，都是些通识类的文章，这跟初中、高中和本科学过的英语有什么区别呢？最大的收获感觉就是词汇方面的。我也不想学他们的风俗习惯文化什么的，我的个人诉求就想学能在专业上用到的一些语言知识，我觉得还是应该跟专业、读文献有点关系，多学一些专业英语。（访谈学生 S3-1，2022 年 10 月 10 日）
>
> 虽然众口难调，满足所有专业也是不可能的，但能不能稍微靠拢一些，比方说分成文、理两种？（访谈学生 S3-1，2022 年 12 月 10 日）

关于学习方式，学生 S3-5 表示更加倾向于使用传统纸质教材，线上资源不符合自己的阅读及学习习惯。

> 我还是喜欢传统的纸质书，喜欢边看边做笔记，勾勾画画啥的，线上平台的材料说实话不是很方便，不能勾画，来回翻页也很难受，要是能做出像白板那样的技术就好了。（访谈学生 S3-5，2022 年 12 月 10 日）

与林娟、战菊（2015）的研究结果一致，教材的选材话题与内容是否能够服务于学生的学习目标，是否与学生的学习风格和兴趣相符，是学生评估教材质量的重要标准。

5.2 环境层面的教材中介活动

如图2所示，教学活动主体（师生）在经历上述个体层面教材中介活动的同时，也参与了包括共同体、规则与劳动分工等社会环境要素之间的互动活动，而此环境层面的中介体也发挥着重大作用，对教材的中介作用起着促进或阻碍等作用。

5.2.1 师生与共同体成员的教材中介活动

根据活动理论，活动系统中若干带着共同目标的个人或群体组成共同体，构成了活动系统的社会基础，也是活动主体实现客体的重要支撑。在本研究中，师生所在的教学团队、系、室、学院及学校等组成了“教材使用共同体”。师生的教材中介活动不是孤立行为，而是在共同体成员的协助下进行的意义协商和实践互动。例如教师T2所在课程团队的成员共同注意到教材中“微技能写作”内容安排不成体系的问题，所以他们通过研讨寻找最佳方案弥补教材的不足。

> 之前老师们坐在一块研讨的时候，主要也是提到了这个（读写微技能），就是感觉没有体系化，不是由浅入深给学生一个单元一个单元地介绍，好像就是他这篇文章可能涉及哪一个点，然后它就冒出来了一个点。然后下一个单元换了一个主题，可能又跑到另外一边去了。学生也会觉得特别的突然。所以我们讨论了好几次，商量如何取舍，有没有增补可能，就是让学生练得更系统一些。（访谈教师T2，2022年10月10日）

由于教师T3所在学院首次使用本教材，因此课程团队经常组织研讨，共同探索解决教师在使用时遇到的问题。此交流过程使教师T3觉得受益匪浅。

> 我们就是这学期才正式开始用的，8月底开学，月初才拿到教材，教材也是刚做出来，只拿到电子版的，当时只有一个单元的PPT，时间特别紧。我们的课程负责人安排了几次研讨，也参加了（编写团队的）

宣讲，等于集体备课吧，还是比较好的，起码熟悉了教材安排，心里大致有了方向。（访谈教师 T3，2022 年 12 月 3 日）

然而教师T1认为，课程团队内的研讨对于教材的充分利用还远远不够，教师需要与其他学校同行进行交流和沟通，互相学习和分享设计方法及经验。

设计方面我觉得需要更多的沟通，不只是我们自己系里的教研活动，可以和其他学校的同行一起交流，我觉得出版社应该搭建一个这样的平台，所有用这个教材的都能进去，大家一起切磋，怎么样使得单元的内容更加丰满啊，就是能够分享一些真正的干货，就像语料库那样，需要大家一起投入来共建共享。（访谈教师 T1，2022 年 11 月 22 日）

教师T2也认为扩大“教材共同体”能够解决目前教师在使用教材过程中遇到的技术以及资料不足等问题，真正实现互惠共赢，最大化地利用好教材。

一方面就是平台的使用还没有完全吃透，使用率不是很高。还有就是写作的话还是希望得到更多的范文支持，这样就能减少老师的工作量，大家共享共赢。这一点我觉得可以征集，比如可以做个公众号之类的，在上面也可以演示一些平台操作。（访谈教师 T2，2022 年 10 月 10 日）

可见，本研究已有的由课程团队、系、室、学院、学校等组成的教学共同体已无法为师生提供充分的环境支撑，需要吸收更多团队之外“异质人员”（如外校同行、编写团队、技术人员等）的参与，建立全新的教材使用共同体，从而使师生获得更多的专业引领和资源支持。

5.2.2 师生与教学活动规则的教材中介活动

活动系统的规则是指系统内部显性和隐性的规则、惯例等，用来约束活动主体行为以及共同体中的社会关系（Engeström 1987）。在教材使用活动系统中，课时作为显性的课程安排，是需要所有主体遵守的活动规则。本研究中三位教师的课程安排均为每周2课时，教学周共计16周，教师认为此课时安排不足以完成教材内容。教师T2认为在有限的课时内需要对教材内容进行取舍，增加了工作负担。

> 课时太短，量确实太大了……有些时候考虑该怎么取舍，还挺头疼的。（访谈教师 T2，2022 年 12 月 3 日）

针对此问题，在课时固定的情况下，教师T3提出教材内容可以在现有基础上进行凝练。

> 其实有很多练习是重复的。可能出版社有他的考虑吧，但内容方面还可以整合，有些根本就完不成，不如少而精。（访谈教师 T3，2022 年 11 月 22 日）

规则对于活动主体的约束作用不仅仅以显性的方式体现，在教材使用过程中，师生所在的院、系、学校等社会环境所形成的某种约定俗成的“隐性规则”，如文化环境等，也在一定程度上影响着教材的中介作用。教师T1提到，由于学校给予研究生教学的自主性较大，考试内容由授课教师自主命题，因此教师有自我发挥的空间，能够对教材内容进行大胆取舍，也可使用补充材料，同时可以将线上和线下的内容进行调整，最大程度地发挥教材价值。

> 我们研究生这边的自主性还是比较大，不像本科要求那么整齐。基本上有个大纲，至于教材怎么用、用多少、上到哪一课，也是看自己的进度。我们也有老师，有时上课都不用教材，就讲他（她）认为更有价值的东西，或者找些能够提高学生读写能力的练习……平台上的东西有时也会拿到课堂上，因此内容比较丰富嘛，可以播放些视频什么的，调节课堂气氛。（访谈教师 T1，2022 年 10 月 3 日）

相比之下，教师T2所在学校对于研究生教学过程有着较为严格的监管，例如对上课进度及考试内容有统一要求，因此教师对于教材的“忠诚度”较高。

> 我们是统一要求这学期必须上完六个单元，包括补充阅读和练习。另外，期末卷面考试，要求课本内容要占到 70%，所以文章上还不敢随意删减。线下的东西必须在课堂完成，这是考试的重点……但是这本书没有配套的练习，在出题的时候就会遇到很多麻烦，希望能得到这方面的支持。（访谈教师 T2，2022 年 12 月 3 日）

可见，一个鼓励开放交流又注重平衡各方利益的教学环境能够为教师的教材使用提供积极的制度保障。同时，与徐锦芬、范玉梅（2017）的研究发现相一致，考试制度等环境因素对于教师的教材使用动机和策略等也会产生微妙的影响。

5.2.3 师生与劳动分工的教材中介活动

活动系统中的劳动分工包括成员间横向的任务分工及纵向的权利和地位分配（Engeström 1987）。师生作为教学活动的主体，有着各自的分工及任务。例如，在以传统教材为中介的外语教学活动中，教师往往负责教材内容的讲授，是主要的知识输出者，而学生的任务往往是参与和倾听，是被动的知识接受者。但在本研究中，由于新形态教材突出线上、线下混合式特色，强调学生在数字平台中的自主学习，而教师主要起监管辅助的作用，利用线下教材引导学生进行深度理解和思考，因此教师的身份也作用也发生了相应的转变。

> 现在用这个教材，感觉我现在好像更多的是对学生引导，组织好课堂活动就好，学生自学的内容很多，已经可以直接讨论，不需要我讲很多了。（访谈教师 T3，2022 年 12 月 3 日）

教师T1也表示，以前习惯以教师为主体的教学模式，而在使用了此教材之后，逐渐开始探索践行“以学习者为中心”的教学理念。

> 我就是习惯于给学生讲很多。但现在呢，我也是需要切换一下（方式），如何通过我的设计能够把一些东西让学生自己去探索……有些文章需要从不同的角度去剖析，可能还需要学生的补充。从这个点来讲的话，有时候就觉得还是我做得多了，应该让他们（学生）做更多，要想办法把他们能做出来的东西交给他们去做。（访谈教师 T1，2022 年 10 月 3 日）

此外，教师T1指出，在此信息化教学的环境中，学生对技术知识的灵敏度很高，其技术素养要远远高于教师，因此教师和学生之间的“传授者”和“接收者”角色发生了互换。

> 我现在也要虚心向学生学习，包括新技术、新理念，在这一方面他们能当老师。平台的有些数据，我还会邀请技术好的学生和我一起分析，比如饼状图什么的。（访谈教师 T1，2022 年 10 月 3 日）

教师T2更表示使用此教材使其领悟到不断学习与探索的重要性，从而拥有了“传授者”和“学习者”的双重角色。

> 其实就是边教边学，有畏难情绪是肯定的，跟老师们的年龄层次相关，也和这个时代特色有关，所以也需要与时俱进地去接受这些新的教育技术……需要自己主动探索和学习。（访谈教师 T2，2022 年 10 月 10 日）

综上所述，在以教材为中介的教学活动中，作为活动主体的师生通过教材工具，与他人合作形成社会工作系统，在某种规则的文化制约下，按照各自的分工任务去实现活动目标，活动系统得以持续运转。

6. 讨论

上述分析揭示了各种中介因素在师生对新形态外语教材使用和评估活动中的影响作用，显示出活动理论框架下的教材评估打破了以往对教材客体的静态评价方式以及“非好即坏”的线型评估思维模式。正如Dimopoulos *et al.*（2005）指出，教材的价值不在于其本身有多少的内容和形式，而在于它如何促进学生获得既定的学科知识，在多大程度上使学习成为社会化互动的过程。因此，对教材的评估活动不能只关注教材质量，更要考查教学活动的主体与教材之间的互动关系，“以评价活动来解释主体经验不断内化和外化的过程”（柳叶青 2018：73）。在本研究中，新形态外语教材的价值正是在师生与教材和其他多种中介因素不断进行意义协商的过程中体现的，有生成性和开放性特征。如图3所示（见第198页），基于教学实践的教材评估活动是复杂而多变的，呈现出个体性与社会性相融合的特点。以新形态外语教材为中心的评估活动需要考虑以下两个维度：

第一，新形态外语教材评估应以能否满足师生主体需求为尺度。诚然，师生的需求是共性与个性的统一，既有共同需求也有个性化需求，体现出多样性的特征。但是处在同一教材使用共同体的教师以及年龄发展阶段相同的学生在对教材的需求方面有很多共同之处，其个性之中又包含共性。总体来讲，从教师立场来看，新形态教材的目标、内容、组织及呈现方式是否与教师的教学理念相一致，是否与教师当时的知识及技术素养等相匹配，能否激发其克服教学困难或技术障碍的教学能动性，很大程度上决定着教材的价值属性；而从学生立场来看，新形态教材能否满足学生多元的学习目标，能否为不同风格的学习者提供可选择的学习方式，能否与其学习兴趣相匹配成为教材评估的重要衡量标准。正如张增田、侯前伟（2017：77）等学者指出："从根本上说，教科书评价重点揭示的是教科书是否满足主体需要这一隐藏于教科书现象背后的内在的价值关系。"

然而，上述评估关系并非是静态的、单方面的对教材价值的评价。现有的教材形态也可以反作用于教师的教材使用实践活动。本研究显示，在新形态外语教材课程背景下，首先，教师依然将教材视为权威，但不再只是教材的忠实践行者，而是根据自己的教学理念及经验，有选择性地实施教材内容，同时根据学生的课堂反应或意见随时对内容和进度等方面进行调整，是"能动的使用者"。正如Remillard（2000）指出，教师对教材的理解是具有选择性和阐释性的，并通过自己的理解使教材内容富有意义。而在与教材开展互动的过程中，师生也不断接受个体的改造和重构。教材不再是客观知识的载体，而是师生在实践共同体中相互协商的结果，使其"不断地接受、习得、内化社会文化观念和教育理念，以此来塑造教育活动中的主体身份与角色"（柳叶青 2018：70）。其次，与传统纸质教材有很大的不同，新形态教材的动态性、交互性等特征更为明显，对教师所需的各项教学及技术知识的要求也越高，教师所遇到的障碍也越多（Frydenberg & Matkin 2007）。此时作为活动主体之一的教师需要发挥能动性，主动处理好与教材之间的复杂关系（Tomlinson 2012）。在使用过程中通过对教材内容进行调整、改编、补充等方式，推动教材积极发挥中介作用（徐锦芬、范玉梅 2017）。教材价值提升不仅可以从主体认知的角度出发，通过改善师生的教学理念、专业知识及技术素养来实现，也可以从主体实践的角度出发，通过改进教材结构、内容、呈现方式等手段来实现（柳叶青 2018），改变师生主体的实践方式，使教材效用最大化。

第二，新形态外语教材评估还需将教材使用的外部环境作为参考标准。特别是新形态教材价值的发挥对环境因素的依赖性较强，因此师生的教材使用和评估也是立体的、多维的活动，需要同社会、文化环境开展互动协作。总体来讲，师生所处的学院、学校等环境规则，例如课时安排的合理程度、对教材实施的监控、课程考核方式的科学性以及赋予教师的教材使用自由度等，均会影响师生对于教材的选择和使用。本研究显示，在一个有良好交流氛围以及参与者被赋予更多自主权、话语权和控制权的环境制度中，教师才有意愿和机会去发挥能动性，积极投身于对教材的互动探索实践中（Newmann & Wehlage 1995）。

同时，新形态外语教材注重培养学生借助数字平台进行自主学习的能力，教师则基于教学互动工具对学生的学习过程进行监管辅导，同时引导学生进行多种课堂活动。因此，以传统纸质教材为媒介、以教师讲授为主要方式的课堂劳动分工，因新形态教材的“介入”而发生相应的变化，表现为学生借助新形态教材成为自主学习者，教师则扮演着“引导者”“组织者”等支架式角色。这种劳动分工的转变越显著，就越能促进教材效用的最大化。

此外，教学共同体也是重要的社会环境之一。在本研究中，共同体成员以推动以新形态教材为中介工具的教学活动正常开展为共同愿景展开协作，同时通过反思、探究共同解决教师在教材使用过程中遇到的问题。然而，研究显示原有的人际关系结构不足以支撑活动系统的有效运转。正如Wenger（2000）所指出的，共同体因有着自身的历史局限而变得孤立和封闭，需要积极地与其边界活动互动联结，从而为活动提供丰富的资源。特别是在如今由技术支持和推动的教学环境中，将教师活动局限于自身的教学共同体中已不合时宜。传统的教学共同体需要吸收包括外校同行、教材编者、技术人员等在内的“异质人员”，建立全新的“教材使用共同体”，从而打破以往单一的教学活动线性结构模式，为教师提供更多的交流平台及资源支撑。

可见，上述基于社会环境的教学实践既是教材评估的出发点，也是教材评估的中介工具，更是教材评估的落脚点。教材评估标准应该依托使用教材的实践情境，从师生动态的教与学活动中提炼出能够反映教材在多大程度上服务于教学活动的价值尺度。基于课堂教学实践活动，只有从师生主体视角关注教材与实际使用之间的关系，才能使教材评估最终指向教学实践的改进和主体的全面发展，而教材实践价值的提升也可以通过调整使用主体的实践行为得以实现。因此，图3中基于主体需求和环境支撑的新形态外语教材评估框架是一种双向的教材评估模型，是既能反映出教材使用活动中主客体的实践关系，同时也能随着主客体实践关系的调整而发生相应转变的动态价值尺度。

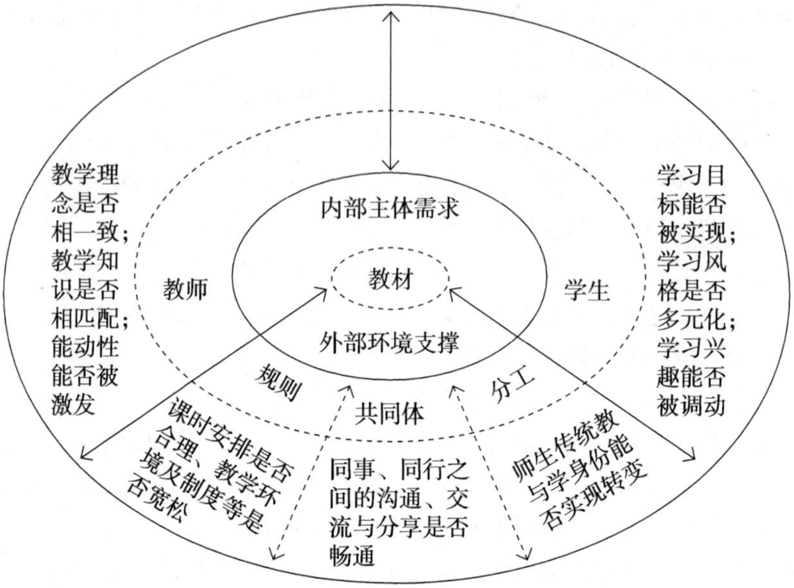

图3 基于主体需求与环境支撑的动态教材评估框架

7. 结论与启示

本研究基于活动理论分析框架，通过深度访谈及其他文字材料，对高校师生的新形态外语教材使用及评估过程进行了调查。研究显示，新形态外语教材的使用和评估受到多种因素的制约和影响，其中最为显著的是师生的个体差异，包括理念、知识、能动性及专业水平和兴趣等因素；同时，社会层面的学院及学校环境制度、课时安排以及教师所在教学共同体的成员分工等因素也对教材的使用和评估产生影响。本研究认为，教材的使用和评估是教材使用主体与教材资源及共同体成员在宏观社会文化环境和微观课堂教学环境中的交互过程，需要多种环境因素的协同合作，从而使新形态外语教材的价值得到最大化的挖掘和利用。

本研究对国内关于新形态外语教材的编写、使用、评估等方面的实践及研究均有一定的启示。在教材编写和建设方面：第一，新形态外语教材中数字平台资源的建设应充分考虑师生的技术素养，尽可能为其提供操作简易、省时高效的各种数字化教学手段；同时应配套相应的解释和操作说明，尽量缓解教师的使用焦虑，充分打通数字资源的技术壁垒。第二，教材编写团队及出版社可考虑以教材网站、论坛等形式创建教材使用共同体，为教师搭建以沟通、学习与分享为目的的交流平台，进而促进各种教学资源的最大化利用，提升教育教学质量。

在教材使用方面：第一，教师在使用新形态教材时需根据学生的实际情况平衡好课堂教学与平台资源的时间分配，在坚守课堂教学这个主战场的同时，使网络平台资源成为课堂教学的最佳辅助工具。第二，作为教学活动主体的师生，要打破长此以往使用纸质教材所形成的惯性思维及行为模式，及时更新教育教学理念，积极拓展知识边界，主动顺应数字时代新形态教材的发展态势，努力提升技术素养，善于发挥纸质教材与数字资源两种教与学模式各自的特点，同时根据学习目标、环境等多种因素适时调整认知模式，选择最有利于学习者学习的教学资源与手段。

在教材评估方面，本研究认为对新形态教材的评估是一个动态的、复杂的、情境化的过程。在此过程中，教师不再只是课程内容或课程计划的忠实执行者和践行者，教材不再被认为是高高在上、脱离教师主体的客观知识（柳叶青 2018）。因此，教材的评估标准应该是多层次的、动态变化的，受师生个体差异、教学环境及过程等因素的影响（王雪梅 2012），不应囿于基于理念或方法对教材内容进行的静态评估，而是应将其置于实际的教学活动过程之中进行考查，结合教材使用者的感受及评价，进行全方位、立体化的评估；评价对象不再是静态的、单一的教材文本，而是"以师生为主体的教材互动过程，是主体与对象、主观与客观、文本与应用、内容与教学的多维整合"（柳叶青 2018：72）。

参考文献

Basharina, O. K. 2007. An activity theory perspective on student-reported contradictions in international telecollaboration. *Language, Learning and Technology 11*: 82-103.

Breen, M. P. & C. N. Candlin. 1987. Which materials?: A consumer's and designer's guide. In L. E. Sheldon (ed.). *ELT Textbooks and Materials: Problems in Evaluation and Development* (*ELT* Document: 126). Oxford: Modern English Publications in association with The British Council. 13-28.

Carabantes, L. & A. Paran. 2022. "I preferred to take another activity from the textbook": An activity-theoretical study of learning to design language teaching materials. *The Modern Language Journal 106*: 659-674.

Cunningsworth, A. 2002. *Choosing Your Coursebook*. Shanghai: Shanghai Foreign Language Education Press.

Dimopoulos, K., V. Koulaidis & S. Sklaveniti. 2005. Towards a framework of socio-linguistic analysis of science textbooks: The Greek case. *Research in Science Education 35*: 173-195.

Engeström, Y. 1987. *Learning by Expanding: An Activity-Theoretical Approach to Developmental Research.* Helsinki: Orienta-Konsultit.

Frydenberg, J. & G. Matkin. 2007. *Open Textbooks: Why? What? How? When?* San Francisco: The William and Flora Hewlett Foundation.

Graves, K. 2019. Recent books on language materials development and analysis. *ELT Journal 73*: 337-354.

Harwood, N. (ed.). 2013. *English Language Teaching Textbooks: Content, Consumption, Production.* Basingstoke: Palgrave Macmillan.

Hutchinson, T. & A. Waters. 1987. *English for Specific Purposes: A Learning-centred Approach.* Cambridge: Cambridge University Press.

Kervin, L. & B. Derewianka. 2011. New technologies to support language learning. In B. Tomlinson (ed.). *Materials Development in Language Teaching* (2nd ed.). Cambridge: Cambridge University Press. 328-351.

Lantolf, J. & A. Pavlenko. 2001. (S) econd (L) anguage (A) ctivity theory: Understanding second language learners as people. In M. P. Breen (ed.). *Learner Contributions to Language Learning: New Directions in Research.* Harlow: Pearson Education. 141-158.

McDonough, J & C. Shaw. 1993. *Materials and Methods in ELT: A Teacher's Guide.* Malden: Blackwell.

Motteram, G. 2011. Developing language-learning materials with technology. In B. Tomlinson (ed.). *Materials Development in Language Teaching* (2nd ed.). Cambridge: Cambridge University Press. 303-327.

Newmann, F. M. & G. G. Wehlage. 1995. *Successful School Restructuring: A Report to the Public and Educators.* Madison: Center on Organization and Restructuring of Schools.

Reinders, H. & C. White. 2010. The theory and practice of technology in materials development and task design. In N. Harwood (ed.). *English Language Teaching Materials: Theory and Practice.* Cambridge: Cambridge University Press. 58-80.

Remillard, J. T. 2000. Can curriculum materials support teachers' learning? Two fourth-grade teachers' use of a new mathematics text. *The Elementary School Journal 100*: 331-350.

Spinuzzi, C. 2019. "Trying to predict the future": Third-generation activity theory's codesign orientation. *Mind, Culture, and Activity 27*: 4-18.

Strauss, A. & J. Corbin. 1998. *Basics of Qualitative Research: Techniques and Procedures for Developing Grounded Theory* (2nd ed.). Thousand Oaks: SAGE.

Tomlinson, N. 2012. Materials development for language learning and teaching. *Language Teaching 45*: 143-179.

Tsui, A. B. M. & D. Y. K. Law. 2007. Learning as boundary-crossing in school–university partnership. *Teaching and Teacher Education 23*: 1289-1301.

Vygotsky, L. S. 1978. *Mind in Society: Development of Higher Psychological Processes*. Cambridge: Harvard University Press.

Wenger, E. 2000. Communities of practice and social learning systems. *Organization 7*: 225-246.

Yin, R. K. 2014. *Case Study Research: Design and Methods* (5th ed.). Thousand Oaks: SAGE.

白靖宇，2014，转型时期研究生英语教材编写出版的理念、原则与模式，《出版发行研究》（10）：62–64。

常远，2018，大学英语教材的生态评估，《外国语文》（5）：147–154。

陈文婷、杨鲁新，2020，外语教师拓展学习个案研究：活动理论视角，《外语教育研究前沿》（3）：73–80。

龚亚夫，2015，《英语教育新论：多元目标英语课程》。北京：高等教育出版社。

侯前伟、张增田，2019，教科书评价标准建构：功能、路径与展望，《当代教育科学》（8）：61–68。

黄明东、蔺全丽、李晓锋，2022，高校新形态教材的特征、发展态势与建设路径，《出版科学》（2）：32–39。

贾蕃，2022，中国外语教材评估研究30年（1990~2020），《当代外语研究》

（1）：83–92。

柳叶青，2018，方法论视角下国内外教材评价研究立场与路径评析，《基础教育》（3）：66–75。

林娟、战菊，2015，“活动”中的英语写作教材评估与使用——来自高校英语教师的声音，《现代外语》（6）：790–801。

马珂，2012，创新教育理念下的英语教材编写出版探析——以西安交通大学出版社研究生英语教材为例，《出版发行研究》（9）：44–46。

孙有中、唐锦兰，2022，人工智能时代中国高校外语教师队伍建设路径探索：“四新”理念与“四轮”驱动模式，《外语电化教学》（3）：3–7。

谭文芳，2022，高校新形态教材建设浅谈，《科技与出版》（9）：86–92。

王润、张增田，2018，教科书评价的实践问题与改进思路，《教育科学研究》（1）：73–77。

王雪梅，2012，英语专业研究生教材的编写出版与评估运用，《山东外语教学》（6）：58–63。

王友富，2016，MOOC背景下的教材形态与研发策略初探，《中国编辑》（2）：63–67。

魏振水，2016，关于教师教育新形态教材建设的实践与思考，《中国编辑》（5）：57–61。

文秋芳，2017，“产出导向法”教学材料使用与评价理论框架，《中国外语教育》（2）：17–23。

徐锦芬、范玉梅，2017，大学英语教师使用教材任务的策略与动机，《现代外语》（1）：91–101。

杨港、彭楠，2021，数字时代高校外语教材研究的自传式叙事范式，《当代外语研究》（2）：96–105。

杨宗凯、王俊、王美倩，2022，数字化转型推动外语教学创新发展，《外语电化教学》（5）：3–5。

余胜泉、张泽，2006，E-learning时代高校教材的立体化出版，《中国大学教学》（2）：56–59。

张德禄、张淑杰，2010，多模态性外语教材编写原则探索，《外语界》（5）：26–33。

张晶晶、郭昕宇，2021，技术赋能：互联网时代教材数字化出版刍议，《中国编辑》（1）：58–61。

张敬源、王娜、曹红晖，2017，大学英语新形态一体化教材建设探索与实践——兼析《通用学术英语》的编写理念与特色，《中国外语》（2）：81–85。

张炜，2018，新形态课程与教材建设，《中国大学教学》（1）：85–86。

张雪梅，2001，关于两个英语教材评估标准，《解放军外国语学院学报》（2）：61–65。

张雪梅，2019，新时代高校英语教材建设的思考，《外语界》（6）：88–93。

张增田、侯前伟，2017，论教科书评价的基本内涵，《教育研究》（12）：76–80。

庄智象，2006，构建具有中国特色的外语教材编写和评价体系，《外语界》（6）：49–56。

庄智象、黄卫，2003，试论大学英语教材立体化建设的理论与实践，《外语界》（6）：8–14。